幼儿园教育活动
设计与指导丛书

YOUER SHUXUE HUODONG
SHEJI YU ZHIDAO

幼儿
数学活动
设计与指导

林泳海◎编　著

北京师范大学出版集团
BEIJING NORMAL UNIVERSITY PUBLISHING GROUP
北京师范大学出版社

图书在版编目（CIP）数据

幼儿数学活动设计与指导/林泳海编著. —北京：北京师范大学出版社，2015.7（2018.11 重印）
（幼儿园教育活动设计与指导丛书）
ISBN 978-7-303-18954-0

Ⅰ. ①幼… Ⅱ. ①林… Ⅲ. ①数学课－学前教育－教学参考资料 Ⅳ. ①G613.4

中国版本图书馆 CIP 数据核字（2015）第 084833 号

营 销 中 心 电 话	010-58802181 58805532
北师大出版社高等教育分社网	http://gaojiao. bnup. com
电 子 信 箱	gaojiao@bnupg.com

出版发行：北京师范大学出版社　www.bnup.com
　　　　　北京新街口外大街 19 号
　　　　　邮政编码：100875

印　　刷：	北京东方圣雅印刷有限公司
经　　销：	全国新华书店
开　　本：	730 mm×980 mm　1/16
印　　张：	21.5
字　　数：	395 千字
版　　次：	2015 年 7 月第 1 版
印　　次：	2018 年 11 月第 3 次印刷
定　　价：	40.00 元

策划编辑：罗佩珍	责任编辑：周 鹏
美术编辑：焦 丽	装帧设计：国美嘉誉
责任校对：陈 民	责任印制：陈 涛
封面插图：张昕和	

前言
Preface

何谓数学?

数学是简单的,因为数学不是传统观念中的填鸭式知识;数学是有用的,因为数学中的多元化活动是真实生活世界的体现;数学是有趣的,因为数学是充满奇妙想象的趣味世界;数学是美丽的,因为数学可以让幼儿感知和体验其中的奥妙,走进绚丽多彩的数学大门;数学是益智的,因为数学融欣赏、游戏、操作、思维于一体,使幼儿在手脑并用中提高智慧。

在当今社会知识多元化需求的背景下,幼儿数学知识的学习,不仅要求简单的数数和加减法,要求识别简单的圆形、三角形等图形,也要求展现给幼儿一个丰富多彩、充满逻辑的数学世界。

现代幼儿数学教育的新观念,在广度和深度上相对传统的数学教育观念有了很大的超越。这些观念是:摒弃将数学知识机械填入幼儿脑中的观念,提倡幼儿主动探索、主动发现,对所学知识进行有意义的建构;通过数学活动、动手操作,为幼儿建立主观世界和客观世界之间的紧密联系;幼儿的数学学习不应该是枯燥机械的,而应是充满欢声笑语的。

数学,是一门激动人心的学科。学得轻松,令人惊喜;学得吃力,让人焦虑,可谓一边欢喜一边愁。数学这门学科似乎与认知联系更密切,当然,数学学习也带有很高的情绪性。近些年,研究者多关心数学教育的文化性,从人类学、社会学、语言学、心理学、艺术学等角度来考察数学,这是很有道理的。

孩提时代

孩提时代的我,正赶上"文化大革命",在教育不受重视的偏远乡村,和小伙伴们玩耍各类游戏。既有"打仗""跳房子""抽陀螺""推铁圈"等游戏，也有"五棍通天"、象棋等"棋类"游戏，大家结成非正式的小帮派，乐此不疲地玩耍着。现在看来，这些游戏无不包含着自然、高深的数学。其中有一个"手抓石子"的游戏："共5颗石子，每次扔出来时，手中必须保留1颗。第一次，手拿1颗，扔出4颗，须以3和1拾起；第二次，手拿1颗，扔出4颗，须以2和2拾起；第三次扔出，手拿1颗，扔出4颗，须以1，1，1，1分别拾起；最后，手拿1颗，扔出4颗，要求一手抓起，抓到几颗即是几颗，再反手正面到背面，扬起后接住。如果抓住5颗，则为满分。"但幼时的小手要全部抓住5颗石子是件不容易的事。这个游戏是最好的数组合与分解：5分成4和1；然后，4再分别分成3和1，2和2，4个1。顽皮的孩童有点类似于巴西街头的"数学家"了。

还有一个例子是，我带5岁女儿菲菲去爬沪西的真如古塔，上塔前，我要求她数台阶。开始，她能顺利地数到100。过100后，她继续数"101，102，103，…"我说："这样数很麻烦，可以记住前面的100，101重新算1，再从1数起，1，2，3，…"但她仍坚持"103，104，105，…"这说明孩子对计数的理解具有刻板性，缺乏灵活性。当数过200时，菲菲出现了较多的错误，她开始跳十数，即"208，209，210，220，230，…"这说明孩子数累了，或者跳着数会更快吧？当我说她错了时，她便改了过来。但当她继续数"227，228，229"后，一下子跳到了"300"，我吃了一惊。可见，当数目较大时，孩子不能完整地把握数的精确要求，可能数目太多了，有点枯燥，孩子希望"快快数完吧"；也可能是数目太大，超出孩子的工作记忆或注意广度。

我上小学四年级时，已接近"文化大革命"的尾声，学校开始重视学习。那时的我喜欢空间几何的题目，总是将数学书后面总复习的题目提早做完，有点无师自通的感觉。其实，那时我幸运地碰到了一位叫建华的启蒙好老师，他比我们长不了几岁。而初中、高中进的是成绩好的"尖子班"，数学老师都是本乡、本县最好的。初中老师仲才，高中老师承芬，他们数学教学时的音容笑貌仍历历在目。有了老师的恩惠，那时的我，数学学得也起劲了。

我的大学

1982年，我考入大学学前教育专业，教育统计学的爱理老师并非数学专业出身，我那时统计学学得一般，而且文科系不太重视数学。直到后来自己教统计学，以及研究中用到统计学，我才逐步学会用统计学思考问题，体会到数学价值的厉害。

教授"幼儿数学教法"这门课的林嘉绥老师，是从中国科学院心理所调入北京师范大学的。林老师曾参与刘静和先生主持下的国家数学教育课题，又有多年教育部工作的经历。她不仅开阔了我们幼儿数学教育的视野，而且把幼儿数学教育的理解建立在认知心理研究的基础之上。那时承担"比较教育"课的曹筱宁老师是留苏的副博士，翻译了苏联《学前儿童数概念的形成》，此书非常重视幼儿数概念形成的心理和文化基础。这本苏联的大学教材，直到今天，对我国的数学教育仍具有参考价值。林崇德老师将儿童数学思维品质培养作为他的博士论文，中央音乐学院赵宗光教授（我国学前教育老前辈南京师范大学赵寄石先生的胞弟）提出小学数学手操法，他们的讲座使大学的我受益匪浅。苏联赞科夫的小学数学改革"高速度""高难度""重原理"的原则，对当时的幼儿数学教育改革也有很大的冲击。

读书期间，林嘉绥老师上"幼儿数学教法"时，请来了北京市教育局李家琳、人民教育出版社卢尊蓉等老师来学校讲数学。周南、梁志燊、陈俊恬等老师带大家见习，观摩了北京很多幼儿园的数学课。大学实习时，我在北京市西城区棉花胡同幼儿园给中班幼儿上数学课，认识"0"。因为当时教不教"0"颇有争议，我受到了指导老师的批评。回忆起我曾指导一位本科生写毕业论文，是关于幼儿学习负数概念的。前辈们的思想和一线老师公开课的实践经历，为我提供了数学教育理论的丰富营养和实践资源。

工作

毕业后，我于 1988 年在全国幼儿数学教育学术会议（福州）上认识了中央教育科学研究所（现更名为中国教育科学研究院）何纪全教授（会议数百人中只有何老师和我两位男士）。之后参与了何老师的"学数学、长智慧"项目，并在烟台办了两个暑期的培训班。当年轰轰烈烈进行的数学教育理论与实践探索，使参与实验的幼儿园受益。今天，山东滨州、胜利油田、烟台、济南、诸城等地成长出了一批优秀的幼儿数学老师。

1999 年始，我在华东师范大学讲授"学前儿童数学教育"，请到了创立"数形结合"的上海名师邹兆芳老师来班上讲座；在金浩老师的带头下，与黄瑾、钟小锋等一起编著《学前儿童数学教育概论》(获上海高校教材优秀奖)；请数学系张奠宙老师(第三世界科学院院士)做讲座；还带上海幼儿园课题组去南京与张慧和前辈、张俊老师等会面，参观南京师范大学幼儿园、鼓楼幼儿园等，一起讨论幼儿数学教育；在与上海市闸北区安庆幼儿园合作的课题研究中，承担了上海市教育规划的建构主义幼儿数学课题研究。这些经历使我最终体会出，幼儿数学教育不仅要走认知和知识建构之道，还要走数学的人文化、思维训练之道，应树立大数学教育观。特别是近些年，我在广西师范大学和鲁东大学所做的双语认知、语言与数学认知关系方面的心理学研究，使我认识到数学与语言联系脑神经基础的证据越来越多。我指导的本科和研究生毕业论文有相当比例涉及数学认知，或涉及数学认知与语言的关系。我们应将儿童的数学学习置于更广阔的领域中进行理解，心灵稚气的学前儿童也不例外。幼儿数学学习与大脑发育直接联系，早期数学启蒙教育对幼儿的智力发展有着不可替代的作用。

近些年我国幼儿数学教育的现状

国家幼儿园课程取消分科，推行五大领域教育，不知何故，幼儿数学教育受到了前所未有的忽略。十几年来，幼儿数学教育存在诸多问题，例如，课程内容缺少体系和线路，年轻教师不会教数学，数学教学质量不高，数目不小的一代代幼儿的数学发展潜质未得到很好的挖掘。

像上海比较有数学教育基础的幼儿园，针对数学教育现状采取了一些补救措施。例如，老教师坚持传统数学教学的做法，发放作业纸，让幼儿练习；在课程安排中，坚持保留幼儿单独的数学活动；突出主题特色，渗透数学知识，尽可能地做到数学知识点与主题完美结合。蒙氏数学、智趣数学、阶梯数学等课程模式在这些幼儿园盛行。尽管不同模式存在不同的问题，但它们显示出数学课程在现实幼儿园中有着高度需求。

分析幼儿数学教育现状可以发现：第一，对数学重要性认识的增强，源于社会对孩子学业和未来职业的重视，源于对当今孩子智力发展程度和信息资源获得的重要性认识；第二，数学学科的独特性和数学教育的专业化，教育心理、数学脑的研究，为幼儿数学教育提供了强大的理论支持，也使人们看到了数学教育的广阔前景和深远意义；第三，这些年的幼儿教育改革，从苏联分科制到我国的综合教育，再到西方的开放式教育、人文教育，我们在坚持传统教育的同时，吸收了西方的人文精神，使课程更适应幼儿年龄阶段的学习特点。

数学具有特殊性，在主题综合教育中如何把数学教育做好，对一线教师来说，要求很高，难度很大，需要强化、提升一线幼儿教师的数学专业化水平。从目前幼儿数学教育的现状及其存在的问题来看，急需一个具有坚实心理学基础的建构主义数学教学模板或一本教材。

关于本书

本书包括三部分：第一部分为幼儿数学发展与学习的理论基础，包括建构主义幼儿数学教育的理论导向、建构主义幼儿数学的课程体系和幼儿数学教育的领域联系及教师作用。第二部分为教学模块1～8的理论解析与活动指导，这是本书的主体部分，里面有大量理论要点和案例，便于一线教师学习参考。第三部分为附录，介绍了建构主义幼儿数学123知识点、幼儿数学个别化学习活动设计举例、建构主义数学学具和幼儿情境建构数学小测验。

本书是心理学专家、教育专家和一线优秀教师教育实践智慧的结晶。本教材依据《3～6岁儿童学习与发展指南》，以建构主义幼儿数学教育观念为引领，以数学认知研究的最新成果和理念为基础，以培养幼儿的数概念、空间能力、逻辑能力、数学解决问题能力等为核心，吸收国内外幼儿数学教育方面的成功经验和做法，强调建构主义下数学知识的系统性和逻辑性，强化幼儿在自然、现实的语言文化背景下的数学知识建构。本书无论是内容还是结构，都适宜读者的学习与思考。

对职前学员和一线教师的期望

通过本教材的理论学习，希望帮助学员走幼儿数学教育专业化的道路，使其具备幼儿数学教育的新理念。具体包括以下几方面。

首先，重新认识数学的本质。教师的作用不仅是讲授数学事实，还要帮助和指导幼儿在特定领域中建构自己的数学经验。数学可以从四方面来理解：一是幼儿的数学，即每个幼儿自己的运算图式；二是教师给予幼儿的数学，即幼儿利用自己的经验能够学习到的数学，这需要在师幼互动中确定，不能预先给出；三是教师的数学，教师对数学的理解具有个性化的特点，这是教学设计的关键因素；四是教材编写者的数学和数学家讨论的数学，这需要借助教师的教和幼儿的学，把教材里的数学知识转化为幼儿个人的知识。总之，作为教学的内容，数学是多层次的复杂领域，教师在教学中必须考虑到这一点。

其次，给教学任务赋予新的内涵。教幼儿学习数学，不仅要教他们具体事物的数学知识结构，还要教幼儿对数学有自己的认知，即如何用数学来看世界、理解世界。教师要始终站在幼儿身旁，维护他们对问题解答的好奇心，并及时给予反馈。同时，也要引导幼儿对数学学习的兴趣、发现和自我反省。

最后，教师要从一个单纯的教育者向数学研究者迈进。通过教学试验，教师要认识到，数学教育的探索不仅是大学学术研究的领域，幼儿教师在实践教学中也可在一定程度上承担研究者的角色。一线教师积极参与课程和教学研究，会发现很多探索、调查、创造、反省和解决数学教育问题的机会，并可自行研究解决方案。在行动研究的背景下，数学教学会有更大的主动性和反思性。教师的专业化成长，是数学教育成功的起点和保证。

感谢

我能在幼儿数学教育方面取得一点成绩，得益于学术经历中各个时段的老师，像林嘉绥、何纪全、朱家雄、张奠宙等众多前辈的教诲，数学学科的同事金浩、黄瑾、钟小锋等的帮助，还有资深出版人王立女士、郭玉婷女士等思想的启发和对之前数学研究成果出版的资助。也要感谢多年来一起合作研究的园长和老师们，像钱莹珍、贺蓉、周燕云、戴慧丽、杨玉芬、崔同花、钱玲华、单光耘、管桂萍等的大力支持。在我的教学生涯中，数十年的教学相长，与学生们一道讨论、碰撞、交流的火花，一代代年轻学子们的思维激荡，皆是我学术思想产生的重要源泉。长江后浪推前浪，人类文明不断向前。

母校出版社罗佩珍女士为本书内容的构思和撰写提出了很多有创意的点子和建议，在此深表谢意。

教材在编写中参阅了相关研究的大量著述、幼儿相关课程资源，在此向众多原作者表示感谢，并欢迎随时与我们联系（linyonghai66@126.com）。书中有不妥之处，敬请批评指正。

林泳海

2015 年 6 月 1 日儿童节

目录
Contents

第一部分　幼儿数学发展与学习的理论基础

第二部分　教学模块1～8：理论解析与活动指导

第三部分　附录

第一部分

幼儿数学发展与学习的

理论基础

数学是一种科学，一种语言，一种艺术，一种思维方法，它出现于自然界、艺术、音乐、建筑、历史、科学、文学——其影响遍及宇宙的方方面面……

——帕帕斯

【导读：建构主义】

建构主义是幼儿数学教育发展的新动向。了解数学教育的理论出发点，理解建构主义数学的教学观、目标体系、内容体系和评价体系，领会建构主义数学的教学过程，学会在实际教学中有效运用幼儿数学教学的材料，能够按照现实情境设计数学活动，这对于一线教师来说是非常重要的。

第一章
建构主义幼儿数学教育的
理论导向

认识的建立，或者更广泛地说，认识论诸种关系的建立，包括的不是外界事务的一个简单摹本，也不是内部预先形成的主题结构的开展，而是在主体世界和客体世界之间相互作用而不断形成的一整套结构。儿童表现的思想与成人的科学思维之间，并没有理论上的鸿沟，这就是由发展心理学扩展为发生认识论的理由。

——皮亚杰

第一节　数学教育的建构主义倾向：理论背景

一、建构主义的来源

建构主义是 19 世纪末迄今非常重要的理论思潮，跨越哲学、心理学、社会学等多个学术领域，其根源可以远溯至康德的批判主义。康德认为，知识要素不在于主、客体之上，而在于所谓现象界，它是一种心理结构，是可以组织的经验，并促成主、客体之间的互动。认知是一种世界存活概念的建构，而非外在实体的真实镜面(Thomas，1994)。

建构主义继承了康德的理念，对形而上学的信念与科学或理性知识进行了严格区分。前者旨在反映本体中的事实，后者则被认为是主体赋予工具的功能。知识并非真实世界中的复制，科学知识也不例外。科学及其计算应当视为应用经验进行预测的工具，并不足以宣称掌握实体世界的真理（Von Glasersfeld，1989）。皮亚杰是建构主义的先锋，他认为，知识概念是经过仔细思考之后重新定义的，是一种调适的功能。这个看法与 20 世纪初进步主义学者杜威的看法不谋而合。

★小贴士：数学是有趣的★

在人们的一贯印象中，数学似乎是枯燥难懂、深奥无趣的。其实，数学学习可以是充满乐趣的。这就关系到我们如何将抽象的数学知识与幼儿的主、客观世界联系起来，让幼儿学习到的不仅是知识，更是一种有益于举一反三的思维方式。兴趣是学习的最大动力，建构主义的幼儿数学教育追求激发幼儿的数学学习兴趣，同时呈现丰富的学习情境和多样的活动方式，让幼儿自主探索，操作各种游戏。教师在活动后要反思：如何促进幼儿在广度和深度上掌握知识，最大限度地开发其大脑的智慧潜能。

建构主义是对传统教学理论的挑战，也是对传统教学的反思，其主张如下。

第一，学习是以学习者已有知识和经验为基础的社会建构过程，也是学习者内在思维活动与外部学习环境共同作用的结果。教师的主要职责不是控制幼儿学习，而是为幼儿学习创造良好的学习环境。

★信息栏 1-1：美国对幼儿数学教育的重视★

由于担心过于强调幼儿阅读识字计划而忽略了数学技能发展的同等重要性，全美幼儿教育学会（NAEYC）正与全美数学教师协会（NCTM）合作，联合起草一份策略声明。这份声明将是近年来幼儿教育人员及专家再次集思广益对数学教育提出建言的一次合作。

1998 年，美国科学促进会（AAAS）曾为年幼儿童数学及科学教育举办过一次会议；2000 年，纽约州立大学教授 Douglas H. Clements 在国家科学基金会（NSF）的赞助下，举办过一次关于学前学校（preschool）及幼儿园数学教学标准的会议，完成了一份名为《强化幼儿数学》（*Engaging Young Children in Mathematics*）的报告。它主要分为两个部分：第一部分包括何为优质幼儿数学教育，及教师可用来发展幼儿数字及几何图形概念的教材及活动；第二部分则包含对教师加强数学教学技巧的建议。可见，美国早在十多年前就重视对幼儿数学教育的工作。

第二，反对知识的纯客观主义，知识的学习必须经历一个由主观的建构向客观知识的转化过程。教学不应看成纯客观存在知识的传递过程，而应依赖于学习者的再创造。

第三，基于个体的特殊性和学习活动的动态性质，不应将教学看作一种完全按照事先确定的步骤进行固定程序的活动，而应是一种创造性的工作，应当明确反对机械的教学观。

第四，反对还原主义的教学方法，尽管还原主义的教学方法对于机械技能的学习具有一定功效。

第五，鼓励每个幼儿在学习过程中根据自己的体验，用自己的思维方式，重新创造相关知识(见图1-1)。教学中应调动幼儿和教师的积极性，肯定学习活动的主动性与教学法工作的创造性。

(提示：生活里的圆形。)

图1-1 烧饼

二、 数学教学从行为主义到建构主义

(一)数学教学的行为主义倾向

联结理论基本上属于行为主义，强调将数学知识经过任务分析，有组织、有顺序地呈现或传授给幼儿，并运用外在的强化方式控制学习进度与行为，其课程设计有非常清晰的行为目标。加涅指出，事先安排必要的顺序是授课计划的重点。在这种情况下，学习者通常被视为一个空白的接收器，被动吸收或复制知识，这种学习也被称为吸收式学习。

(二)数学教学的建构主义倾向

按照皮亚杰的观点，认知结构是一种"逻辑—数学结构"。数学并非关于物质对象的，而只是关系到人类施加于物质对象之上的活动。皮亚杰这样写道："逻辑—数学的真理……并非由(客观)对象中抽象出来的，而是由主体施加于对象之上的动作，从而也就是由主体活动中抽象出来的。"

就数学认知发展而言，皮亚杰认为，逻辑—数学结构的最初起源，在于把主

体活动彼此联系在一起的"协调"，例如，对它进行归类、排列，使它们发生相互关系等。就其直接形式而言，数学认知的发展就是平衡与所谓"自反抽象"的直接结果。皮亚杰写道，数学认知的发展是"由于自反抽象和一种在自身调节作用意义上的平衡"。

（三）建构主义的数学理念

建构主义数学强调情境和社会的成分，有助于幼儿数学学习的情境化、生活化，更好地把数学与现实生活联系起来，提倡小组学习和数学语言交流，提倡数学的应用意识和问题解决意识。

第二节　建构主义数学教育的学习观与教学观

一、　建构主义数学教育的学习观

（一）数学学习是一种意义赋予和文化继承

"意义赋予"是如何使抽象的数学概念与主体已有的生活经验或所掌握的知识联系起来，从而成为"十分直观明了"东西的过程，事实上包含"具体化"的含义。另外，除由抽象向具体的过渡外，又常常包含了由现象到本质、由局部到整体的过渡，也就是从整体上建立起关于对象本质的深入认识。在此意义上，庞加莱指出，相对于"一步步推理"而言，对于证明的"内在结构"把握更为重要。

应当帮助幼儿把抽象的数学概念与他们已有知识和经验联系起来，从而建立起适当的心理表征。类比法正是将已有的知识与新的学习（认识）活动联系起来的一种重要方法。类比法为新概念学习提供了必要的认知基础：通过与熟悉概念的类比，就能更好地认识新的概念，从而建立起适当的心理表征。

幼儿数学学习是一种文化继承。数学学习不仅是一种"解释"活动，也是一个对数学对象的客观意义（文化意义）进行"理解"的过程。数学学习是对文化历史所传递给我们的数学知识做出"意义赋予"的过程。

★信息栏 1-2：数学学习允许幼儿犯错★

幼儿对数学知识的掌握比较模糊，处于错误与正确之间的某一点上，家长应接受、认可幼儿的答案。例如，$7+5=12$，幼儿最初不会，后来接近答案，说 $7+5=11$ 或 $7+5=13$。小的幼儿在计数时也经常犯错误。当幼儿不知道数的意义时就唱数，后来会出现手口不一致、重复数数等错误。

再如，幼儿对于年龄的认知也经常犯错误。"你奶奶出生时是几岁?"他会说："我奶奶出生时已经很老了。""你奶奶比你妈妈年龄大吗?"他会说："是妈妈年龄大，因为妈妈长得高。""你奶奶的年纪每年还会增加吗?"他会说："不会的，因为我奶奶已经很老了。"

(二)观念改变数学学习

1. 教师应当给予幼儿进行观念表达的机会。

教学中应让幼儿有更多的机会表达自己的想法，这样可以更好地了解幼儿的真实状态。外部的表述也会促进主体的自我意识和自我反省，这也是观念更新的必要条件。例如，教师可以让幼儿用自己的语言对极限概念做出说明；教师同时给出关于"极限"的若干不同描述，然后要求幼儿从中选出他认为正确的描述，并说出自己的理由。

2. 教师要帮助幼儿对不同的观念进行比较。

通过适当质疑引出"观念冲突"是不够的，教师必须提供正面的范例，帮助幼儿对正确观念和错误观念进行比较，从而促使其做出自觉"选择"。

3. 教师要高度重视幼儿之间的互动。

鼓励幼儿充分交流，使幼儿有更多机会对自己的观念进行表述和辩论(反省)，还可以让其学会如何聆听别人的意见，并做出适当的评价。

作为建构主义立场的一种具体体现，有的学者强调数学的"对话性质"，即认为语言在数学学习过程中具有重要作用。

(三)正规与非正规的幼儿数学学习都是必要的

巴西儿童在从事街头小买卖时能很好地进行计算，这些儿童被称为"街头数学家"。但是，在面对类似的"学校数学题"时，他们却显得十分无能。这种经验性的数学知识，是指在各个特定环境中发展起来的特殊技能，包括计算技能等，它具有普遍的意义或可迁移性。

★信息栏 1-3：幼儿与成人的数学理解不同★

"1 根黄瓜与 3 个蘑菇哪个多呢?"3 岁的幼儿也许会说:"1 根黄瓜多,因为 1 根黄瓜可以切成许多薄片。"

"两排扣子各有 5 个,一排扣子拉长,一排扣子堆在一起,哪排多呢?"幼儿也许会说:"拉长的一排扣子多。"

三角形、圆形和正方形对幼儿是等价的,都是封闭图形。很小的幼儿画这 3 个图形,他们画出的 3 个图形,边角不明显,或形状上没有什么区别。开放性不同于封闭性,幼儿早期对平面几何图形的认识具有拓扑性。

"正规数学"学习是在学校里由教师引导而进行的,其可迁移性或普遍意义是由数学的形式特性所决定的。幼儿数学学习,既包含经验的数学,也包括形式的数学。如何将高度抽象的数学概念与幼儿已有的知识和经验相联系,这是最重要的。幼儿数学思维发展,必须通过形式与具体的经验不断整合和协调,才能得以真正实现。

(四)重视通过"问题解决"学习数学

"学习是学习者的主动建构",最好的学习方法就是动手做。就数学学习而言,"学数学就是做数学",让幼儿通过"问题解决"来学习数学。这不仅使幼儿真正处于主动的地位,而且也使幼儿通过积极的探索建立自己的理解和意义。事实上,这等于把幼儿置于与数学家同等的位置上,因此,从环境认知角度看,这对幼儿形成数学观念也是十分有利的。"问题解决"也有助于同伴间的合作和相互促进,使学习有成效。

20 世纪 90 年代,数学教育界的一个共识是:数学教育应当过程与结果并重。这正是对这十几年的"问题解决"数学实践进行自觉反思所得出的一个结论。

(五)思维训练是幼儿数学学习的重要部分

数学是人们认识和实践活动的一个重要工具,也是"思维的体操",数学学习对思维训练特别重要。数学学习不应简单理解为仅仅有利于逻辑思维的发展,也不应被看成一种毫无现实意义的纯粹修养。数学学习使幼儿能够学会像数学家那样看待世界、处理问题,即学会数学思维(见图 1-2)。基于数学"工具作用""思维功能"内涵的分析,强调思维方法的学习,帮助幼儿学会用数学思维,用数学观察世界，以解决问题作为数学教育的主要目标。

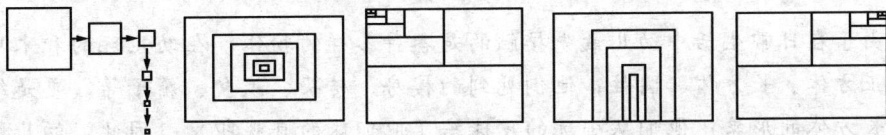

(提示：正方形逐渐变小，无限次，得到的会是什么图形，是图形还是点呢？)

图1-2　数学的极限美

二、建构主义数学教育的教学观

(一)建构观不同于传统观

建构主义学者的共同主张为：知识是学习者主动建构的结果，而非外界所强加。传统的教师有时把幼儿当作一架摄影机一样，认为幼儿只会被动地将课堂上和教科书上的资讯不加变更地自动复制下来；其实，教师应把幼儿当作主动的消费者。"知识不可能像食物一样，从大人的手中直接传递给幼儿。教师只是提供烹调的素材，幼儿必须通过自我的认知机制，主动地调理适合自己口味的食物。"(Von Glasersfeld，1991)

(二)教学观不同于训练观

教学的目的在于让幼儿产生理解，训练的目的则在于让幼儿发展能力。例如，关于面积的概念，持教学观的教师是让幼儿了解什么是面积，矩形的面积为什么等于长乘宽，使幼儿的生活概念和数学概念产生联结。持训练观的教师，则针对教学目标的要求，利用反复练习的方式让幼儿熟练运算法则，在作业的时候表现出好成绩。

★小贴士：汉语方位词★

相对位置：中间，周围，两旁，附近。

宇宙参照：里、外。

地球参照：南、北，东、西，上、下。

以人为参照，或以某一自然景观为参照：左、右，村，山，河。

运动物体：顺一个方向为前，与之相反为后。

★信息栏 1-4：幼儿先学习平面几何还是立体几何？★

由于在日常生活中幼儿最先接触的是各种各样的物体，在幼儿玩的积木中有许多正方体、长方体、圆柱；他们见到的楼房、砖头、纸盒、箱子等，更是给了他们长方体的形象；他们从小玩的皮球给了他们球的直观印象。因此，幼儿图形的认识是从立体图形开始的，这与传统的幼儿教材内容编排的次序相反。

举小学的例子。一年级《数学》上册"认识物体"单元中，教材呈现了学生熟悉的多种物体，让学生进行分类；然后在一年级下册"有趣的图形"中通过"印出立体图形的某个面"的活动，得到正方形、长方形、三角形、圆等平面图形。这种安排从具体到抽象，从实物到模型，从整体到局部，符合幼儿的生活经验，也初步展示了立体图形和平面图形在认识上的先后关系。

（三）关联性的理解不同于机械式的理解

幼儿学习的两个现象：一是关联性的理解；二是机械式的理解（Skemp，1987）。前者不单明白什么方法可行，而且还知道为什么可行，进一步让学习者将方法和新问题结合起来。机械式教学只需要记忆哪一些问题用哪一个方法解决，然后学习一个不同的方法去解决另一个新问题。而关联性的理解，幼儿不但知其然，而且知其所以然，学习者理解知识可以作为高层概念的基础。

★小贴士：语言几何★

语言几何是对空间现实进行意识过滤的图解，不能精确反映空间关系。例如，容积单位：撮、勺、盒、升、斗、石等。

（四）内发性的动机不同于外加式的强化

"有趣的思考胜过千言万语的赞美"（Von Glasersfeld，1991），强化的效果只是短暂的。强化的结果是幼儿对于强化物有兴趣，而不是对于学习有兴趣；强化的效果只能改变学习者外在的行为，却无法影响学习者内在的认知结构。真正能够引发幼儿学习动机的是有趣的思考，而非外在的强化物。有趣的思考来自于有趣的问题，而有趣的问题，必须能衔接幼儿的旧经验，并能够引发幼儿解题的好奇心。

（五）出题者不同于解题者

建构主义的数学主张，教师是出题者而不是解题者。教师提出问题，让幼儿自己提出有效的解决方法，使幼儿成为真正的解题者。传统的教师不但呈现问题（通常是格式化的问题，由专家设定好的问题），而且担任解题者，将问题的标准答案传授给幼儿。教师是知识传递者，也是标准的决定者，而幼儿是一个问题的解决者，也是一个标准答案的模仿者。如果教师是知识的权威、问题的解决者，就会使幼儿养成等待标准答案的习惯，变成一个知识的依赖者，而非知识的建构者。

★信息栏 1-5：第纳斯的数学学习理论★

第纳斯的数学学习理论旨在使儿童的数学学习变得有趣和容易：所有的数学都是以经验为基础的，因此，儿童应从现实经验中抽象出概念和结构；儿童应按一种固定的自然过程学习，即先进行游戏或实验，然后将得来的经验整理成一个有意义的整体，继而产生顿悟和理解，最后是练习应用。

数学是一种创造性艺术，要把它当艺术来教、来学；新概念必须与旧概念联系起来，促成知识的迁移；儿童必须有将具体事物的形式抽象成符号形式的能力。

（六）重视幼儿学习的途径

建构式的学习，重视幼儿自然的想法以及有意义的学习方式，真正落实以幼儿为本位的学习。过去只注重学得同一概念在时间上的不同，如今不但注意到时间上的不同，也要注意到同一概念有不同的理解途径（见图 1-3）。

（提示：通过操作培养幼儿对空间的二维、三维转换能力。）

图 1-3　长方体的展开

(七)知识是协商的过程,而非传授的结果

"教学是经过协商的模式,而不是知识的传授"(Mary & Douglas,1992)。换言之,教学的过程不应该只有教师的"传道、授业与解惑",也应该有幼儿参与、讨论、合作,一起解决问题。幼儿数学学习引进建构主义的方法,就是希望通过幼儿的数学学习活动,让幼儿养成沟通、协调、讲道理、理性批判事物与容忍不同意见的习惯。就像通过切水果来学习几何空间概念一样,让幼儿一起参与、讨论和协商,感受数学学习的乐趣(见图1-4)。

(提示:不同水果切面及种子的排列。)

图1-4　水果的种子

(八)强调知识是反省的结果

虽然皮亚杰在60年前就说过"运用的知识是反省的结果",但是心理学的主张却深深受到经验主义的影响,认为知识来自于感官,直到最近认知心理学的发展,才重视反省的重要性。

从建构主义数学的观点来看,反省无疑是知识最主要的来源。根据皮亚杰的实验,当幼儿发生错误时,由教师纠正的效果最差,由同伴互相纠正的效果最好。教师对幼儿摸摸头,也会促成幼儿的学习效果,但这不是概念的学习。语言不能传达知识,除非它合乎幼儿本身的概念结构。

★信息栏 1-6：中国古代数学与古希腊数学相比较★

　　中国古代数学，是为解决问题而需执行者一步一步实施有穷操作过程的描述，这是解题过程的抽象和精确描述。数学学习方法充满着智慧，其机械式的算法体系与西方数学公理化的演绎体系各领风骚。2000 多年来，几何流传世界，是一代又一代人学习科学的"圣经"。古代希腊数学是一棵大树；而《九章算术》是中国古代数学经典，为"中国古算术之首"。二者各有千秋。算法倾向不单纯是计算，而是为解决问题概括出来的计算程序，力求形式化，这不同于演绎倾向。

　　从根源上看，古希腊：追求数学的艺术、传统、纯粹思辨，走神秘性功能，用数学理性解释一切。古代中国：注重现实，务实；数，通神明，顺性命，以数治天下，以数认识和把握天地万物，以利民用；道生一，一生二，二生三，三生万物。可见，计算是古代中国数学之核心。

第二章
建构主义幼儿数学的
课程体系

数学教育要面向社会现实，必须联系生活实际，注重培养和发展儿童从客观现象发现数学问题的能力；用再创造的方法进行教学，反对灌输式和死记硬背；提倡讨论式、指导式的教学。

——弗赖登塔尔

第一节　目标体系

严格说来，数学的教育目的，具体可有这样一些层次：目的(aims)、目标(goals)、中心目标(targets)、具体目标(objectives)。全美数学教师协会(NCTM)新的标准强调五个基本目标：一是幼儿应该成为数学问题的解决者；二是幼儿能够用数学交流；三是幼儿应学会数学推理；四是应该看重数学的价值；五是幼儿应对自己的数学能力充满自信。

我们对建构主义幼儿数学教育的总目标概括如下(见表2-1)。

表 2-1 建构主义幼儿数学教育总目标

1. 形成数学兴趣，具有最初的数学文化素养。

(1)满足幼儿的认知需要，学习数学开拓、探索和竞争的精神。

(2)早期数学启蒙，为以后的数学学习和数学能力发展打下基础。

(3)理解学习数学的意义。数学是交流的手段，也是有力的工具。

2. 学习最初步的数学知识、技能，学会操作数学。

(1)学习最初步的知识、技能，理解数量关系、时空观念、逻辑关系，感受数学的魅力。

(2)掌握数学技能、数学应用和数学操作，喜欢摆弄、操作数学。

3. 发展幼儿最初的数学能力。

(1)空间能力，包括空间理解、空间记忆、空间组合能力。

(2)逻辑能力，包括独立发现概念的能力、根据逻辑推论的能力。

(3)数概念能力，包括数概念的形成以及数字、数值解答的能力。

(4)符号能力，包括理解符号、记忆符号、用符号运算的能力。

(5)数学的直觉、灵活性、深刻性、发散性和创造力。

4. 培养幼儿的数学个性。

(1)培养幼儿最初的数学热情、数学态度、数学价值观。

(2)培养幼儿对数学的自信心、坚持性和学习数学的意志，不怕困难，大胆回答问题。

(3)培养幼儿数学学习的主动性、独立性，培养幼儿交往中的宽容和合作意识。

(4)培养幼儿感受数学美，包括数学的抽象美、深刻美、形式美、简洁美，形成对数学美的情感。

5. 形成幼儿数学的表达、运用和解决问题意识。

(1)学会用简单的实物、图形、符号和数学语言表述数学。

(2)学会用数量关系来表示物体，用空间思维来观察事物，具有对数学问题的过程和结果的思考意识(见图 2-1)。

(3)学会用所学的数学知识来解决生活中的简单问题。

(提示：哪个是领舞者？数数有几人。)

图 2-1 祭祀(岩画)

★小贴士：有数学天赋的儿童★

在数学方面有天赋的儿童表现出以下特征。

（1）数学能力经常很早就形成，而且常常是在不利的条件下形成的（例如，受到成人的公开反对，因为他们为孩子过早的突出表现能力而担心），在开始时缺乏系统的和有目的的指导。

（2）对数学研究有浓厚的兴趣和爱好，而且常常出现在早期。

（3）在数学方面具有高度的工作潜能，在紧张的学习过程中不易感到疲倦。

（4）有数学能力的人具有一种数学气质，即具有透过数学关系的棱镜来感知许多现象的特殊倾向，能发现数学中的很多秘密（见图2-2）。

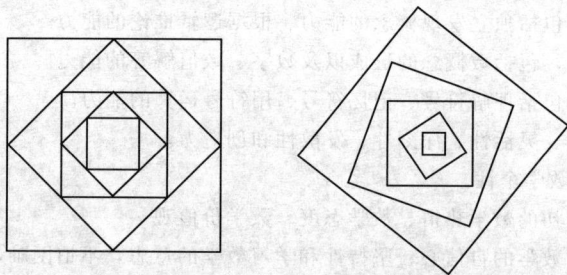

（提示：越来越小的正方形，视觉上会有深远的感觉。）

图 2-2　正方形的内接与悬空

第二节　内容体系与教学环境

一、教学的内容体系

教学的内容概要如下（内容或模块更细节的部分将在第二部分展开论述）。

（一）数与运算

1. 计数。

计数是非常有用的解决问题的策略。幼儿计数活动可能涉及以下内容。

（1）数被拿到室外的设备，并且记录下数目，使每件东西能如数收起来。

（2）记录游戏的分数。

（3）数每天缺席的人数，比较一个月的记录。

（4）数班级的一个项目需要多少纸张，用加法算出两个项目需要多少纸张。

（5）二个一数、五个一数、十个一数。

2. 数字。

除计算外，还有很多方法能探索数字（见图 2-3）。幼儿能够写出与他们有关的数字，他们的测量内容包括年龄、鞋子尺寸、衣服尺寸、出生日期、牙齿个数等。幼儿还能探索怎样在建筑物中运用数字。教师可以请幼儿讨论：怎样给房间编号，怎样给观众席的座位编号，怎样给大街上的房子编号，然后说说学到了什么。发展数字以及数字间关系的辨别力（数字少于、多于或是其他数字的一部分），是在整个数字中实施操作的基础（Van de Walle，1988）。在向幼儿介绍正规的加减法练习前，应该为幼儿提供探索数字以及数字间相互关系的机会。

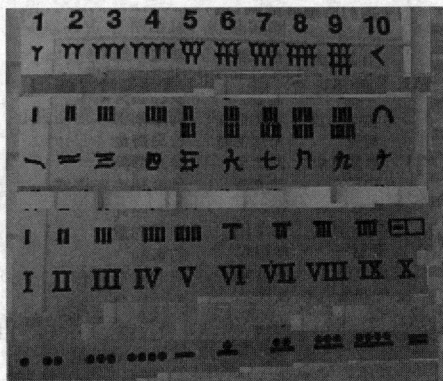

（提示：阿拉伯数字、巴比伦数字、埃及象形字、中国数字、中国筹算数码、罗马数字、玛雅数字。）

图 2-3　数字的表达

★小贴士：为什么汉语儿童数学运算的能力强？★

从数字的发音来看，其原因如下。

（1）中文数字全部是单音节的，而英文和其他语言的数字是两个或两个以上音节的。中国小孩把"54"发音为"五四"而不是"五十四"，这样比英文的"fifty-four"节省了不少音节。因为音节数目少，中文的处理速度比英文要快。

（2）汉语数词发音有节奏感，并且含有位值意义在里面。像乘法口诀表，朗朗上口，容易记住。

3. 简单的加减运算。

算术是基础，但是它只是解决问题的一种工具。

4. 等分和简单的分数思想(见图2-4)。

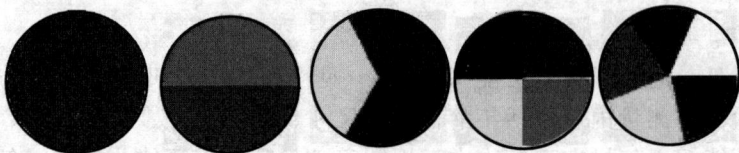

(提示：完整的圆，依次2，3，4，5等分。)

图2-4　圆的等分

(二)几何形体和空间观念

发展空间概念的经验，认识空间中物体间的关系(见表2-2)。举以下例子说明。

(1)用木钉在几何板上创建一个图形，接着改变图形，但是要用相同数量的木钉。

(2)要求一个小组的幼儿到室外测量自己的影子，每30分钟测一次，从上午9:30到下午2:00，把测量结果记录在笔记本上。

(3)将一张纸对折，数数建立了几个部分(2个)，再对折并再次数有几个部分(4个)，再次对折并计算(8个)。如果这张纸足够大，再次对折计算。为什么每折叠一次会折出更多的部分？

表2-2　空间概念的应用

概念	问题	答案
位置	我(他、你)在哪里？	上面，下面；里面，外面；圈里，圈外；顶部，底部；前面，后面；边上；在中间。
方向	哪条路？	向上，向下；向前，向后；绕过，直走；去，来；从边上走；穿过。
距离	相对位置是什么？	就近；较远
组织和式样	如何安排才适合这个空间？	安排物品，直到看起来满意
建构	空间如何构成的？小物品怎样放进空间？	在空间中安排，直到合适为止；改变空间和形状，以做成所需要的物品

（三）逻辑推理

分类、排序、式样等。式样（pattern）涉及序列，是重复出现的，包括有规则的图案、花样、动作、声音或事件等（见图 2-5、图 2-6、图 2-7）。它可以是视觉上的，例如，△×√，△×√，△×√；也可以是听觉上的，例如，掌声—鼓声—哨声，掌声—鼓声—哨声；还可以是身体动作，例如，站—蹲—跳，站—蹲—跳……式样涉及高度的思考推理能力，发现或创造式样，必须意识到一组事物之间的异同以及能分辨一组事物之间的主要及非主要特征，辨识事物之间的关系。

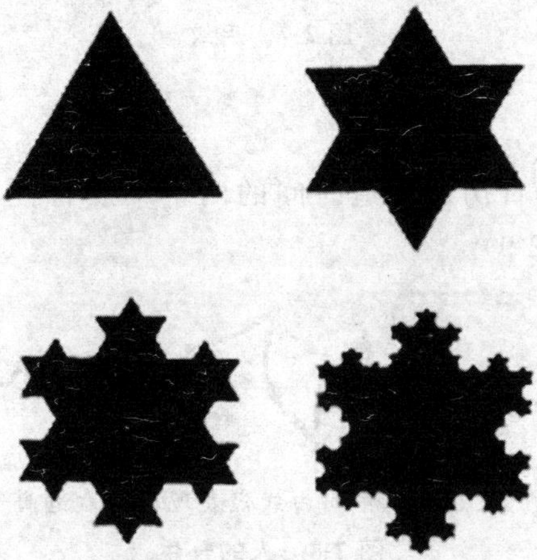

（提示：从等边三角形开始，每条边三等分，中段向外做新的等边三角形，不断重复，产生了雪花曲线。）

图 2-5 雪花

（提示：式样。）

图 2-6 马（甲骨文）

（提示：式样。）

图 2-7　鸟纹

（四）时间

认识时钟，学会看日历；知道时间的两个本质特性，即时间的持续性（见图 2-8）和次序性（见图 2-9）。

（提示：左边平线代表过去，中间曲线代表现在，右边曲线代表未来。）

图 2-8　人的一生

（提示：一年四季，春、夏、秋、冬；一年 12 个月；一个季节有 3 个月。）

图 2-9　四季

(五)朴素概率和小统计

举下面的例子说明。

(1)11个幼儿选择了橘子汁、9个幼儿选择了牛奶,请在11个方格内画上橘子汁、9个方格内画上牛奶。

(2)观察记录,比较标在日历上的晴天、阴天、下雪天或下雨天的数目。

(3)为最喜欢的书投票,并用标签记号记录结果。

(六)测量

举以下例子说明。

(1)建立一张图表(见图2-10),比较幼儿从出生到现在的身高和体重的测量结果。婴儿期时最矮的儿童现在还是最矮的吗?

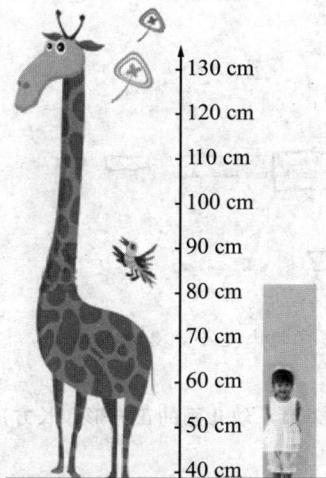

(提示:可在卧室的墙壁上实际布置,方便幼儿测量身高。)

图 2-10 我长高了

(2)年初为幼儿称体重,接着在1月和5月给幼儿称体重。在每个测量阶段比较体重的变化。

(3)在玩沙区和玩水区,使用不同尺寸的容器,把沙或水倒入另一容器,使它装满,进行测量活动。

(4)用沙漏、水漏或钟表对时间进行测量。

(5)钱的测量。幼儿开始进行有关花钱和找零的真实问题的计算。

(七)数学应用与问题解决

把数学的问题解决作为教学的一个重要理念和实际操作过程，包括数学知识在现实生活中的一些应用。例如，解简单的应用题等，强调对幼儿数学应用意识的培养。

(八)数学语言与交流

在数学学习中，强调数学符号、数学语言，重视数学语言的交流与表达，以及在学习中相互启发、合作学习。这既是数学学习的重要构成部分，也是一个重要的教学理念。图 2-11 所示为极限概念的表达。

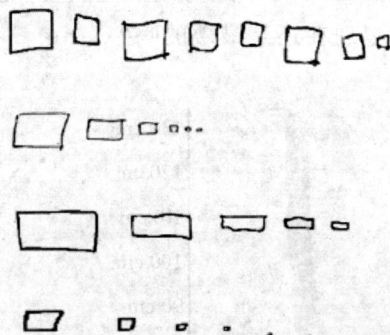

(提示：正方形和长方形画得越来越小，最后都是点，但一个是"小方点"，另一个是"小长点"。)

图 2-11　幼儿画的正方形和长方形

二、 教学环境

(一)室内布置

墙壁上的装饰，反映出数学思想，像式样、各种几何图形构成的大图画等。有关数学的挂图，不仅可用于集体教学，也可以对幼儿数学学习起到潜移默化的作用。

(二)教学材料

商店买来的材料，例如，几何积木、标有数字 1~10 的方块等，都是操作材料基础程序的基础。教师和幼儿制作的操作材料，包括各种木棒、用来分类的旧纸盒、有 1~10 个玻璃珠的珠串等。特别鼓励幼儿和教师收集各种废旧材料，进行数学认识与建构活动。

(三)计算器和电脑

对幼儿来说，使用计算器解决算术问题以及检查他们自己和同伴的答案，是合理的。但是作为发展数字概念以及适当计数策略的方法，计算器不能代替真实的经验。思考问题和怎样解决问题应该作为教学的重点。教师不应该过分关心幼儿基本技能的发展，在计算中适当使用计算器是有用的。允许幼儿探索计算器，让他们享受按键和观看数字改变的快乐。大一点的幼儿开始能用计算器解决等式，学习正确输入数字。在计算中运用计算器，可以探索数字间的功能和关系。中国的算盘是很好的工具(见图 2-12)。

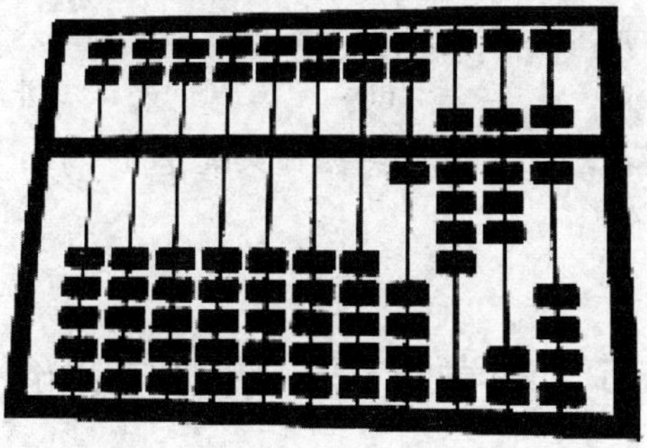

(提示：中国古老的计算工具，30 年前逐步被电子计算器所替代。本图算盘上的数字是"1986"。)

图 2-12　算盘

一些计算机程序是很好的数学游戏，操作几何积木或数学关系运算是非常有趣的，可以弥补日常教学的不足，增加幼儿数学方面的经验，提高幼儿的数学技能。

总之，教学环境是幼儿学会数学的重要构成部分，要让幼儿感受到环境中各种数学元素和数学符号(见图 2-13)。

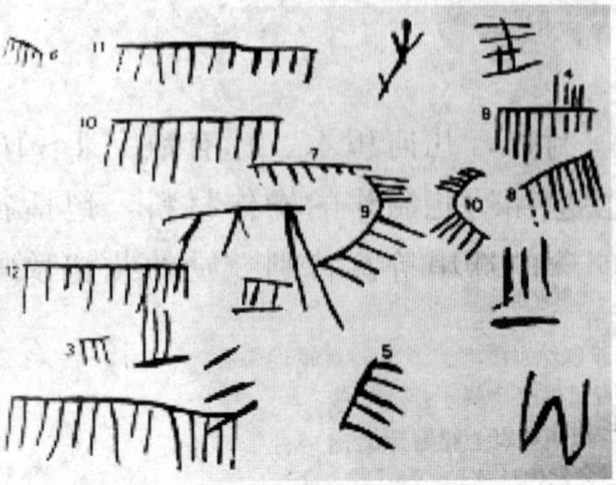

（提示：1～12 是如何表示的呢？）

图 2-13　石器时代的数符号

★信息栏 2-1：数的表达★

one	two	three	four	five	six	seven	eight	nine	ten
壹	贰	叁	肆	伍	陆	柒	捌	玖	拾
一	二	三	四	五	六	七	八	九	十
旦	工	川	目	丑	大	皂	公	九	田
甲	中	山	工	出	王	夫	井	春	耕

（提示：倒数第一排，以字的出头数目来表达 1～10；倒数第二排，则包含了中国数字在里面。）

第三节　教学过程、原则与评价

一、教学过程

(一)集体教学：激发学习动机，创设解题情境

教师要联系幼儿过去的学习经验和生活经验，引发幼儿解决问题的需要；然后选择适合幼儿的内容和范围；最后是师幼一起来设计数学问题，增加幼儿解决问题的自发性和挑战性。观察各国国旗就是很好的主题(见图 2-14)。让幼儿参与

到问题设计中的好处是,幼儿会将生活中的经验问题融入问题情境中,而且幼儿有被尊重的感觉,特别是这些问题都不是常规问题,因此可以充分发挥幼儿解题的创造性。当然,这里教师的引导是十分重要的。

（中国国旗） （韩国国旗） （法国国旗） （格鲁吉亚国旗）

（提示：也可找其他国家的国旗,发现几何之美。）

图 2-14 国旗里的几何

幼儿的解题过程即发明和创造。幼儿在这些活动中,利用教师所提供的真实物品(小黑板、各种笔等)和各种思考物品(数字、文字或符号)为中介,进行重新组合,建构各种解题活动的类型。例如,幼儿可以发明许多解决问题的方法,像 $5+6=11$,他可以把 6 分为 5 和 1,两个 5 是 10,再加上 1 就是 11。

(二)数学问题的解决过程实际上是一个建构过程

幼儿解决问题活动的过程,也是一个内化的过程,它包括经验阶段、觉察阶段和了解阶段。(1)经验阶段是指实施一个具体的解题活动以解决特定的问题,进而建构数学概念。例如,幼儿知道 15 元钱中有 3 个 5 元,花掉了一个 5 元,还剩 2 个 5 元,即 10 元。(2)到了觉察阶段,幼儿在没有感觉活动材料的情况下,也能成功解决一个具体问题,虽然说不出所以然。(3)了解阶段,是幼儿直接以心智运算来解决问题,并进一步说明解题活动的有效过程。幼儿的表达可见图 2-15 和图 2-16。

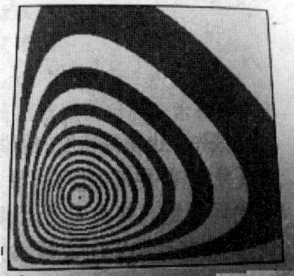

（提示：同心圆。）

图 2-15 中国盒子

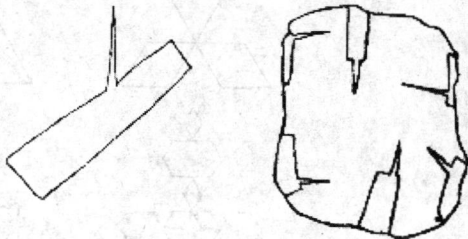

（提示：青春期叛逆的表达,圆里满是长方形和长角。）

图 2-16 倒刺(艺术作品)

(三)小组学习：鼓励幼儿争论

幼儿的自我意识十分强烈，又很喜欢发表自己的想法。幼儿在问题的辩论、协商中，取得对问题解决的共识。这种合作解决问题的过程是：先发表各人的意见，再决定由一个人在小黑板上或大家在黑板上一起写、画，将问题用图或表的形式表示出来，或用算式记录的方式呈现出来。幼儿小组讨论之后，将共同的看法表示出来；然后其他组的幼儿就会提出疑问，对发表人的意见进行修正；在教师的引导与启发下，最后大家确认一个合理的答案。幼儿在争论和辩论中，可以激发其智慧的火花，对数学学习产生无尽的兴趣。

★信息栏 2-2：多说，多做，多解决问题，多体验数学★

多说，就是多用语言来表达数学。例如，古诗："一望二三里，烟村四五家。亭台六七座，八九十枝花。"再如，月有阴晴圆缺，让幼儿描述月亮在一个月内，从月牙到满月再到月缺所发生的变化。

多做。鼓励幼儿多写数字，多画图形，表达数量和空间世界。例如，可让幼儿画出从幼儿园到家的路线；或在中国地图上找出北京、上海的位置，以及曾旅游过的地方。

多解决问题，就是用学习过的数学来解决日常生活中所遇到的最简单的问题。例如，家里来了客人，准备多少双筷子、多少只碗等。又如，把爸爸、妈妈和宝宝的鞋排放整齐，然后分门别类，数一数谁的鞋最多。再如，过生日分蛋糕，怎样分才较合理。

多体验数学的美妙。数学无论是数概念、空间，还是数形结合，处处呈现出美，像贝壳的形状也会有相应的数学公式来表达。幼儿体验了数学的内在规律和数学形式的美(见图 2-17)，就会喜欢数学。

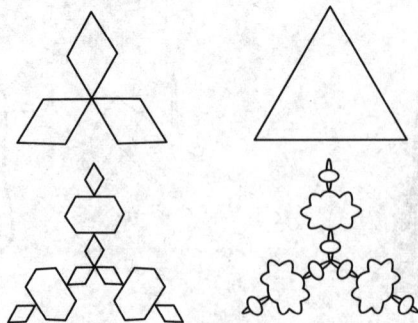

(提示：分形之美。)

图 2-17 计算机生成的几何图

(四)个人活动：幼儿对数学概念的自我建构

教师要协助幼儿尝试自己推论，并以具体操作物、图画、表格或语言来讨论并证明他们的推理，而且要建立数学中不同主题的联结、具体与抽象数学知识的联结、概念与技能的联结以及数学与其他课程领域的联结，让幼儿感觉学习数学是有意义与有价值的。在这样的教学情境里，幼儿的角色从一个被动的接受者，转变为一个活跃的参与者；从孤立的纸笔练习者，转变为团队合作者、探索与尝试的冒险者。教室里见到的是一个忙于操作、讨论、思考与验证的幼儿，是真正以幼儿为中心的教学。"幼儿并不是学会算术的，而是重新发明算术的。"皮亚杰假设数的构造与逻辑的发展是携手并进的，数学概念形成之前的时期与前逻辑水平相对应。

(五)幼儿用写写画画来表达数学

教师帮助幼儿阅读，并用写写画画记录他们的题目，探索和发现答案。教师给每个幼儿提供笔记本，记录幼儿自己的问题和答案，教师根据幼儿笔记本上的问题给予指导。教师也鼓励幼儿看其他人的笔记本，讨论他们的答案和发现。"幼儿用来解决问题的方法有许许多多，他们写出来的数学是各种各样的，包括他们写概要、描述、定义、小报告、评价、解释和个人对数学的看法"(Richards，1990)。

★信息栏 2-3：孩子是小数学家★

1. 孩子是小画家。毕加索说过：画家要向孩子的画学习。

2. 孩子是小生物学家。皮亚杰童年时就迷恋收集动植物方面的信息。

3. 孩子是小科学家。孩子总想知道这个世界的奥秘。

4. 孩子是小语言学家。出生后的孩子在不同语言环境里会获得相应的语言，而且人生最初的几年里就能获得基本的语法和口语，词汇获得是爆炸性增长的。这是机器语言学习所不能解释的。

5. 孩子是小心理学家。因为在他很小时，他就能推测第三者在想什么。这是所谓心态理论，或心理理论。

6. 孩子是小教育家。菲菲在 2 岁进托儿所时，就会对着一个布娃娃上课，上半小时以上。她还会教育妈妈和爸爸该做什么，不该做什么，很有主见。

7. 孩子是小数学家。孩子对数字敏感，对几何图形有独特视角。1 根黄瓜与

7 个蘑菇哪个多？3 岁的孩子也许会说，1 根黄瓜多，因为 1 根黄瓜可以切成许多薄片。

"应将数学定义为交流和推理，而不是一系列神秘的规则和符号"（Scott 等，1992）。幼儿每天在大人帮助下对数学主题进行书写，幼儿的反应很好，包括画故事、绘画和解释他们对数学事件的理解。用写写画画表达和交流，是我们情境建构数学教育所提倡的（见图 2-18、图 2-19、图 2-20）。

（提示：儿童对外物的空间表征具有独特性。）

图 2-18　双头人

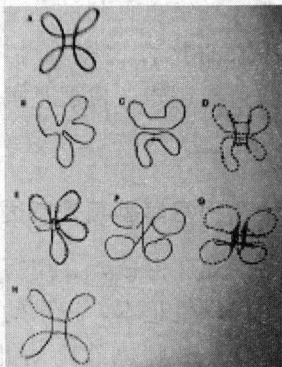

（提示：临摹图形，数学困难儿童的作品。）

图 2-19　花形

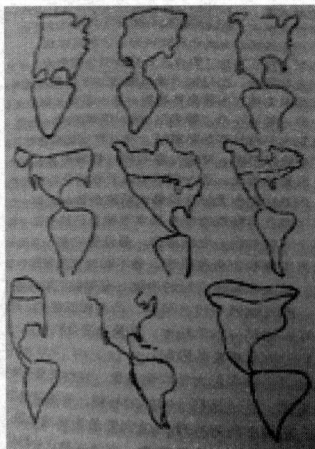

（提示：地图的空间表征，记忆误差。）

图 2-20　美洲大陆(儿童画)

二、 教学原则

(一)重视幼儿数学学习的好奇心和探索精神

心理学家伯莱因(Berlyne)认为,好奇心理和探究精神是人类一种原始的本能。在幼儿的数学教学中,尽量多给幼儿提供机会,让他们去探索、自由地操作,并由幼儿来发现。

(二)多种感官的操作活动

在开始学习数学时,操作和多种感官活动的价值为很多心理学家所重视。幼儿数学认知结构的形成,依赖于其数学经验和对数学材料的操作。幼儿的数学操作活动主要包括以下方面。

(1)幼儿经验材料的数学化,即幼儿把周围环境中有关的数、形、量由生活语言转化为数学语言,用数学语言表现生活中的问题。例如,用"2>1"表示2个桃比1个苹果多。

(2)数学材料的逻辑化,即对分散的数概念组成概念系统、运算法则系统和数的推理系统。例如,三角形有若干变式,但其法则体系是共同的,即有三个角、由三条线段组成的封闭图形。

(3)数学知识的具体化,指幼儿对数概念、运算法则、数学关系等这些抽象的知识举出实例并加以解释,也指对周围环境中的实际问题用数学方法来解决。例如,对于4+3=7这个算式,幼儿能够编出应用题来赋予它有意义的实际内容。这实际上也是心理运算或内心操作。

(三)重视数学教学的游戏化

数学游戏是幼儿特有的教学形式和方法,是塑造幼儿认知结构的有力杠杆。数学游戏着眼于教学,游戏内容和方式的选择应完全依从于教学,标准就是看其能否促进幼儿数学能力的发展。游戏化教学是激发幼儿数学兴趣最直接的方法,因为幼儿的生活本身就是以游戏为重点的。游戏化包括角落自由探索游戏,例如,娃娃家、积木角建构空间与造型活动,以及操作各种纸版、玩具等。探索古人岩画中的游戏场景,也可以获得数学知识(见图2-21、图2-22)。数学游戏化的结果,不但能让幼儿在轻松、自然的气氛下学到数学,也能让其喜欢数学。

（提示：看看动物是什么，猎人在哪里？数一数。）

图 2-21　射鸟（岩画）

（提示：哪个是猎人，哪个是猎物？数数看。）

图 2-22　狩猎（岩画）

（四）重视数学教学的多样化

教学多样化的原则体现在：为达到培养完整幼儿的目标，提倡课程多样化，包括教学内容多样化与教学方法多样化。就教学内容的设计而言，应将各领域兼举并重，提供给幼儿整体发展的机会，不可偏重或偏废某一领域或层面；要加强各领域间的连接和相互作用，让幼儿能从其他领域中习得数学概念与技能，或从数学领域中习得其他领域的重要概念，将数学运用于其他领域。例如，美术活动运用色彩表现物体，或运用很好的几何形状的色纸自由创造各种形式；律动中配合唱数、计数，或将上下、左右、里外、中间的空间概念运用于动作之中；在烹调活动中运用测量、计数、空间、科学、安全等概念；在科学领域中学会观察技巧，并能感知从自然界得到的小石头、小树叶等的形状特点；在音乐课上学习唱儿歌或以不同节奏敲打乐器。

★信息栏 2-4：幼儿的数学学习不同于小学生★

1. 数学重在经验，不在掌握。幼儿数学学习与小学数学学习有着本质的区别，尽管有些内容与小学低年级有些类似，但小学生学习是为了掌握，要经过考试；而幼儿只是对数学知识的"认识"，并不要求一定"掌握"，重视的是学习过程和数学经验。

2. 幼儿数学学习范围更广。幼儿数学学习能够接触到在现实经验中很好的数学理念，例如，拓扑的观念、极限的观念。这些观念都可以让幼儿在数学操作活动中体会。可以说，幼儿学习的数学知识是表面的、粗浅的知识；而数学思想是高深的，又是可以让幼儿体验或理解的。

3. 幼儿的数学学习与具体的操作活动分不开。幼儿数学学习，强调的是在具体活动中对数学的认知和数学思想的建构，这与幼儿的具体形象思维是分不开的，同时，也要重视数学的应用等。

4. 幼儿时期的数学学习是初步了解一些简单的数学知识与思想，目的是使幼儿在大千世界的数量关系、时空关系的经验中开拓自己的视野。但现实中的幼儿数学教育有些不得法，抓不住幼儿数学学习的心理特点，偏于知识传授，忽视通过数学发展潜能，出现小学化倾向。

此外，数学内容本身也具多样化。幼儿数学不仅包括算术（加减运算等），也包含数与量，几何与空间，分类、式样与序列，估算与测量，统计与资料整理，时间等。尤其是随着当代计算机科学的发展，只要轻按几个键，无论多么烦琐的计算均能迎刃而解。背诵无意义口诀的心算与要求速度的速算，或者脱离情境的纯粹抽象符号的纸笔作业，似乎已不再迫切需要并为时代所轻视，而培养预测估算或数学思维能力、解决问题能力反而更符合当下的发展趋势。

（五）重视数学教学的具体化

数学教学的具体化是指为增进幼儿理解数学，抽象的符号、概念必须伴以具体的经验与活动。在重视解决问题的教学趋势下，一个好的问题情境的重要特点是：幼儿操作、转换或移动实物，能与真实世界联结，以增进对问题的理解。因此，学前数学教学模式可称为"行动模式"（Nelson & Kirkpatrick，1988）。操作教具或实物，除了可以促进概念理解外，也可引起幼儿对数学的兴趣。活动室必须具有各式各样的教具，例如，小数棒、积木、立体几何模型、平面几何图形等。值得注意的是，具体化并非意味着绝对地避免将抽象符号教给学前期的幼儿，抽象符号有其独特的效果（见图 2-23）。

（提示：观察双鱼四周线段长短和数量的变化。）

图 2-23　太极八卦图

当然，符号情境的适时呈现，通常要等幼儿有充足的具体经验之后进行。符号学习始于具体层次，经过半具体图片、半抽象写记之间的联结，逐渐到抽象的符号层次。具体化教学不仅包括教具、实物的运用，还包括联系到幼儿的具体经验、直觉想法，因为这些对幼儿而言是有实质意义的，是幼儿可以理解的。许多幼儿学习数学有困难，绝大多数原因是无法将抽象的数学知识与他已经知道的、对他们有意义的直觉想法、非正式数学经验等联系起来。因此，在教学时应鼓励幼儿说出自己的想法，注重幼儿自己发明的非标准化的演算或解题方法，以此为基础，引导幼儿理解标准化的正式数学。

三、 反思与评价

传统数学教育评价，注重测查幼儿的学习成果、学习能力。评价的结果，好一点的幼儿更骄傲，而差一点的幼儿失去了信心。另外，传统评价有测验没有诊断，或有诊断没有辅导。评价之后，幼儿学习方法也未得到改善。

建构主义数学教育模式则以多元的观点和方法，评价幼儿数学各方面的发展。具体是吸取以下多种评价方式。

(1)主题式评价。根据幼儿数学学习的内容，从各大单元、小单元等不同的知识点，来考察幼儿的掌握情况。例如，数概念是否形成了。

(2)个案式诊断评价。对个别数学能力发展中，有特别表现的，例如，进步缓慢，或对某一项内容总是不理解，在幼儿学习数学的过程中找出其缺陷，发现其问题，采取补救措施。

(3)行为式评价。定期测查，了解幼儿掌握了没有，考察幼儿学习的效果，以便教师掌握教学的进度。

(4)实际操作评价。教师每天对幼儿做系统的观察、记录，收集资料评定个人的学习成效。

(5)过程式评价。重点了解幼儿解决问题的过程、思考问题的策略等。这种测查往往是开放式的答案，了解幼儿的创新情况。这种评价方式可以激发幼儿的脑力思考，发展多元的解决问题能力。

幼儿数学能力测验，不只是关注评价的心理学理论，也关注运用、解决实际问题的能力。评价目的不在于发现幼儿的学习缺点和问题，而在于开发幼儿的潜能；不只关注数学能力，也关注幼儿数学兴趣、数学学习的信心。测验的题目，不是以成人为本的，而是以幼儿为本的；鼓励幼儿不模仿成人解决问题，而是创造性地解决问题。

★信息栏 2-5：空间的几个概念★

空间处处存在，空间渗透于我们的心理、身体，甚至我们的社会生活里。关注空间概念的方方面面，有助于幼儿数学空间能力的培养。这些概念包括以下几个。

生态空间：我们生活和活动在我们的空间世界里，比如，寻找食物（在森林里打猎或驶向杂货店，或走向厨房），追逐孩子和追求工作。

外部空间：望远镜使我们看到地球之外的世界，它很早就为航海提供向导了。随着人类科技的进步，我们的宇宙飞船可以访问月球和火星了。

感知空间：空间感知为我们的行为提供引导。我们做出物体与我们身体之间关系的判断，了解怎样寻找它们，怎样够到它们；我们决定到哪里寻找丢失的钥匙；如何探寻暗礁；是否伸出手去够一个盘子或拿一个梯子。

映象空间：我们让物体在我们的头脑中活动。比如，我们描绘所喜爱的在书架上的雕塑，向左移动几厘米（旋转），或向右旋转 $45°$，或将其放在更高的货架上（改变我们的观察角度和观察距离）。

表征空间：我们制作和解释平面或三维模型上的标志，作为相关空间及物体的象征。比如，伦敦地铁的一张地图，一个建筑师制作的新商场的雕刻模型，地球卫星拍摄的一张照片，图书馆或校园的一张地图。

个人空间：在我们和他人之间定义个人生活空间，作为不同关系类型的交往界限（同事、密友、爱人或陌生人）。

第三章
幼儿数学教育的领域
联系及教师作用

　　纯粹数学和应用数学是理解世界及其发展的一把主要钥匙。数学教育与其他学科有密切的联系，表现出各学科知识之间的广泛渗透。

——联合国教科文组织《里约热内卢宣言》

第一节　各领域中渗透数学

一、在科学中渗透数学

(一)建筑

　　数学已成为设计和构图的无价工具，它既是建筑设计的智力资源，又是减少试验、消除技术差错的手段。力学结构、材料负荷、成本核算等离不开数学，建筑的风格、建筑审美要求也是数学思想的反映。金字塔中石头的形状、大小、重量、排列等计算工作(见图3-1)，

（提示：建筑里的几何。）

图 3-1　墨西哥库库尔坎神庙(金字塔)

就需要用到直角三角形、正方形、毕达哥拉斯定理等知识。

幼儿学习的数学没有那么高深，鼓励幼儿观察和欣赏各类建筑，体会建筑中的几何，这都是数学学习。日常学习中让幼儿描画建筑物、搭建积木等活动，皆可以增强幼儿的数学空间意识。

(二)商业

现实中的各类商业活动都需要数学。鼓励幼儿认识、使用货币，不管是在生活中的商店购物，还是虚拟中的买卖游戏，都可以强化幼儿对数学的问题与应用意识。

(三)军事

孩子，特别是男孩子，喜欢打仗游戏，喜欢操作各种军事器械的玩具。这些游戏也是容易渗透数学知识的。

(四)自然科学

数学的知识面很广，数概念、空间、时间、逻辑推理等所有内容，几乎都可跟自然科学的具体活动有关联。幼儿在科学活动的探索过程中，很容易体验到数学方面的知识。

自然科学活动中的学习主题或内容，许多都与数学活动相融合的。数学活动部分内容本身就是科学探索的一部分，例如，排序、守恒等。反之，像科学的测量活动，本身就涉及数和量（见图3-2）。

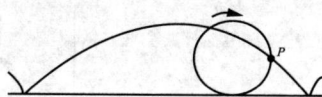

（提示：伽利略实验发现的摆线，是指圆上一点转动后的轨迹，这个弧线的长度刚好是旋转圆的直径的4倍。）

图 3-2 优美的曲线——摆线

二、 在文字和阅读学习中渗透数学

(一)汉字中的数学元素

幼儿早期对汉字的认识已经成为可能，早期阅读已融入幼儿的学习活动之中。幼儿在图文阅读中强化了对汉字的认识。汉字的出现，有助于幼儿对数学现象的观察、对数学概念的理解。汉字本身的表意性，体现出数或形，例如，"一"

"二""三"的书写方式，就是数的直观代表。每一个中国汉字都是由笔画组成的，这些笔画又是点和线这些几何图形的最基本元素。汉字的笔画与结构本身，就是复杂的几何构成(见表 3-1、表 3-2、表 3-3)。

表 3-1　幼儿写的"井"字

图形类别 / 年龄段	复制	补全	最终复制
3 岁		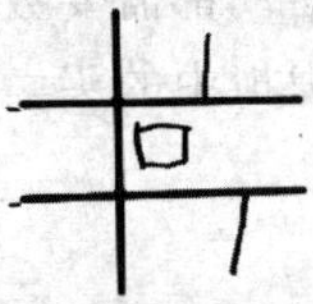	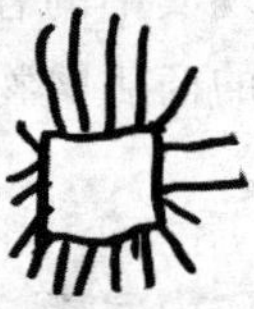
3.5 岁		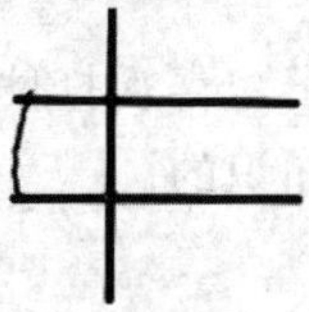	
4 岁		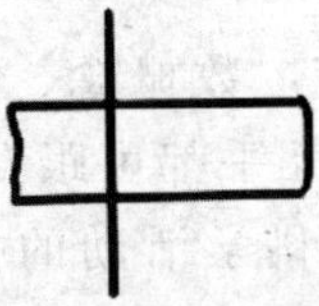	
4.5 岁	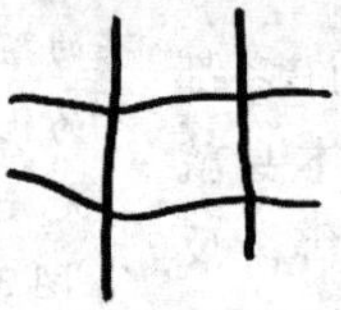	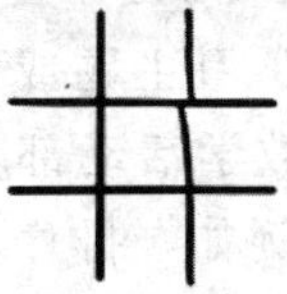	

表 3-2　幼儿写的"王""米"二字

图形类别 / 年龄段		
3 岁		
复制	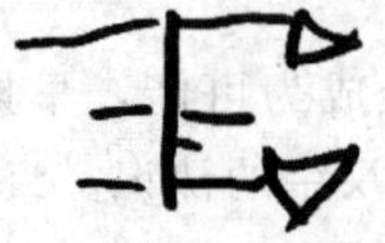	

续表

图形类别 年龄段		
补全		
最终复制		
	3.5 岁	
复制		
补全		
最终复制		
	4 岁	
复制		

续表

年龄段＼图形类别		
补全		
最终复制		
4.5 岁		
复制		
补全		
最终复制		

表 3-3　幼儿绘画中的图形表征

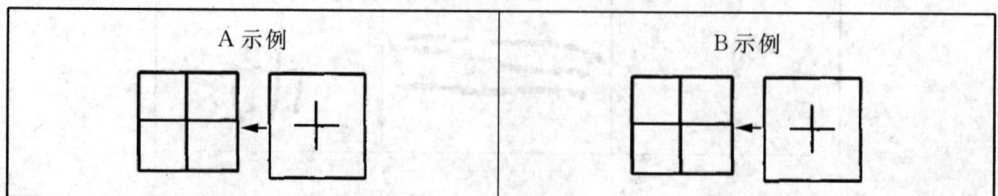

A 示例	B 示例

3 岁			
3.5 岁			
4 岁			
4.5 岁			

　　字在几何图形上的变化，会产生新的字。相差不大的汉字之间，是一种亲密的数学关系，这些数学关系的体现如下。

　　(1)加减：刀—刃，李—季，九—丸，目—自，王—主，几—凡，必—心，吧—巴，个—人。前后两字有加或减的关系。

　　(2)乘除：口—品，人—众，火—炎，森—木，田—口，出—山，朋—月。

　　(3)相交：妹、好、如，图、国、圆，每组有共同的偏旁。

　　(4)对应：凸—凹，上—下，乒—乓，孑—孓。

　　(5)相似：己、乙、巳，戊、戌、戍，未、末，王、壬。

　　(6)排列：笔画相同，排列的方式不同，例如，三、工、土、干。

　　(7)移位：太—犬，未—本，为—办，玉—主。

　　(8)延长：有一笔延长了，例如，目—且，刀—力，王—丰。

(9)变形：有一笔变了形，例如，十—七，用—甩，力—九，天—无。

(10)交换：上下部交换了，例如，呆—杏，吴—吞，仝—天。

(12)组合：千里草—董，廿七—世，亡口月凡贝—赢，十二月—青，十日十月—朝。

(13)代入：以图形代字，例如，圆、围，一个圆圈代替"圆"字，一个方框替代"围"字。

(14)连接：中文状态下两字连接成一个字，上下—卡，子皿—盂，夕卜—外。

(15)切断：将一笔切断，例如，毋—母，白—臼(将一横切断)，刀—刁(将一撇切断)

(16)分解：天—人二，哑—又一口了。

(17)颠倒：士—干，甲—由。

(18)转一个角度：区—凶，丰—卅，三—川。

(19)置换：换其中一部分，风—夙，鸟—乌。

★信息栏 3-1：幼儿空间分析能力的特点★

幼儿空间分析能力的发展，表现为先将空间式样分割为部分，再通过该关系将部分组成整体形态。他们或者形成一个整体的某些表征，而忽略了大部分的细节；或者过分注重细节，并以夸张的方式表现出来(见图 3-3 和图 3-4)。

(提示：汉字为方块字，幼儿很小的时候就有了这方面的知觉。汉字是一个复杂的几何图形，写汉字可以促进幼儿的空间表达的发展。)

图 3-3 汉字

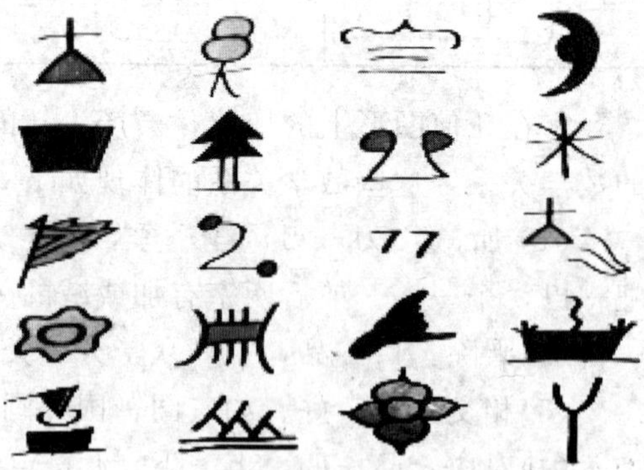

(提示：纳西文字，由几何线条和实物组成。这是一首诗：红豆生南国，春来发几枝。愿君多采撷，此物最相思。)

图 3-4 纳西象形字

（二）对联、诗歌、儿歌中的数学

1. 对联。

古代一位秀才，做了一副对联：一叶孤舟，坐了二三个骚客，启用四桨五帆，经过六滩七湾，历尽八颠九簸，可叹十分违迟；十载寒窗，进了九八家书院，抛却七情六欲，苦读五经四书，考了三番二次，今天一定要中。

2. 诗歌。

很多古诗中包含数学。例如，"欲穷千里目，更上一层楼"（王之涣《登鹳雀楼》）；"飞流直下三千尺，疑是银河落九天"（李白《望庐山瀑布》）；"烽火连三月，家书抵万金"（杜甫《春望》）；"三十功名尘与土，八千里路云和月"（岳飞《满江红》）。

乾隆皇帝出游遇大雪，吟诗：一片一片又一片，两片三片四五片，六七八九十来片，飞入芦花皆不见。

苏轼写诗词又绘画，其后有人为他的《百鸟归巢图》配诗曰：归来一只又一只，三四五六七八只，凤凰何少鸟何多，啄尽人间千石食。

3. 儿歌。

儿歌《数蛤蟆》：一只蛤蟆一张嘴，两只眼睛四条腿，扑通一声跳下水；两只蛤蟆两张嘴，四只眼睛八条腿，扑通扑通跳下水。这首歌谣不仅对儿童进行乘法教育，更重要的是，它贯穿了现代数学中映射的思想。可见，从文艺作品中可挖掘出很多有意思的数学元素（见图 3-5），用于幼儿数学教育。

（提示：式样。）

图 3-5　蛙纹

三、在美术、音乐中渗透数学

（一）在绘画中渗透数学

1. 绘画与数学。

数学总是在有意识或无意识地影响绘画艺术和艺术家，比和比例、有限和无限、黄金分割、视觉幻影、射影几何以及计算机科学等这些数学范围的内容，强烈影响着绘画艺术。黄金分割的近似值是 0.618。黄金分割在美学和艺术中往往被视为最美的标准。

文艺复兴时期，绘画艺术硕果累累，留下了许多惊世骇俗的经典之作。例如，《最后的晚餐》《蒙娜丽莎》以及大量教堂壁画和圣母像等，都利用透视原理将三维现实世界绘制到二维画布上。

绘画、制图的盛行导致了一门绘画与几何学结合的热门学科，即透视学。当从边上观察一个圆时，它看来像椭圆；同样地，正方形会变成不同形状的四边形。

自然界中的物体和科学中有很多美妙的画面，其中有充满魅力的数学元素（见图3-6、图3-7、图3-8、图3-9、图3-10）。

（提示：吸引子无限变化，无尽打圈，但绝不重复。）

图3-6 洛伦兹吸引子——一种艺术的表现

（提示：螺线的蛛网，既经济又规则地充满了空间，不仅坚韧，而且耗材最少。）

图3-7 蛛网

（提示：树每年增加一圈，堪称大自然的奇迹。年轮显示出同心圆，一年一圈；竖切下作为树干的柱体，会发现很多平行线。）

图3-8 树的年轮

（提示：每个三角形中内接一个三角形，依次可以无限地扩展下去。）

图 3-9 无限变小的三角形

（提示：式样与符号。）

图 3-10 陶器的花纹

2. 绘画活动本身就是数学活动。

绘画是现实空间世界的表达，幼儿绘画过程就是对现实空间世界的表达。皮亚杰就这方面做了较多的研究，我们也期待一线教师在实践中进行这方面的观察、思考与教学尝试。

3. 通过写写画画来表达数学的教学。

幼儿用来解决问题的方法有许许多多，写出来的数学是各种各样的，包括概要、描述、下定义、写小报告、评价、解释和个人对数学的看法（Richards，1990）。数学是用来交流和推理的，而不是一系列神秘的规则和符号（Scott，1992）。在成人帮助下，幼儿可以在数学课程中画故事、画图、画表。

教师帮助幼儿用写写画画的方法记录他们的题目，探索和发现答案。给幼儿提供笔记本，记录幼儿自己的问题和答案。教师根据幼儿笔记本上的问题给予指导，也鼓励幼儿看其他人的笔记本，讨论他们的答案和发现。通过写写画画强化幼儿对数学的表达，包括：（1）鼓励幼儿通过绘画来表达对科学的理解。绘画可唤起幼儿的回忆，加强幼儿对数学线条等数学符号的印象，感受空间的各种关系（见图 3-11 和图 3-12）。（2）通过写写画画来做数学日记。早期，许多教师鼓励幼儿写画科学日记。一种数学日记是在笔记本上写下有关数学的内容。其条目可以包括：简要介绍探索中的发现；总结课堂上发生的特殊的数学事件；描述幼儿自己做的与数学相关的活动；总结和家人一起开展的与数学相关的旅行。另一种数学日记是文件夹，把幼儿对教师布置的任务的书面回答、已完成的班级活页和数据表、创造性书写作品以及教师布置的其他书面材料，都放进文件夹里。还可以把幼儿已做的但非教师布置的、与数学活动相关的书面材料放进文件夹里，也可以收集、比较各种票据。

（提示：儿童画的烟囱垂直吗？）

图 3-11　房顶上的烟囱

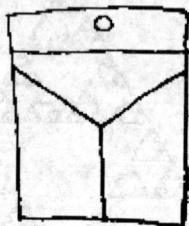

（提示：漂亮的几何图。）

图 3-12　浴衣女子的特写或掉进橄榄的酒杯

开家长会时，可以把数学日记和档案袋一起交给家长阅读，因为数学日记反映了幼儿活动中的个人表现以及幼儿在数学上的进步。

（二）在音乐中渗透数学

音乐和数学一直被联系在一起，乐谱书写是数学对音乐影响的一个突出表现。

在乐稿上，可看到速度、节拍、全音符、二分音符、四分音符、八分音符、十六分音符等。在古希腊，毕达哥拉斯最先用比例把音乐和数学结合起来。事实上，产生每一种谐音的高低与各种弦的长度都成正整数比，这被认为是美丽旋律中的数学。音乐家认为，自己的音乐著作太数学化了；数学家则认为，他的著作太音乐化了。可见音乐与数学达到了水乳交融的地步。

傅立叶发现，音调与曲线的频率有关，音量与曲线的振幅有关，而音色则与周期函数的形状有关（见图 3-13）。许多乐器的形状和结构也与各种数学概念有关。从某种意义说，音乐学习本身有助于数学概念的理解。

另外，舞蹈和体育活动无不充斥着数学知识点。在教师的引导下，幼儿在音体活动中会感受和获得数量关系知识、空间运动知识。

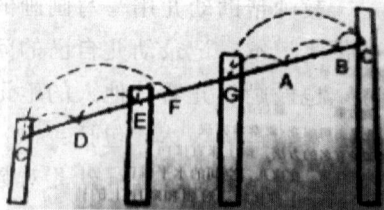

（提示：音高随斜坡逐步升高。）

图 3-13　音乐的音阶

第二节　幼儿数学中教师的引导作用

当幼儿遇到困难时，教师不应成为从天而降的"救世主"，而应成为一个有益的启发者，即通过适当提问启发幼儿思考，帮助其找到摆脱困境的方法；在幼儿取得独立进展时，教师应当给予及时反馈，从而使幼儿自己对工作做出正确的评价，并明确进一步前进的方向。

一、全美幼教协会(NAEYC)对教师的七条要求

(一)教师作为专业人士应该不断成长

需要不断参加专题学术会议，通过网络与其他教师沟通，交换想法和信息，这些都会涉及数学教育中的新问题。

(二)教师应该使数学和其他学科领域建立联系

教学应该和儿童相联系，使数学对他们来说是有意义的。要做到这一点，方法之一就是跨学科的教学计划或广泛的主题单元教学，以文学为基础的单元有助于教师制订出整合的课程计划，与其他学科领域统一起来。

(三)教师应该利用多样的教学方法

多样不仅代表了儿童的需要，也体现了数学的本质。各个学习区开展多种水平的活动，符合儿童不同的发展阶段和学习风格。开展合作学习的小组作业，不仅使儿童能得到社会化的发展，而且能成功建立起每个儿童对完成数学任务的信心。我们也可以利用同伴指导、同伴间的相互帮助来增强儿童对数学的理解。

(四)教师应该有计划地安排好教室，鼓励儿童积极参与

多感官活动需要不断地变化形式，并为方便儿童的积极参与和探索而设计。教室的布置有助于儿童说、写、模仿和表现数学思想。我们要使用具体材料帮助儿童表达数学思想，开展儿童解决现实生活问题的开放式活动。

(五)教师应该用积极的态度对待数学，作为所有儿童的榜样

教师应改善自己对数学的态度。教师传达的热情会帮助儿童树立信心，使他们相信自己学习数学的能力。教师要鼓励并接受多种答案和解决问题的多种方法。活动创设应当以促进儿童的成功、建立信心及创建一种积极的数学倾向为目的。一种愉快的、无压力的环境能鼓励儿童学习数学，并为数学所吸引。

(六)教师应该基于个体差异看待儿童学习

来自不同文化和背景的儿童，都应当被接受和理解。来自其他文化的活动，应当与日常数学学习活动融为一体。教师必须成为接受差异的榜样，并且鼓励每一个儿童为他们的成就而感到自豪。

(七)教师应该发展与儿童父母及相关成员的合作关系

家庭为儿童提供最初的学习经验，并能对学校所教内容起到强化的作用。父母能在课外促进数学发展并为教师提供有价值的背景信息。帮助家长了解如何帮助儿童学习数学，是教师的一个重要任务。请家长进入课堂，鼓励他们参与学校的教学方案，与家长共同为儿童的数学发展做努力。

★信息栏 3-2：数学教学中各角色的作用★

教师：相互讨论数学教学的内容，评价幼儿所做的练习，讨论新的解决方法，让幼儿积极投入到学习过程中。

家长：要求幼儿园依照《3～6岁儿童学习与发展指南》，鼓励幼儿不断探索数学，支持教师的数学教改，期望给孩子超出常规的学习作业或游戏。

园长：协助教师的教学并提供便利，为数学教学提供好的思路，支持教改。

二、 教师在数学教学中的引导作用

(一)树立建构主义的幼儿数学教学理念

建构主义的幼儿数学教育追求激发幼儿的数学学习兴趣，提高幼儿的数学思维能力，培养幼儿的数学探索精神以及幼儿数学教育的人性化。幼儿的早期数学

教学不应仅仅是数学知识的传授，更要刺激幼儿的数学心智发展(见图 3-14)。

(提示：掷 1 次骰子，可能出现的点数是多少？掷无数次后，每个点数出现的可能性一样大吗？试着掷 10 次，把每次得到的点数写出来。)

图 3-14　骰子问题——培养数学心智

(二)了解幼儿的学习特点

首先，幼儿教师要深入了解幼儿真实的反应。幼儿不是消极接受数学知识的"容器"，而是要学会如何数学思维。数学学习内容，不是单纯事实方面的"死"的数学知识，而是有益于养成具有批判精神和创造精神，最终使思维能力获得最大发展的"活"的数学知识。教师要使幼儿对数学着迷，喜欢数学。因此，幼儿早期的数学教育除了发展幼儿的智力之外，还应该对幼儿现在的发展和将来的发展都是有意义的。思维活动应作为一切教学工作的出发点。从建构主义的角度去分析，对于幼儿真实情况的了解事实上也是一个建构的过程。所谓"备课"或进行活动设计，是指实际地完成相应的教学内容的建构(或者说，"历史的理性重建")，教师在此事实上面临着"三重"建构任务。教师应十分注意对于自身科学观和教师教学观的自觉反省和必要更新。

其次，幼儿教师要帮助幼儿获得必要的经验和预备知识。教师不仅要努力培养出一个好的学习共同体，而且应根据具体的教学内容创造出一个好的题材环境，从而更有效地促进幼儿的学习活动。教师要善于引起幼儿对事物认知观念的不平衡。"更高水平上的平衡"并不一定是指认知结构的同化，也包括认知结构的顺应，例如，建立起新的图式。

最后，幼儿教师要高度重视对于幼儿错误的诊断与纠正。从建构主义的立场去分析，幼儿的错误显然也不可能单纯依靠正面的示范和反复的练习得以纠正，而必须是一个自我否定的过程，而自我否定是以自我反省，特别是内在的观念冲突作为必要的前提的。

(三)创设生活化的数学情境，培养幼儿学习的主动性

幼儿教师要善于利用生成课程，培养幼儿自我计划的能力。生成课程的内容可能是由师幼共同建构的，也可能是由幼儿独立计划的学习活动。生成课程需要足够的教学设施与环境来配合，并有足够的学习空间，有弹性学习内容，同时安排温馨、合作的学习情境。温馨的情境可以促进幼儿对学习产生安全感，孕育幼

儿创造思考的土壤；而合作的气氛则可以萌发幼儿自由的意识，滋长理性对话与批判思考的能力。

另外，提供学习的框架，培养幼儿主动建构知识的能力。主动学习不是放任学习，而是提供多元的选择，布置丰富的情境，协助幼儿自我计划、自我反省，进一步自我建构知识概念。主动学习是提供给幼儿一个广阔的思维空间，让幼儿潜伏的心灵得以解放，让幼儿成为真正学习的主角，主导学习的方式与进程，成为学习主体，并能通过反省机制不断修正自己的行为，成为一个主动积极、适应发展的学习者。教师应努力调动幼儿的学习积极性和元认知能力

就"问题解决"的数学教学而言，教师不应简单"给出"问题，通过各种方法施加压力，使幼儿"被迫地"为教师工作；而应努力使幼儿感受到相应的学习活动是有意义的，数学内容与幼儿的实际生活是有直接相联系的，是有趣的，数学学习任务是幼儿可以胜任的。教师应随时给幼儿以必要的鼓励，特别是在他们遇到困难和挫折时。另外，在幼儿取得进展时，教师既应给他们适当的表扬，也应及时指明新的努力方向，以保持他们不断进取的动力。

教师要较好地发挥"启发者""质疑者"的作用，更应注意如何去发展幼儿的元认识能力，努力使数学学习成为幼儿的一种自觉行为。

★信息栏 3-3：安琪的生日聚会★

安琪 5 岁，下星期她生日。她计划邀请她的朋友来参加生日聚会。安琪希望全班所有的同学都能参加，但由于家里地方小，妈妈限制了客人的数量，只同意来 6 个。安琪环顾了一下起居室，承认是没有太多的空间。于是，她把一些家具搬到自己的房间，然后告诉妈妈房间里可以多坐几个朋友。

安琪看起来是在为她的生日聚会做准备，事实上，她已经在运用空间知识解决问题了。她妈妈也同意可以多来 4 个客人。这样，她解决了一个对她来说有意义的问题，她能够根据实际情况处理空间安排和数字关系的问题。对个人而言，在有意义的情境中抓住使用数学的机会，可以建立牢固的数学概念(Gestwicki，1995)。

(四)教师应当很好地发挥教学组织者的作用

★小贴士：避免数学学习焦虑★

数学知识本身的特点是抽象性高、逻辑性强，孩子理解数学需要一个过程。

家长要求过高，孩子压力过大，孩子就会失去信心；一旦方法不当，就会造成孩子的挫折感。有时孩子确实学习到了一些明确的知识，但却对学习数学产生反感和焦虑，这种代价是不值得的，也是得不偿失的。

依据对学习活动的社会性分析，我们可以对合作学习持肯定态度，但是这又不应被看成学习活动的唯一形式。教师的一个重要职责就是根据具体情况在小组学习、个人学习和全班讨论等多种形式之间，做出适当选择并加以组织（包括在这几种形式之间进行适当转换）。

从更大范围上说，教师的一个主要责任是创造一个良好的学习环境，特别是努力造就出一个好的学习共同体。

★小贴士：数学是科学之王★

数学是非常独特的学科，我们国家有着几十年很好的幼儿数学教学传统。老一代专家矫德凤、林嘉绥、张慧和、邹兆芳等，对我国的幼儿数学教育有很多贡献。但现在，数学这个学科在学前教育中被淡化。新一代毕业的年轻一线教师不太会教数学。幼儿在幼儿园三年，数学能力没有得到很好的培养。有人认为，幼儿的数学学习能力尚未成熟，但实际上，幼儿的数学潜力比成人想象的大得多。比如，幼儿所画的舞蹈类似原始人的画（见图3-15）。

（提示：旋转与式样的表达。）

图3-15 跳舞（岩画）

一个好的学习共同体应该具备这样的特点：(1)在其中，每个人（包括所谓学习不成功的幼儿）都能得到应有的尊重和理解，而不是受到轻视或压制；(2)真理标准不是教师，也不是任何权威，而应是理性；(3)共同体成员应保持思想的开放性，即提倡不同思想、不同见解的充分交流，乐于自我批评，善于接受各种合理的新思想等。一位优秀的幼儿数学启蒙教师能够极大地激发幼儿学习数学的兴趣，通过学习共同体，把幼儿领进科学的数学王国，努力培养幼儿的自觉意识和元认知能力。

第二部分

教学模块 1～8：理论解析与活动指导

数学家不单单因为数学有用而研究数学；他研究它还因为他喜欢它，而他喜欢它则是因为它是美丽的。

——庞加莱

【导读：使用教学模块 1～8 的注意点】

了解幼儿建构数学知识体系 8 个教学模块的构成。8 个教学模块分别是：数与运算；几何与空间；逻辑推理；时间；概率与统计；测量；数学应用与问题解决；数学语言与交流。它们既包含传统数学的内容，如数数、加减运算等；也增添了数学认知研究的最新成果，如拓扑、极限、错觉等。数学应用与问题解决、数学语言与交流，两个模块吸收了国外最新的数学课程标准的精华。这 8 个模块体现了当今社会主题式综合课程的学前教育背景，又保证了数学教育知识的科学性、逻辑性和完整性。教学中应注意以下几点。

1. 关注幼儿数学认知发展的年龄特点

建构主义数学的教学活动中，需要教师对幼儿的身心发展状况有全面的了解，根据不同年龄段幼儿的发展水平制定教学目标，循序渐进，防止急功近利的心态和做法。在幼儿的数学学习过程中，应着重对数学知识的熏陶，而不必过于强求知识的掌握程度，鼓励幼儿多看多想，多观察多表达，数学经验和过程更重要。

2. 把握建构数学的很多新知识点

像极限、射影几何等概念，对于教师来说也许是新鲜事物，需要广大教师扩大自身的数学知识面，多多钻研，在教学的活动过程中体验数学的内在美、形式美，再通过多种途径将这类知识渗透给幼儿。

3. 改变传统的填鸭式机械学习

建构主义数学通过动作中的思维训练建立主观世界和客观世界的相互联系，让幼儿在数学的绚丽世界中主动探索，主动发现，主动建构，将数学非正式教育活动和专门性教育活动有机融合。

4. 提倡数学教育形式的多样化和生活化

建构主义幼儿数学具有很强的内在逻辑，在保持原有知识逻辑性和完整性体系之外，还采用卡片、挂图、教具等多样化形式，以启发方式进行知识的传授和自我建构，将抽象的数学知识、符号赋予生活和时代气息，让幼儿在丰富多彩的数学活动中轻松学习数学。

5. 为幼儿园和家庭搭建数学教育的桥梁

数学学习不仅是幼儿个体的独自建构，还离不开与成人之间的协商，要为幼儿园教师和家长提供相互沟通的材料，提供相互讨论和交流的机会。为幼儿数学学习创造积极的文化氛围很重要。

总之，数学可以训练和提高逻辑思维，数学可以益智。较早的熏陶和训练能最大限度地开发幼儿大脑，让幼儿尽早进入数学的快乐之门。

第四章
模块1：数与运算

音乐的快乐是人类灵魂从计数中感觉到的，却没有意识到音乐本身就是计数。

——莱布尼茨

★本模块学习与发展的目标★

🐦 3～4岁

体验和发现在生活中很多地方都要用到数；能感知和区分物体的大小、多少、高矮等有关量的特点，并尝试用相应的词表示；能通过一一对应的方法比较两组物体的多少；能手口一致地点数5个以内的物体，并说出总数；能按数取物；能用数词描述事物或动作。

🐦 4～5岁

在指导下感知和体会有些事物可以用数来描述，对环境中各种数字的含义有进一步探究的兴趣；能通过数数来比较两组物体的多少；能通过实际操作理解数与数之间的关系，例如，5比4多1，2和3合在一起是5。

🐦 **5~6岁**

初步理解量的相对性；借助实际情境和操作（合并或拿取等）理解加减的实际意义；能通过实物操作或其他方法进行 10 以内的加减运算。

（依据《3～6 岁儿童学习与发展指南》制定）

第一节 "数与运算"的理论解析

一、 数概念和数感

（一）数概念与数感的含义

数概念涉及对基数、序数的理解和数的守恒三方面的知识。幼儿运用数字最典型的表现就是比较数的大小，数字的范围是 1～5（见图 4-1）或 5～10。幼儿在计数、陈述以及理解数字含义时，都会运用数字符号来记录，并以此进行交流。随着年龄增长，幼儿计数范围扩展到 30 或 31，即月历上的满月数字。为了让幼儿接触、理解 10 及其以上的数字，教师可充分挖掘环境的资源。起初，随意让幼儿接触这些数字，以后渐渐变得正式起来，慢慢能够将感知的数字范围拓展到 100。

幼儿在感知数字、学习数概念的同时，也估计这些答案的合理性，即数感。数学是一种对于数量和数字之间关系的感觉。例如，让 4 岁幼儿猜测一个皮鞋盒子里装得半满的蜡笔的数量，幼儿利用数感就会意识到可能有十几支笔。另外，在家里，父母可以告诉幼儿平时经常用的一些数字，例如，电话、邮编以及发票等号码，幼儿在家人帮助下知道这些数字的用途，并将这些在家里学到的知识带回幼儿园与伙伴分享。

（提示：每个小图里的黑方块有几个，是如何分布的？）

图 4-1 数方块

★信息栏 4-1：数觉★

数觉是人类进化到蒙昧时期就已具有的一种才能，年幼的婴儿也具有这种能力，即在一个小的数集合里，增加或减去一样东西的时候，尽管他还未直接知道增减，但也能辨认到其中有所变化。诸多鸟类也具有这种数觉。

鸟巢里若是 4 个蛋，你可以安然拿去 1 个；但是如果拿掉 2 个，这鸟通常就要逃走了。"当然，具有数觉的动物仅限于几种昆虫、鸟类和整个人类，对于狗、马和其他家畜所做的实验和观察，都不曾发现它们有什么数觉，况且，普通文明人的直接视觉很少能超出 4"（罗素：《数的哲学》，1980）。

（二）数概念和数感的各类活动

1. 一一对应。

大多数人的数字理解和技能的形成是建立在计数的基础之上的，而一一对应是计数的基础。一一对应是指一个集合中的元素与另一个集合中的元素进行匹配，看是否每一个元素都有对应的元素。

例如，在戏剧表演时，可以让一个 3 岁幼儿给洋娃娃配上帽子；也可以让幼儿为椅子配坐垫，看桌子的每个位置是否都有足够的坐垫。运用一一对应的方法，也可以让幼儿进行推理和解决有关集合关系的问题。

再如，每个小组中的幼儿是否人手一份游戏卡片，找到答案的方法之一就是把卡片发给每个幼儿，每人 1 张。如果每个幼儿有 1 张卡片，卡片与幼儿的数目是相同的；如果卡片张数少于幼儿人数，那么至少有一个幼儿不能拿到卡片；如果卡片张数多于幼儿人数，那么至少会多出来 1 张卡片。

2. 计数与倒数。

计数是一种获得其他数字技能至关重要的能力。事实上，每个幼儿在进入幼儿园时，都能口头唱数，至少能按顺序说出一些数词。口头唱数可以通过使用节奏、手指游戏和计数来加强和延伸。例如，3 岁幼儿练习计数时，会用手指游戏"这儿有个圈"或者童谣"一、二，系好我的鞋"（One，Two，Buckle My Shoe）。歌曲集和手指游戏书能提供许多其他计数材料。幼儿在课堂、小组游戏或者非正式活动中也能学习和分享这些相关的歌曲和手指游戏。

★数学游戏 4-1：我的手指会唱歌★

1. 类别。

计数。

2. 材料。

数字卡。

3. 玩法。

(1)教师问："小朋友，你有几只手啊?"等幼儿回答后，告诉他们："我们有一只左手，一只右手……""一共几个手指头呢?"请幼儿数数，等幼儿回答完后，请他们跟老师一起说："我们都有两只手，一共十个手指头。"

(2)学习古诗《山村》："一望两三里，烟村四五家。亭台六七座，八九十枝花。"边念诗边做手势，反复几遍。

(3)幼儿举起一只手，根据教师出示的数字卡并做出相应的手势，看看谁反应快。

4. 提示。

(1)通过数字歌里的诗情画意，引起幼儿的好奇心，活跃课堂气氛。

(2)展示速度要慢，让幼儿深刻体会数字意义的乐趣。

倒数对于幼儿学习数概念很重要，也很关键。在一个假期开始或重要事件之前，幼儿可以按照日子倒计天数。幼儿数一堆硬币，并摆弄它们，然后取走部分硬币，让幼儿说出余下硬币的数目来练习倒数。幼儿可利用计算器上的一个常用键"倒计"来输入数字。例如，10，按"－"(减号)和1，然后反复按"＝"键。

3. 利用计算机或计算器计数。

计算机和计算器能扩展幼儿的计数技能。许多计算机程序显示计数的客体，当幼儿用计算机功能在屏幕上做标记或制作图片时，也会出现数字;有时利用客体形象，让幼儿计数，然后配上相应的数字。计算器对于计数也能起到促进作用。例如，幼儿能计数和摆弄成套的物体，然后得出与计算器相对应的正确数字。

幼儿一般都能用手指、硬币或时钟上的分钟间隔，5个一组进行群数。开始时，用一把硬币，然后五个五个地计算数目，把它们从一堆中挪到另一堆。超过10个计数时，可以用手指和脚趾联合数数。

4. 基数词和序数词。

当幼儿用数字来判断多少时会用基数词。例如，有 13 个幼儿在沙堆里玩游戏。当要求幼儿用数字来判断顺序或位置时就会用序数词。例如，佳佳排在队伍的第一个；六一儿童节，我们小一班在演出中第三个出场。幼儿通过在现实中运用基数词和序数词，再加以反复练习，就能很好地体会其意义。

幼儿对序数词的运用与基数词相结合，这样效果更好。例如，当一个 4 岁幼儿准备一块肥皂吹泡泡时，教师可以用语言进行示范："第一步，我们要准备几碗水；第二步，我们要把肥皂放进有水的碗里；第三步，我们可以吹泡泡了。"当幼儿看日历并讨论时，幼儿就能知道，18 号是跟在 16 号和 17 号之后的。幼儿可以获得数字"18"代表"一个月中的第 18 天"这一概念。

★ 小贴士：数字歌 ★

"1"像铅笔细长条。

"2"像小鸭水上漂。

"3"像耳朵听声音。

"4"像小旗随风摇。

"5"像秤钩来卖菜。

"6"像豆芽咧嘴笑。

"7"像镰刀割青草。

"8"像麻花拧一遭。

"9"像勺子能吃饭。

"0"像鸡蛋做蛋糕。

5. 数字、数词和符号。

幼儿将数字作为一个常量值这一概念进行理解，并不牵涉到具体的数字对象。例如，无论描述的是 5 个手指，还是 5 根画笔，抑或 5 本书，"5"意味着同一个数字。当幼儿获得对数字概念的理解时，很自然会涉及对数字的表征，这包括数字符号和具体表现其含义的书写形式。教师可以通过幼儿对数字的使用情况，帮助他们建立数字、数词和实际所指事物的联系。例如，早晨上课时，教师可以先数一下班里出席和缺席的人数，并在图表上记下数字。再如，幼儿创作故事，当数字出现在故事中时，教师可以归纳数词和数名，让幼儿用自己的理解来获得数字表征。教师也可以让幼儿注意周围环境中出现的数字，例如，各类标签上的数字，电话号码本上的数字。幼儿也可以做一个记录清单——我们所看到的数字。

当教师安排关注数字的活动时，要让幼儿首先触及数字的意义，帮助幼儿讨论、示范和使用这些数字。例如，在幼儿集中注意于如何写数字"2"和数词"二"之前，幼儿应广泛接触有关像"2"这个数字的应用。

教师应该为幼儿提供写数字和数字词的练习机会（见图4-2），提供给幼儿不同的写作材料，让幼儿在一个安静、受欢迎的学习区角里，在沙子上、黑板上，激励幼儿探索数字。在这个区角里，幼儿可在数字书、报纸广告、价目表、电话号码本中找到数字，将其书写在纸面上，贴在区角的墙壁上，这为幼儿不断发展的书写技能提供交流的机会。

（提示：将"3"写成"Ɛ"，将"7"写成"Γ"，将"9"写成"ϱ"，将"10"写成"01"等；在书写数字时，书写顺序不正确，如"5""8"；不能辨认"21"和"12"，认为两者是一样的，这些都反映出幼儿的空间组织能力发展不成熟。）

图4-2　幼儿数字的书写错误

6. 位值。

十进位数字系统使用10个阿拉伯数字——0~9，因为有了位值标准，我们就能表达任何一个数字，无论数字是大是小。位值标准系统有三个特点：一是数字符号用来表示大小；二是每一个符号占一个数位；三是每一位置上数字的大小合起来表示整个数字的值。例如，"123"这个数字，符号1，2和3的含义不同：1在百位上，表示100；2在十位上表示2个10；3在个位上表示3个1；整个数的和是100+20+3或123。

教师应该意识到，幼儿接触10以上的数字很可能会茫然。比如，"13"意味着10和3，有的幼儿可能把"13"写成"31"，因为幼儿只注意听到的10(shi)和3

(san)这两部分的发音，忽略了先后顺序。幼儿摆弄十进制操作教具，像中国的算盘，并记录下数据中十位和个位上的数，这种反复练习有助于幼儿形成位值概念。

7. 估算。

估算是根据具体条件和有关知识，对事物数量或算式结果做出的大概推断或估计。

幼儿可以估算熟悉的数字。4～5 岁幼儿对数字 1～10 相当熟悉，教师可能会问坛子里有多少个泰迪熊，简单给幼儿看一下，然后藏到背后去。如果 5～6 岁幼儿熟悉 20 以内的数字，教师会给幼儿看一个个装满各色糖果的塑料袋，让幼儿估算一下，每袋有多少颗糖果。在幼儿估算以后，幼儿会很好奇，袋子里究竟有多少，这样就可以请一个幼儿带领全班同学一起数一下，进行验证。

★信息栏 4-2：估算策略★

好的估算者在判断数字和数量时，会采用很多策略。

1."基点"策略。幼儿用基点或自己所知数量的一个内在形象，来判断未知的数量。

2. 组合策略。幼儿把一个较大的数量，化成几个较小的同等部分。例如，考虑一下盒子里的糖果是不是有层次的，10 颗是一个层次。

3. 组块策略。幼儿把一个较大的数量变成几个小的部分，但是不要求完全相等。

8. 数的组成与分解。

数量关系可以用多种方法来描绘。用不同的方法进行数字组合或者把数字分解，有助于幼儿理解数字的相对大小关系。7 由 5 和 2 组成，那么 7 就大于 5 或 2，即总数大于任何一个部分数。数的组合与分解，为加法和减法奠定了一个非正规的却非常重要的基础。

★数学游戏 4-2：搬新家★

1. 类别。

估算。

2. 材料。

课件(小猴的家、小动物以及相应的食物)，幼儿操作用的玩具卡片。

3. 玩法。

(1)教师向幼儿呈现一栋新房子。

引导幼儿观察，提问：这是谁的家？你从哪里看出是小猴的家？（小猴家门上有小猴的照片。）今天小猴住进新房子里，邀请它的朋友来家做客，猜猜，小猴会请哪些小动物来新房子做客？

(2)教师出示小动物带的礼物。

让幼儿观察比较小兔、小猫、小狗的礼物，谁带的比较多？谁带的比较少？估算一下蘑菇有几个？肉骨头有几根？小鱼有几条？

小动物都围坐在桌子旁等待吃饭，一起看看，有几个小动物坐在桌旁？（8个。）观察桌上小猴准备的蛋糕、水果，请幼儿估算一下桌子上摆放的蛋糕、水果各有多少？（有10块蛋糕、4个水果。）

4. 提示。

可以让幼儿估算自己抓一把花生有几颗，然后用数数的方法，算出总数；再抓一把栗子，估算是不是和花生一样多。可以用一一对应的方法进行比较，或通过计数对估算结果进行验证。

★数学游戏4-3：变与不变★

1. 类别。

数的组成。

2. 材料。

幼儿操作纸人手一份；油画棒；雪花片（每个幼儿2种颜色，总数为6）。

3. 玩法。

幼儿自由选择不同的操作材料，学习"6的组合与分解"。

(1)给圆点涂色。操作提示：数一数，每个格子里的圆点有几个？（6个。）将6个圆点分成2份，请你分一分，6个圆点有几种分法，用油画棒给圆点涂色。

(2)分雪花片并记录。数数一共有几片雪花片？把它们按颜色分成2份，每一份各有几片？记录下每一次的分法，不同颜色的雪花片的数量是多少。

(3)观察各自分后的记录结果。我们一起来看一看大家是怎么分的。先看看两组数合起来是不是6？每一组的分合有没有重复？6分成2个部分，有几种分法？

(4)引导幼儿观察两个部分数之间的互补关系。

师：请小朋友看看左边的数，下面一个比上面一个数怎么样？左边的变成

2，多了 1 个，多的这个 1 是从哪里来的呢？（右边的，5 比 6 少 1，左边多的那个数是右边少的那个数。）

小结：原来 6 有多种组成方式。每种方法按照顺序排列的话，左边的数字和右边的数字正好顺序相反。

4. 提示。

在练习中要注意整体与两部分之间的关系，例如，总数不变，两个部分数呈现互补关系。幼儿懂得内在的逻辑，加减运算就变得简单了。

（三）教学指导

数字和数感的练习是数学基础的重要组成部分，它包括计数、分组、比较大小、使用基数和序数、学习比 10 大的数及数值、估算以及非正式分数观念的学习。教学的重点是帮助幼儿采用各种各样的材料，让幼儿进行不同体验，以建立对数字和数感相关概念的理解。幼儿要采用多种交流模式来分享他们所学的概念，知道数字意味着什么，在"工作中"能使用数字来推理和解决问题。当数字与真实生活相关联，并且符合幼儿的兴趣时，这种学习将是激动人心的，有深远意义的，也是难以忘怀的。

★信息栏 4-3：计数系统★

远古渔猎时代，人们为了记录时间与财产，就使用一对一的堆石法、结绳法，或在树枝、骨头、石板上刻画记号。例如，从这个月的第一天开始，每晚放一个小石头，到下个月圆为止，数一下这堆小石头就知道过了几天。猎人为了计数有多少张兽皮，每张兽皮就割下一小块，挂在树枝上做一个记号保存。到了农业、商业社会，生活越来越复杂，人类开始用十指计算，在这个过程中，人类发明了 1，2，3 等自然数的计数系统。

为了更精确地计算与记录，且在这种计算需求压力越来越大的背景下，十进位制产生了。当计数大量物品时，一一刻画太烦琐，这就促使了数组的产生，而 10 个手指正好是归组最自然的基础。以"69"为例，"6"这个数是在"10"的位置上，代表的是"6 个 10"。这样设计就不需要特殊的符号来代表十、百、千等。计数系统是人类文明发展到抽象数目概念并使数学作为科学产生的重要工具。

二、运算

加减运算是数学教学活动的一项重要内容。数学运算使幼儿将数学语言、运算符号与现实的问题情境相联系。

(一)幼儿的简单运算

幼儿用运算来解决问题，用动作、话语和模式进行交流，这可以提升其运算技能。

1. 加法。

"加法"的解释是"持续地增长"。当烤箱开启，它的温度就会升高，这涉及加法的问题。加法也是组合的意思，通过材料的组合，帮助幼儿理解"堆放在一起"的加法含义。

2. 减法。

理解减法的含义，可以用操作定义。例如，用小棒来演示，把总数中的部分小棒取走，计数剩下的是多少小棒。和加法一样，减法的逻辑基础也是部分与整体的关系，这需要让幼儿感知与理解这个关系。

★数学游戏 4-4：出手指★

1. 类别。

运算。

2. 材料。

一些小奖品。

3. 玩法。

(1)玩这个游戏前，事先要协商好是玩加法还是减法。游戏时，教师举起两只手，同时各出几根手指。幼儿目测后，根据事先商定好的加法或减法，对两只手进行运算。例如：左手出了"2"，右手出了"3"，幼儿说出运算结果。

(2)在幼儿玩熟悉之后，由幼儿举起双手，对教师出题。如果幼儿做得好或回答得好，发些小奖品给幼儿。教师和幼儿可以轮换角色来玩。

4. 提示。

教师为幼儿创设多赢的机会，使其体验到成功的快乐，以激发幼儿对运算的兴趣。

3. 乘除的观念。

"乘法"的解释是"重复地加"，意味着相同数字的反复累加。一个数字的乘法涉及在数轴上向右移动，并且每次移动相同的距离。移动通常从 0 开始，并且通过记录每次的着陆点，以等距形成一个模式。

"除法"的概念是"反复减并公平分配"。"反复减"建立在幼儿对减法的理解上。自助餐店有 6 片面包，顾客用每 2 片面包做 1 个三明治，可以做多少个三明治？反复减可以得出最后的结论。幼儿可以模拟这种情况，教师做记录。当做好 1 个三明治，有 4 片面包留了下来；当做好第 2 个三明治，有 2 片面包留了下来；依此类推，最后得出结论，厨师总共可以做 3 个三明治。除法可以使步骤更简单。

乘法和除法具有共同的逻辑关系，是以对加减的理解为基础的。幼儿阶段不一定要做乘除方面的题目，但可以通过一些日常活动，初步感知、体会乘除包含的一些观念。

4. 进位加减运算。

对幼儿来说，多位加减法，主要是两位。例如，学习加法"$8+5=13$"，"13"就是两位数。让幼儿对个位和十位的位值有所理解是很重要的。当然，在教学中教师也不必提出"位值"这个词汇，让幼儿感受就可以了。

★小贴士：大数小数★

有话道：算大数不难，算小数不易。有些 5～6 岁幼儿做 $50+50=100$，或者 $99+1=100$，这个 100 就是三位数了。当然，这是特例，并不要求每个幼儿去做，这个总数很大，但幼儿做起来不一定觉得很难。有的数很小，学习做像 $1+2+3$ 或 $3-1-1$ 的连运算，如果幼儿没有练习过这方面的连运算，即使数很小，也不易。连加或连减应该建立在幼儿理解运算过程和获得相应运算模型的基础上，在幼儿能处理基本的数量关系之后再去尝试。

运用多位数运算是一个漫长的学习过程。要让幼儿觉得运算有意义，首先，应该在有意义的问题情境中让幼儿体会运算的应用价值，让幼儿讨论他们在干什么以及用符号去描述发生的事。其次，幼儿能单独用符号来解释他们在干什么。最后，当运算变成一种无意识地加工过程时，幼儿就能顺利地用符号进行运算。教师应避免将运算教学变成一系列枯燥的规则或费解的过程，数学失去趣味是很值得深思的。

(二)幼儿常用的运算活动

1. 问题解决情境的运算。

幼儿不常接触数学语言，像加法、减法、补数、数列、重组，属于数学特有的词汇，在日常聊天中很少出现。幼儿的词汇掌握对他们成熟后学习加减、数列是很重要的。幼儿需要谈论数学，用自然语言甚至数学语言表达简单的数学含义。

★数学游戏 4-5：键盘上的数字★

1. 类别。

数字排列。

2. 材料。

各种电器的遥控器、电话机、手机、计算器、电脑键盘等。

3. 玩法。

(1)教师让幼儿找找键盘上有哪些数字，说说这些数字分别有什么作用，按下这些数字会产生什么情况。

(2)猜想这些数字是以怎样的方式排列起来的。观察数字键的排列，说说它们分别分成几行，每一行有几个数字，分别是哪些数字。

(3)观察手机、电话、电脑键盘上的数字，其数字排列的形式有什么不同。

(4)玩"找数字"的游戏。将键盘上的任一数字遮盖掉，让幼儿猜猜是什么数字，帮助幼儿加深对数字大小关系的理解和相对位置的熟悉。

4. 提示。

引导幼儿熟悉键盘上的数字及其位置，并找找有无其他与运算有关的符号。

2. 趣味运算。

幼儿在运算时会感到愉悦。幼儿发现计算器有趣而好玩，教师应在幼儿早期就鼓励他们探索和尝试使用计算器。这一活动可用于 5 岁及更大的幼儿身上。

3. 心算。

心算和估算是数学的重要技能，这在教育中被大多数人所忽略，因此，幼儿缺少心算和估算方面的经验。心算的方法有很多，但是并非他每次都很清楚该用哪种方法。不同的人会用不同的方法来解决相同的问题。在前运算阶段，幼儿对运算方法的选择和运用是通过直觉进行的。幼儿需要花很多时间决定是不是正确的答案及如何完成的计算。

4. 估算。

估算是一个快速却有方向的猜测（不同于瞎猜）。估算是一个快速的运算过程，不是计数或在纸上演算。在实践中，估算的目的是找到一个范围内的被选答案。例如，当一个议会上有 20 个人参加时，估算到 19 或 21 人的幼儿是同样优秀的，说有 17 人或 18 人出席也是个很不错的答案。

★信息栏 4-4：人类数学来源于生活★

10 个阿拉伯数字的发明，人类用了 1000 年，儿童学习这些数字只需要几年就完成了。数学的发展，反映了人类在现实生活中应用数学的需要，数学发展离不开人类的生活实践。从人类数学的起源来看，人类的数学能力是为解决现实问题而产生的。

这对于儿童数学教育有以下启示：一是儿童数学能力的提高应有一个慢慢积累、提高的过程；二是儿童数学教育应与儿童生活现实联系起来，做到数学教育的生活化；三是儿童数学能力的发展要借助于工具或数学产生情境的启发，例如，计数材料、算盘、测量（丈量土地）等工具。

（三）教学指导

1. 教学中强化对基本事实的认识。

在计算中让幼儿记住基本事实是很重要的。比如，当幼儿学心算"10 的倍数"时，"20＋30"是建立在对"2＋3"的认识上，对计算结果的估计同样以对基本事实的认识为基础。

2. 计算本身需要与不同的情境相联系。

有的幼儿虽能解决"2＋3"之类的问题，但仍然不知道什么情况下是加，什么情况下是减，也不能区分不同情况下出现的信息。幼儿不能解决简单的运算题，常常是因为没有选择合适的算法。数学教学的重点在于理解加减运算的含义。研究发现，控制数学问题的相同背景，水平较低的幼儿在具体形式下可以解决，但在抽象形式下不能解决（见图 4-3）。

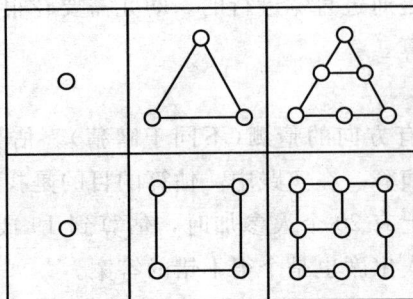

(提示：数一数边上的点，观察点数的变化。)

图 4-3   三角形和正方形

★数学游戏 4-6：抓糖果★

1. 类别。

估算。

2. 材料。

大小不同的两种糖果各一盘。

3. 玩法。

(1)教师和幼儿一起玩"抓糖果"的游戏。教师抓起一把大的糖，请幼儿猜猜手里有多少颗糖；幼儿猜好后，请幼儿数数是多少颗糖，自己猜测的数量和实际数量有无差距。游戏反复进行。

(2)教师用左手抓一把大糖果，右手抓一把小糖果，请幼儿猜猜左手有多少颗，右手有多少颗；然后再请幼儿数数左手边有多少颗，右手边有多少颗；比较左、右手的糖果的多与少，并引导幼儿思考两个手里的糖果为什么差那么多。游戏反复进行。

(4)教师和幼儿用一只手抓一把大糖果，请幼儿猜猜教师手里有多少颗糖；再猜猜自己手里有多少颗糖；然后再数数各自的糖，比较多少。

4. 提示。

游戏中，教师引导幼儿在猜猜和数数之间进行关联性思考，有利于增强幼儿的比较能力和估算能力。

3. 运算教学强调数学的应用价值。

为了理解运算，有必要认清相关联的真实世界，在哪种情况下用哪种运算方法会更有用。教育者常常忘记向幼儿传递周围世界的信息，这涉及数学的本质。幼儿每天都有解决运算问题的机会。例如，估计课堂活动的时间，记录幼儿的选择，从其他班级或社区收集数据，幼儿每天都有机会进行这方面的活动。在一个被分割成不同形状的区域里，鼓励幼儿学习分类。例如，把餐具放在未分类的一堆里，鼓励幼儿分类，然后计数，再做简单的加减。

　　总之，幼儿在经历许多真实生活的问题情境后，再发展运算技能，这样的效果是最好的。幼儿通过讨论丰富的问题、寻找数学的应用价值来获得数学运算的意义。幼儿需学习各种心算和估计策略帮助自己掌握数学。幼儿探究材料时，教师应该示范并鼓励幼儿使用数学语言。

★小贴士：数字歌★

　　你拍一，我拍一，一只 孔雀穿花衣；你拍二，我拍二，两只 袋鼠抱口袋；

　　你拍三，我拍三，三个 小羊学爬山；你拍四，我拍四， 麻雀偷吃西红柿；

　　你拍五，我拍五，五只 猫咪捉老鼠；你拍六，我拍六， 喜鹊爱吃番石榴；

　　你拍七，我拍七，七只 小鹿找妈咪；你拍八，我拍八，八个 小熊找爸爸；

　　你拍九，我拍九，九只 小猴手拉手；你拍十，我拍十，十只 小猪吃甜食。

第二节 "数与运算"的活动指导

一、本模块学习与发展的具体目标

本模块学习与发展的具体目标见表 4-1。

表 4-1 "数与运算"模块学习与发展的具体目标

年龄	具体目标
3～4 岁	1. 初步感知 1～10 的生活形象。 2. 通过情境区分"1"和"许多"及其关系。 3. 感知相邻数多 1、少 1 的关系，渗透数与数的顺序关系。 4. 通过视、听、触多种感官进行计数。 5. 认识 1～10 圆点操作卡和数字操作卡，学会手口一致地点数。 6. 体验估算的方法，快速估计物品大概的数目。
4～5 岁	1. 学会运用实物、圆点、操作卡等进行按数取物或按物取数。 2. 学习顺数 1～10，理解数与数的顺序关系。 3. 掌握基数和序数的含义，并学会相应的汉语数词。 4. 感知 10 以内的数量守恒。 5. 感知 5 以内数的组成与分解，学会简单的加减法。 6. 理解个体量词的含义。 7. 学习区分单双数，掌握 10 以内的单双数。 8. 感知数字"0"，初步理解 0 的含义。
5～6 岁	1. 尝试 1～10 的中文数词书写。 2. 比较数量大小，并运用">""=""<"。 3. 学习二个二个、五个五个及十个十个按群计数。 4. 学习进位加法和借位减法，连加连减运算。 5. 理解合并题、变化题、比较题的不同，并根据情境自编应用题。 6. 学习按年龄将家庭成员排队。 7. 感知数的等分、目测与估算。

二、　本模块的活动系列与点评

本模块的活动安排见表 4-2。

表 4-2　"数与运算"模块的活动安排

年龄	序号	活动名称
3~4 岁	活动 1	生活中的数字——认识数字"0~9"
	活动 2	看谁爬得高——理解数字"3""4""5"
	活动 3	小兔拔萝卜——认识数字"6"
	活动 4	数字宝宝来站队——序数与基数
4~5 岁	活动 5	小动物来做客——数字形状
	活动 6	鲜花朵朵开——计数
	活动 7	找朋友——认识单、双数
5~6 岁	活动 8	易拉罐——认识数字"0"
	活动 9	小小邮递员——加减运算
	活动 10	积木块——按群计数

★**活动 1**：生活中的数字——认识数字"0~9"（3~4 岁）★

🐦 **活动目标**

1. 运用数字进行游戏活动，从中体验活动的乐趣。

2. 激发幼儿对数字的兴趣，发现生活中的数字，知道数字无处不在。

🐦 **活动准备**

0~9 的数字卡片；数字宝宝形象卡片若干套。

🐦 **活动过程**

1. 呈现卡片。

(1)出示 0~9 数字宝宝卡片，引起幼儿的兴趣。

小朋友们，看一看都有些什么图形呀？都有哪些数字宝宝？幼儿说出数字，教师贴在黑板上。

(2)说说不同的数字都像什么，并诵读数字歌；在生活中寻找数字形象。

1带来1支铅笔，2带来2只鸭子，3带来3只耳朵，4带来4面彩旗，5带来5只钩子，6带来6只哨子，7带来7根拐杖，8带来8根麻花，9带来9只气球。

2. 数字游戏。

(1)跟数字宝宝做游戏。

给每位幼儿发放一个数字，贴在头上做数字宝宝。让幼儿扮演不同的数字宝宝，一起做游戏。

(2)给幼儿讲解游戏规则。

音乐开始，数字宝宝们可以跟着音乐跳舞，音乐停时要求两个数字结合起来，只能两个两个手拉手。熟练之后可以增加难度，两个两个或三个三个手拉手。

(3)发现、回忆生活中的数字。

鼓励幼儿对自己的发现进行表达：你都发现了哪些数字，赶快告诉旁边的其他小朋友。

❀ **活动延伸**

鼓励幼儿寻找生活中数字形象的实物，加深对数字的认识，通过记住形象来了解数字的书写。

（设计者：单光耘）

❀ **专家点评**

0～9十个数学，生活中无处不在。每个数字符号的发音和书写方式皆有其语言依据。像"0"，圈的形状为空；中国数字，像双数，二、四、六、八、十，几乎都是上下或左右对称的。中国语言对数字的命名是单音节的，有别于英语音节，例如，three。中文数词有助于中国孩子形成数概念，例如，"三十二"，发音的音节含有位值的节奏。孩子如果能在生活中乐于发现数字符号，并对其意义发生兴趣，例如，玩具的价格，会大大有助于其数学学习。课堂教学要适时在这方面进行引导。

★活动2：看谁爬得高——理解数字"3""4""5"（3～4岁）★

活动目标

1. 认识数字"3""4""5"的字形，并会念。
2. 尝试1～5的点数。
3. 初步了解数字"3""4""5"的含义。

活动准备

在一段楼梯上标好1～5的数字；标准数字卡片3，4，5；数字宝宝3，4，5；超市的背景布置，苹果、帽子、冰糖葫芦、项链、西瓜、梳子、牙刷等物品各1～5样；小购物篮若干，贴有物品形象的购物单若干。

活动过程

1. 活动A。

（1）教师带领幼儿做手指操"拍一拍——变"，一边念儿歌一边拍手。在幼儿学会了"1""2"以后，再做"3"的手势。

儿歌如下：你拍一，我拍一，手指做操一二一（拍手）。抱一抱，吹口气（两手抱在一起，做吹气状），说变就变变什么（口气减缓，教师做出"1""2""3"的手势，让幼儿说代表什么数字）。

（2）出示标准数字卡片3，和幼儿一起一边比画一边念。

（3）请幼儿一边计数一边走贴有"1""2""3"标签的楼梯，教师站在高处，给每一位数正确的幼儿发数字宝宝3的挂饰。

（4）请几位幼儿出来，听教师报的数字口令站在相应一级的楼梯上；或者请教师站在任一级楼梯上，请幼儿说这是第几级。

2. 活动B。

（1）出示标准数字卡片4和5，和幼儿一起一边比画一边念。

（2）利用苹果、帽子等物品让幼儿初步理解数字"4""5"的含义。

（3）让幼儿每人拿一只购物篮，在"超市"中随意购物。让幼儿看看自己小篮子里都有些什么东西，数数看每样东西有几个，用标准数字卡片表示篮子里物品的个数。

（4）给每个幼儿发一张贴有物品形象的购物单，要求幼儿按照购物单在"超市"买东西。比比看，哪个幼儿又对又快地买完了东西。

🕊 活动延伸

鼓励幼儿在幼儿园或在家里寻找数字"3""4""5"，并了解其生活意义。

（设计者：杨玉芬）

🕊 专家点评

数字的意义，主要涉及数概念。幼儿形成数概念有三个标志：一是基数；二是序数；三是数守恒。本活动多涉及一个集合中元素的个数，即基数。当按照顺序来计数时，又涉及序数。在实际计数操作中，皆会涉及基数和序数。对于数概念的理解、数的直觉或估算，当不受情境影响的时候，即当事物的大小、排列方式等不影响对数目多少的判断时，表明幼儿具有了数量守恒意识。这方面的教学，越联系实际，效果越好，比如，掰手指就是好办法。

★活动 3：小兔拔萝卜——认识数字"6"(3~4 岁)★

🕊 活动目标

1. 认识数字"6"，并正确点数 6 以内物体。
2. 进一步理解 6 以内数字的含义。

🕊 活动准备

1. 萝卜、青菜、蘑菇卡片各 6 张，1~6 的数字卡片。
2. 不同颜色的彩色圆形贴图。

🕊 活动过程

1. 演示。

让幼儿说说小兔子喜欢吃什么。冬天来啦，要为冬天储备粮食了，所以，小白兔要拔萝卜，挖青菜，采蘑菇啦！(让幼儿扮演小兔子，随着音乐跳起来。)

数一数：篮子里有几个萝卜、几棵青菜、几个蘑菇。(取萝卜、青菜、蘑菇各 6 个。)出示数字卡片 6，并进行认读数字"6"。

2. 游戏。

(1)教师在游戏中扮演小白兔，提着篮子跳来跳去。数一数篮子里有几个萝卜、几棵青菜、几个蘑菇。(任意取几个萝卜、青菜、蘑菇)出示数字卡片表达。

（2）小白兔继续跳啊跳，现在要把一个大萝卜分成 6 份，分给 6 只小白兔。（教师先给幼儿示范）一个萝卜上贴上 6 个图形，先贴 5 个红色的圆形，再贴 1 个绿的圆形，5 个圆形添上 1 个圆形是 6 个圆形，把萝卜分成 6 份了。

活动延伸

让幼儿在现实环境中发现 6 个特征的事物，例如，昆虫有 6 只脚。

（设计者：程国）

专家点评

数字"6"意味着基数是 6，是一个抽象的数概念。"6"可以代表具体的物品，比如，6 个蘑菇，也可以代表 6 个图片的蘑菇，也可以代表较抽象的 6 个点子卡片。通过计数或一一对应，增进幼儿对数字意义的理解。

★活动 4：数字宝宝来站队——序数与基数(3～4 岁)★

活动目标

1. 了解 10 以内数与形的对应关系，并进行排序。
2. 通过游戏激发幼儿对数学活动的兴趣，理解序数的含义。

活动准备

1～10 的数字头饰一套；圆柱形积木几套。

活动过程

1. 创设情境，引起幼儿兴趣。

通过演示和操作，让幼儿理解 10 以内数字、数与形的对应关系。

戴上数字宝宝 3 的小朋友要取 3 个积木；戴上数字宝宝 5 的小朋友就要取 5 个积木……

（让幼儿看看自己的头饰是几，取的积木数对不对。）

2. 引导幼儿理解 10 以内数字的顺序。

小朋友们知道 1～10 是怎么数的吗？大家数数看。

小朋友知道什么是排队吗？可以按照从矮到高的顺序排排队吗？

（出示数字头饰 1～10）数字宝宝也要按照顺序进行排队啦，谁排在前面？谁排在后面？谁手中的积木个数多？谁手中的积木个数少呢？

3. 游戏反复进行。

让幼儿相互交换数字宝宝头饰，再重新进行游戏。

🐦 活动延伸

让幼儿在游戏区自由活动，感知数序和数形的对应，体验相邻数之间的相互关系。

（设计者：杨玉芬）

🐦 专家点评

序数与基数是数概念两个互补的重要构成要素。序数本身有时只是名称，像足球队员身上的号码。但有时序数则有等级的意义，比如，冠军是第一名，亚军是第二名。让孩子按身高来排队，并标出名次，这个序数就有特定意义了。教学中要挖掘生活中序数的存在，体会其社会文化意义。

★ 活动5：小动物来做客——数字形状(4~5岁) ★

🐦 活动目标

1. 了解"1~9"这些数字的外形特征。
2. 乐意跟着数字儿歌进行手指游戏。

🐦 活动准备

不同数量的动物图片；点子卡片(1点和6点)；1~9的数字卡片。

🐦 活动过程

1. 情境导入。

创设情境：许多小动物来班级做客。

提问：哪些小动物来班级里做客了？它们分别有几个？

请幼儿正确数出每种小动物的数量。

2. 小动物找伙伴。

(1)教师随机请出某个/些小动物。

请幼儿表示出该小动物的数量。

①教师出示画有2只小鸭的图片，请幼儿判断小鸭的数量并举手回答。

②教师出示画有3只小兔的图片，请幼儿用手指比画出该数量。教师提醒幼

儿用手指比画 3 时，食指和大拇指要变成一个圈。

③教师分别出示画有 1 只小鸟和 6 只小羊的图片，请幼儿分别找出这两张相对应的点子卡片。

提问：这两张卡片中一共有多少只小动物？（7 只。）请你找到一张可以代表这些小动物数量的数字卡片。

(2)教师排列出已经出现的数字(1，2，3，6，7)。

请幼儿想想 1～9 还有哪些数字宝宝没有出现，并请幼儿找出这些数字(4，5，8，9)。

3. 数字歌。

(1)教师请幼儿按照 1～9 的顺序把刚才没有出现的数字放到相应的位置。

提问：你觉得这些数字宝宝长得像什么？请幼儿发挥想象，自由表达。

(2)教师边出示数字卡片，边引导幼儿学念数字儿歌。

(1—铅笔，2—鸭子，3—耳朵，4—小旗，5—鱼钩，6—哨子，7—镰刀，8—麻花，9—气球)

(3)教师随机说数字或它所对应的形象，请幼儿进行相应的即时反应。

❧ 活动延伸

在区角中，可以让幼儿自由摆弄学具，了解 10 以内的数字的排序。

（设计者：戴慧丽）

❧ 专家点评

每个数字有不同的外形特征，并对应一个发音。幼儿日常生活中或多或少已经接触过这些数字，对其意义知道得有多有少。初期接触这些数学，不必要求幼儿太多，应更多地鼓励他们去说，或比画，如果跟现实世界有所联系的话，数字的意义就会逐步被他们体会到。

★ 活动 6：鲜花朵朵开——计数(4～5 岁) ★

❧ 活动目标

在认认鲜花、说说鲜花的过程中，尝试 10 以内的计数，感受计数带来的乐趣。

❧ 活动准备

花店图，鲜花图片，创设花店的情境，人物的头饰。

❧ 活动过程

1. 创设花店情境。

(1)鲜花店开业啦，大家都来买花。数一数有几个人来买花，女的有几个，男的有几个。

说说他们买了什么花，数数买了几朵花。

(2)教师总结评价。

总结：计数要一个一个有顺序地数，数到最后的那个数字用右手食指画个圈，代表这样东西的总数。

2. 进一步练习。

(1)花店开业，门口摆了别人送来的大花篮，让幼儿说说花篮中自己认识的花。

(2)数一数每种花有几朵，幼儿结伴数。

(3)个别交流结果，集体数鲜花数并进行验证。

(4)小结：郁金香6朵，太阳花4朵，玫瑰花5朵，百合花6朵，牵牛花8朵，荷花3朵，菊花2朵。

3. 应用深化。

请多名幼儿选择头饰，扮演买花的人，一名幼儿扮演花店老板，进行买花游戏。

❧ 活动延伸

幼儿可以在区域游戏时，为购买鲜花的顾客制作规定数量的鲜花。在实际生活里，鼓励家长在周末带幼儿参观花店，看看是什么花，每个花盆里有几朵花。大一些幼儿，可引导他们留意价格标签，通过实际购买鲜花的经验，体会数学的应用价值。

(设计者：沈燕)

❧ 专家点评

在幼儿计数过程中，告诉幼儿不可以跳着数，注意不要漏数，要有耐心。在场景的创设中，教师可适当提供一些真的鲜花，观察花的颜色、形状以及花瓣的样子等，从数学空间等角度提高幼儿的学习兴趣。

★活动 7：找朋友——认识单、双数(4~5 岁)★

🐦 活动目标

1. 初步了解单、双数的含义。

2. 学习 10 以内的单、双数，尝试区分单、双数。

🐦 活动准备

人手一份操作材料，自制水果篮，自制水果 10 个，记号笔。

🐦 活动过程

1. 游戏导入，初步感受单、双数。

(1)播放音乐，幼儿玩"找朋友"的游戏，同时提出游戏要求：请幼儿两两手拉手。

(2)教师组织幼儿进行两次游戏。在第二次时，教师加入，引导幼儿关注：当数量发生变化时，会有幼儿落单。

提问：这次为什么会出现孤零零的一个人呢？

小结：当进行第一次游戏时，所有的宝宝都与自己的朋友手拉手，但进行第二次游戏时，却有一个人是孤零零的，这是因为第一次的人数是双数，而第二次的人数是单数。

2. 再次感受单、双数。

(1)教师出示一个"水果篮"，其中有 10 个"水果"。

讨论：怎样来判断一堆物体到底是单数还是双数？教师引导幼儿自由表达。

(2)教师鼓励幼儿运用一一对应的方式来确定单、双数。

小结：当物体能两个两个进行对应且没有剩余时，物体的数量就是双数；当有物体剩余时，物体的数量就是单数。

3. 幼儿操作。

(1)教师提供给幼儿每人一份操作材料，请幼儿通过对应的方式来辨别材料中的物品到底是单数还是双数，并在相应的地方记录下该数字。

(2)师幼共同验证。教师引导幼儿先说出物品的总数，再来判断单、双数。

🐦 活动延伸

在平时点名时，教师有意识地先点单数的学号，然后再点双数的学号。

(设计者：戴慧丽)

专家点评

10 个数字中，1，3，5，7，9 是单数；2，4，6，8，10 是双数。口头记哪个数字是单数或双数，是没有意义的，需要在操作活动中，通过一对一地数，体会单数或双数的意义。现实中，大樱桃、筷子、鞋子等适宜做学具，让孩子学习单数和双数。

★活动8：易拉罐——认识数字"0"（5～6 岁）★

活动目标

1. 感知"有""没有"，并分类，体会"没有"和"多少"的区别。
2. 知道数字"0"的含义。

活动准备

雪碧、可乐、芬达等大小相同的易拉罐若干，内装一些豆子。

活动过程

1. 猜豆子。

(1)请幼儿找出装有不同数目豆子的易拉罐，分别摇一摇，说说有什么不同。拿出易拉罐里的豆子，数一数，说说分别用数字几来表示。

(2)分别拿出一个装有豆子和一个没装豆子的易拉罐，摇一摇，分辨一下声音，问幼儿：有什么不同？都可以用什么数字表示？你能找出相应的数字卡片表示没有装豆子的易拉罐吗？

2. 呈现数字"0"。

(1)给幼儿出示数字卡片 0，引导幼儿想象 0 像什么。

小朋友，你想象一下，数字"0"圆滚滚的像什么呢？像不像鸡蛋？你在哪儿见过数字"0"呢？对啦，电话上、温度计上……

(2)引导幼儿理解数字"0"的含义。

数字"0"都有什么意思呢？箱子里什么东西都没有，可以用数字"0"表示；盘子里的糕点被小朋友吃光了，也可以用数字"0"表示；温度计上的"0"表示温度的度数；电话上的"0"表示一个电话数字……

活动延伸

教师可以引导幼儿进一步理解数字"0"，问一问幼儿，"0"就是"没有"的意思吗？进一步指出，"0"有时表示完全没有，有时并不表示完全没有，比如，0℃并不表示一点温度也没有，让幼儿仔细体会其中的含义。

（设计者：周燕云）

专家点评

20 世纪 80 年代，在幼儿园里让幼儿接触数字"0"是不被认可的，但现实中处处都会看到"0"，幼儿或多或少听过或见过这个数字。"0"的意义比较抽象，可以让幼儿体会，不必用语言表达其确切的意义。从生活中"没有""空"这些概念出发，再联系到数字符号，慢慢体会数字"0"的意义。

★活动 9：小小邮递员——加减运算（5～6 岁）★

活动目标

熟练进行 10 以内的加减运算。

活动准备

空纸盒做的信箱 5 个，小筐若干；正面写有 1～10 的数字、反面写有 10 以内加减运算算式的纸片若干；不同的加减运算卡片若干；小红旗若干。

活动过程

1. 第一次寄信。

将 5 个信箱（上面分别插有 10 以内不同数字的卡片）放在幼儿面前的桌上；桌上有一个小筐，内有信（每组信的颜色不同）；让幼儿从小筐中拿出一封信（有一道题），计算得数，并按得数投入相应的信箱（得数是几就放入几号信箱）。

2. 收信。

教师和小朋友一起，拿出一个信箱，取出信进行检验。如果信上算式的得数和信箱上的相同，就收起来放在自己的小口袋里；如果不同就放在桌上，教师和幼儿一同纠错，并讲明理由；如果每个小朋友都没有出错，可得一面小红旗。

3. 第二次寄信。

把插在信箱前的卡片翻过来，变成不同的加减运算算式。这次信上的得数必须与信箱上的得数相同才能投进去。收信方法同第一次。

🐦 **活动延伸**

可以将一些加减运算卡片放在区角，让幼儿进行练习和巩固。

（设计者：单姗）

🐦 **专家点评**

减法是加法的逆运算，混合在一起练习会发现两者在逻辑上的共同性，加法和减法都涉及整体与部分的关系。通过寄信、收信类似的游戏，幼儿会增强参与的积极性，使枯燥的数学变得有趣起来。

★活动 10：积木块——按群计数(5~6 岁)★

🐦 **活动目标**

能五个五个或十个十个快速计数。

🐦 **活动准备**

正方体积木块若干。

🐦 **活动过程**

1. 初级练习。

将积木块 5 个一排，摆成 3 排，放在桌面上。

师：小朋友，你看看这一排积木块和那一排积木块一样多吗？为什么呢？数数看。那么三排放在一起呢？每排积木块的个数是一样多吗？你能快速估算出来吗？

2. 中级练习。

中等难度。将 5 个一排的积木块放在一起，摆放成 4 排(20 个)。

问幼儿，有多少个积木块呢？（可以让幼儿计数。）对啦，你是怎么数的呢？有什么好办法能够快速计数呢？（鼓励幼儿动脑筋，即使没有答对也应该给予一定鼓励。）

3. 高级练习。

增加难度。将每排积木块的个数增加到 10，学习十个十个地数，也可以增加积木的排数。

🐦 **活动延伸**

可以将积木块放在活动区域，让幼儿自己亲手操作。

（设计者：单光耘）

🐦 专家点评

快速数出积木块的个数，既可以锻炼幼儿的空间表达能力，又可以锻炼他们数的运算技能，同时，幼儿思维的敏捷性、灵活性和发散性也会得到发展。竞赛的方式会增加游戏乐趣，提升幼儿参与的积极性。

★本章附录★

我的小秘密

我的姓名_____　　　　　　　我的性别_____
我的生日是_____月_____日　　和我同月的小朋友有_____人
我的身高是_____厘米　　　　　　我喜欢的数字是_____
我的体重是_____千克　　　　　　我最喜欢的单数是_____
我最喜欢的季节是_____　　　　　我最喜欢的节日是_____

- 我的家

  爸爸的生日是____月____日　　　　妈妈的生日是____月____日
  我家有____人　　　　　　　　　　我家的电话号码是____
  爷爷的年龄是____岁　　　　　　　外婆的年龄是____岁

  我家住在____省(市)____区(县、镇)____弄(村)____号____室

- 我的班级

  我的班级是____　　　　　　　　　我们的班级有____个小朋友
  我们班有____个老师　　　　　　　我们全校有____个老师
  我们班的妹妹有____人　　　　　　我们班的弟弟有____人
  我们班的教室里有____张桌子　　　我们班的教室里有____把椅子
  我们班的盥洗间有____面镜子

  我们的幼儿园的地址是____省(市)____区(县、镇)____路____号

  3～4岁：知道自己的名字、性别、生日与自己的班级名称，关心生活中的数字。
  4～5岁：了解并记录爸爸妈妈的生日、家中人口数、家庭地址以及电话号码。
  5～6岁：能自主地进行调查，记录生活中的数字，并交流。

数学挂图 4-1　宝贝档案——生活中的数学　【模块 1：数与运算】

（设计者：杨玉芬、张瑾）

每只小动物都站在第几级台阶上呢？在 ▢ 里填上正确的数字吧！

老虎　蝴蝶　熊猫　乌龟　兔子　长颈鹿　青蛙　奶牛　狐狸　猴子

第一
第二
第三
第四
第五
第六
第七
第八
第九
第十

10　9　8　7　6　5　4　3　2　1

第 ▢ 级台阶　　第 ▢ 级台阶　　第 ▢ 级台阶

第 ▢ 级台阶　　第 ▢ 级台阶　　第 ▢ 级台阶

3~4岁：认认动物，初步知道"第一""第二"等序数，体会数量与第几的关系。

4~5岁：说说台阶上的位置，从生活中找到序数的运用，例如，看集体照上的人物位置。

5~6岁：尝试基数与序数结合，知道序数是指次序，基数是表示数量的数字。

数学挂图4-2　动物大联欢——序数与基数　【模块1：数与运算】

（设计者：孙敏）

第五章
模块 2：几何与空间

蜜蜂们依靠某种几何学上的预见……知道六边形大于正方形和三角形，可以用同样一些材料储存更多的蜂蜜。

——帕帕斯

★本模块学习与发展的目标★

3~4 岁

能注意物体较明显的形状特征；能感知物体的基本空间位置与方位；能理解"上""下""前""后""里""外"等方位词。

4~5 岁

能感知物体的形体结构特征，画出或拼搭出该物体的造型；能感知和发现日常几何图形的基本特征，并进行分类；能使用"上""下""前""后""里""外""中间""旁边"等方位词描述物体的位置和运动方向。

5~6 岁

能用常见的几何图形有创意地拼搭和画出物体的造型；能按语言指示或根据简单示意图正确取放物品；能辨别自己的左右。

(依据《3~6 岁儿童学习与发展指南》制定)

第一节 "几何与空间"的理论解析

一、几何与现实

(一)生活中的几何

环境中的几何图形和蕴含的几何概念无处不在。引导幼儿多次观察，能增强其对身边几何的意识和经验，体会到图形的比例美、简洁美。例如，黄金分割，世界上用黄金比例设计的帕提依神庙，外观简洁而壮观，整个结构给人协调、雅致的感觉。许多自然物种也包含了黄金分割的事物，例如，昆虫的形体就显露出黄金比例。

数学发展遵循着简单的原则，追求简洁美，这对幼儿数学教育同样产生了影响。数学教具、学具，从实物到形象图片，再到点卡、数卡，是一个逐步抽象的过程，可看出其中所追求的简洁。幼儿在认识过程中的抽象思维，逐步脱离事物外部特征的干扰，根据概念水平理解事物的内在关系，这也是去繁就简的过程。

在幼儿活动中，对几何概念进行探索的时机是很多的。在沙桌(sand table)上玩，能制造和描述平坦的或崎岖不平的面；能用手把物体按压在干燥或微潮的沙子上，看看留下了什么印记；也能制造出笔直或弯曲的小路。教师也要多发现幼儿从事几何活动的机会，并引导幼儿操作。

★信息栏 5-1：几何的起源★

几何学的产生也是来源于生产实践。在古埃及，尼罗河每年春天都会泛滥，造成田园消失、地界不清，为了消除纠纷、重新丈量划界，于是就产生了几何学。Geometry(几何学)是由希腊语而来，"geo"表示"地"，"metry"表示"量"，合起来就是"量土地"的意思。

（二）学习几何对幼儿发展的价值

几何对于幼儿学习数学来说，不应该作为补充内容；相反，它应是数学课程中极其重要的、不可或缺的内容。几何学习需要多感官积极参与，这很适合幼儿的年龄特点。有的幼儿在数字运用方面表现突出，有的幼儿则在几何形状和空间知觉方面引人注目，个别差异是存在的。幼儿学习空间几何，是可以从中找到乐趣和美感的（见图 5-1）。当然，缺少了数量，只有空间的数学也是不完整的。

有意义的几何学习可以减少幼儿对相关概念的误解。比如，幼儿可能会认为，"只有底边是水平的等边三角形才是三角形"，或者，"任何一个四边形都是正方形"（Clements & Battista，1992）。幼儿需要接触大量的图形及其位置变化，并有充分的时间来操作和讨论，才能发展几何思维。

人类通过空间、形状和模式来理解世界。各种图案或加工品中包含各种几何形状，大自然也包含各种几何形状。几何知识能帮助幼儿更好地解释、理解和欣赏多彩的现实世界。

学习几何有助于交流和拓展知识。幼儿利用几何知识能够解释各种图画及作图方法（Hoffer，1992）。几何经验为幼儿日后正式的数学学习、为解决将来工作中遇到的几何问题提供了坚实的基础（Van de Walle，1994）。

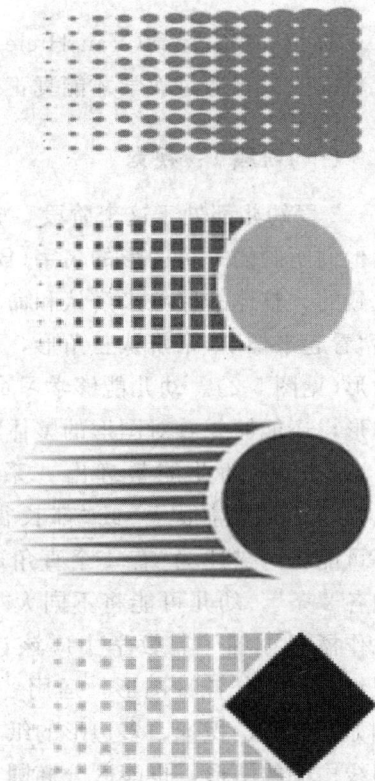

（提示：感受图形运动的知觉变化。）

图 5-1　运动中的图形

★小贴士★

教师在促进幼儿的几何学习时，也可让他们接触大量词汇。向幼儿介绍或举一些专业词语，例如，圆柱、球体和五边形；也要认可幼儿常用的词语，例如，"盒子""罐头""球""停止标志"等。像"曲线""直线""角"等一类词，在数学理论和现实中是通用的。

二、 儿童几何思维阶段发展的理论

荷兰教育家黑勒（Van Hiele）认为，儿童虽然会机械地记忆和分析一些几何材料，但只有通过教学才能真正理解。儿童对几何的认识经过以下阶段。

（一）阶段 1：视觉

3 岁幼儿都处于这个阶段。成人不应该强迫幼儿画出可以辨认的图案，或叫出他们所画的每个图形的名字（Bredekamp，1993）。在这个基础阶段，幼儿通过大致的、整体的印象来辨认和命名图形。幼儿将图形视为一个整体，可能仅仅因为"看起来像"，来辨认三角形，认为一个三角形一旦倒过来放置就不再是一个三角形（见图 5-2）。幼儿能够学习命名各种几何图形，也能照几何图形的样子画出图形，还能够凭着对图形的整体经验将图形进行归类。

4～5 岁幼儿能整理出一系列矩形，认为它们"长得很像"或"都长得像门"，不可能将门描述为"有 4 个直角，长、短边各 2 条"。幼儿可能将不同大小的球体比作橘子或柚子。教学中应该让幼儿学习组合和拆分各种图形，运用各种材料，

（提示：答案为 1 个、3 个、6 个。）

图 5-2　三角形的个数

例如，瓷砖、积木、多边形的纸，来制作各种图案或模型。幼儿能区别由直线和曲线构成的图形，也能区分椭圆与三角形，但不能区分三角形与正方形。根据皮亚杰的研究，这个阶段，幼儿对几何的认识是拓扑性的。

（二）阶段 2：分析

幼儿能超越对图形的整体印象，并关注其特征，在区分图形特征的基础上，继续学习图形分类，能按照三维立体物的面数（平面）或角的个数进行分类；能理解箱子有 6 个平面，圆柱则只有 2 个圆形平面和 1 个曲面。幼儿所说出的图形特征，可能会比定义这个图形所需要的特征多。例如，描述矩形，"有 4 个直角、4 条边，其中包括 2 条长边、2 条短边"，而不是用最精练的方式——"有 4 个直角的平行四边形"来描述。教师应接受幼儿这种扩展了的定义，同时展示模型，让幼儿尽可能多地列出每个模型的特征，帮助幼儿注意到图形的多种特征。

这个阶段，幼儿还不能很好地掌握图形的类别，以及各类别图形之间的关

系。比如，尽管幼儿认识到正方形和矩形的特征，但并没有真正懂得"正方形是特殊的矩形"，而附加条件是"4 条边都相等"。同样，幼儿无法认识到，有很多三角形既是直角三角形又是等腰三角形，即直角等腰三角形。幼儿需要不断操作模型，依据图形的特征进行分类，并比较两个或更多个图形特征的差异。6 岁幼儿能玩不同特征的积木，将相似的积木区分出大小类别，例如，大三角形和小三角形等。

★信息栏 5-2："给我看"(Show Me)游戏★

提供一些按规格裁剪好的纸制图形，每个幼儿的图形都不一样，要求幼儿"给我看有一个直角的图形"，或"给我看有两条等边的图形"。结果发现，幼儿不仅在自己的图形中找，而且四处张望，检查同伴提供的图形。幼儿相互协作，很快就完成了这个游戏。

处于分析阶段的幼儿，不仅能描述图形特征，而且能将图形与书面语或口语的描述相对应，在练习中，幼儿能很快辨认和描述各类图形的特性。

（三）阶段 3：非正式推理

幼儿能理解不同类图形的联系，得出合理的结论，并加以简单、符合逻辑的论证。

（四）阶段 4：正式推理

幼儿有了正式的逻辑，并在公理和定理的基础上，使用抽象定义进行推理。

（五）阶段 5：严密思维

数学家就是在这一阶段上，具备了公理系统。

幼儿可能在不同内容上是处于不同的水平(Clements & Battista, 1992)。例如，在平面几何上可能处于阶段 2，但在立体几何上处于阶段 1。儿童探索新的概念时，会倒退至较低的思维水平上。每个幼儿在几何思维上处于不同的水平。对教师来说，无论幼儿处于哪个思维水平，都应提供各种不同的相应活动，满足幼儿几何学习的需要。

★信息栏 5-3：表征觉察★

有大量证据表明，关于儿童很小就对参照物与其表征之间的基本象征关系有最初的理解。所谓"表征觉察"（representational insight），大约出现在 2.5～3 岁（Liben & Downs，1989，1991）。例如：当向他们呈现芝加哥的一个小型的空中黑白照片时，很多儿童自发将其定义为"一个城市"或"楼房和街道"。但同时，这个年龄的儿童在关于空间类型上犯了很大的错误，对于更为抽象的表征，一些儿童将参照物理解为一个地方，例如，将华盛顿的一个旅游地图理解为"一个笼子"或"一个宇宙飞船"。

三、 几何与空间的活动及教学指导

(一)认识方位

1. 空间方位的特点。

(1)相对性。生活的空间是向纵、横、深三个方向扩展的，空间坐标系的三对基本方向——纵向、横向和竖直方向分别表示前后、左右和上下，都是相对的概念。

(2)连续性。空间方位从上到下、从前到后、从左到右的区域是连续的，不能截然分隔。

(3)可变性。空间位置关系的基准线发生了变化，那么物体间的位置关系也随之变化。

2. 空间方位的定向。

空间方位的定向牵涉到很多问题，例如，大小和形状的空间区分、空间知觉和对各种空间关系的理解。空间方位的定向需要运动的、触摸的、视觉的、听觉的、嗅觉的等各种分析器共同完成。幼儿学会行走之后，对空间特征和物体关系的知觉都有了新的飞跃。

学习几何是建立在三维世界经验基础之上的。通过方位学习，幼儿可以理解上、下、左、右、中间等方位指令；也可通过使用方位词引导幼儿游戏，让幼儿将玩具或标志物放到各种位置上去。

★信息栏 5-4：空间方位教学★

空间方位的认知发展是按一定顺序进行的。教学应根据幼儿空间方位发展的规律来进行。

3～4 岁：上、下，前、后，里、外。

4～5 岁：开始区分左、右，能运用东、南、西、北以及上、下、左、右来描述地图，在地图上找到自己的家。

5～6 岁：感知简单的空间旋转，感受地球是球体，了解东、南、西、北四个方位。

示例可见图 5-3。

（提示：五角星由简单变复杂。）

图 5-3　五角星及其变式

（二）三维图形活动

幼儿与几何图形的接触可能开始于生活中最常见的三维图形。幼儿在教室里可以收集、分类几何物品。例如，大的、小的和中等大小的物品，卷的和不卷的物品，容易折叠和不易折叠的物品，平面的和弯曲的物品。4 岁幼儿能运用图形名称描述，并对一系列三维图形进行分类。例如，哪些是球体，哪些不是球体；哪些像"盒子"或"棱柱"，哪些不像。

观察三维图形并获得立体感是重要的。向 4 岁幼儿介绍三维图形时，可准备装有几块积木和几个球的"神秘袋"。在袋外陈列类似的东西，请幼儿依次摸袋内的东西，并找到和指定图形相似的东西。

还可以用图形构造和扩展某些图案。教室中的积木及其他物品都可以用来建构物品。最简单的是立方体、圆柱、金字塔形的积木。

用黏土或面团制作三维模型。用塑料和木制模具印在黏土或面团上，印刻会是什么样子的？实际操作后再核对。还有一些材料能制作三维图形，例如，用稻草或牙签构造三维图形，或用可弯曲的吸管制作牢固的三维结构。让幼儿用橡皮泥尝试捏出各种几何形体或者具有一定形体特征的物品。可在教室里设置制作角，让幼儿收集日常生活中的实物，放在贴有几何图片的相应区域内。

（三）二维图形活动

幼儿对二维或平面图形的认识，来自其对三维图形的操作及讨论。幼儿能感知和描述立体物品的表面，并能说出这些图形的名称。二维图形具有以下两个特点。

1. 形状不变性。

幼儿常会误以为：图形位置变化了，其自身也就改变了，像"图形跳舞"这样的活动能帮助幼儿改变这种想法。纸制图形无论在空间上如何转动，形状是不变的。

作为二维图形的延伸活动，幼儿可以把平面图形和图案置于周围环境。例如，地毯、桌布、墙壁和纸张上；也可以将手伸入"神秘袋"中，说说摸到的图形是平面的还是立体的；还可以挑出一个图形，对其进行描述，让同伴描画草图，并展示给大家看，以进行验证。

2. 图案的镶嵌。

"镶嵌"这个词来源于"镶嵌物"或"瓦片"，是指用平面图形在不重叠、不留空隙的情况下覆盖一个表面（见图 5-4 至图 5-13）。镶嵌创意是从镶花或拼花的地砖经验中自然建立起来的。幼儿乐于用"镶嵌"进行图案设计，例如，用积木镶嵌，做出多种图形。幼儿能将纱线等材料粘贴在绒布板上或纸上制作平面图形，也能用同样数量的纸条或牙签制作出不同的图形。

（提示：以几何与空间的视角观察大海、高山、平原、丘陵。）

图 5-4 认识大空间

$a^2+b^2=c^2$

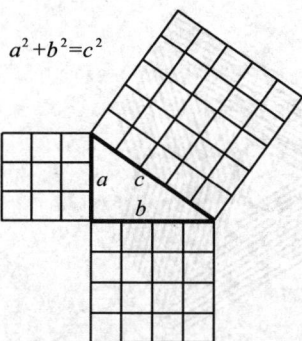

（提示：让幼儿看看，1 个三角形，3 个正方形，每个正方形里有几个格子。）

图 5-5　勾股定理

（提示：摘掉一个环会如何？）

图 5-6　三连环

（提示：图形与背景的关系。）

图 5-7　杯子和人脸

（提示：对象与背景的关系可以互换，但对知觉者来说，一次只能看到一个对象。）

图 5-8　骑士

（提示：视觉的中心点在哪里，背景线索是什么，决定了空间知觉的结果。）

图 5-9　水是往上流还是往下流

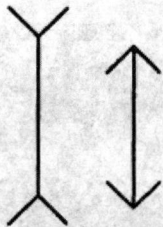

（提示：正方形和圆被弯曲了，是真的吗?)

图 5-10　错觉

缪勒—莱尔错觉

艾宾浩斯错觉

庞佐错觉

黑林错觉

菲克错觉

冯特错觉

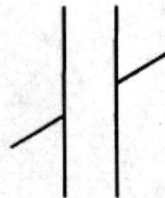

波根多夫错觉

（提示：参照物背景影响了知觉的结果。)

图 5-11　各类错觉

（提示：图形在运动，是真的吗？）

图 5-12　知觉中的运动

（提示：下边的球在哪块板上呢？）

图 5-13　不可能的图

★数学游戏 5-1：拼几何图★

1. 类别。

图形分割。

2. 材料。

三角形、长方形、圆形、五角星形状的 4 张彩纸，剪刀，笔。

3. 玩法。

(1)取三角形、长方形、圆形、五角星形状的 4 张彩纸，将它们用剪刀进行分割，分割好的部分标上数字记号，注意不要混在一起。

(2)将剪开后的三角形、长方形、圆形、五角星随机打乱。

(3)幼儿从打乱的彩纸中将各个分割的图形重新拼为原来的形状。

4. 活动提示。

重点训练分割后图形部分的迅速复原。

(四)几何板的问题解决

像传统的七巧板这样的拼图，为幼儿提供了空间问题解决的机会。在七巧板操作前，幼儿可以自己设计，后拼图形，或呈现样板，让幼儿复制图形，并加以命名和描述。比照原图，以同样尺寸的轮廓来拼图更容易操作些。另外，几何板这类材料也是拼图的好材料。

(五)对称和全等

从现实的自然物和人造物品中，到处可以发现数学几何的对称美（见图5-14）。例如，矗立的高楼大厦、公园里的楼台亭角，以及桥梁、道路等，实在是美不胜收。这些复杂的对称物，

（提示：对称。）

图 5-14　人面鱼纹（半坡彩陶）

很多是几何对称图形的组合。幼儿生活中看到的花朵、树叶，班级布置的装饰图案，都包含了数学的对称美与和谐美。幼儿照镜子观察自己时，也会发现人体的对称美。

当幼儿对飞机的图画产生兴趣时，对称和全等的感觉就自然发生了。左右同样尺寸、同样形状的图形就是全等。将一个图形放在另一个图形上面，二者是否恰好吻合，可以以此来判断是否全等。幼儿对于对称的探索开始于轴对称图形（即完全相同的两半组成的一个图形）。是否轴对称图形，可用镜子或折叠来检验。

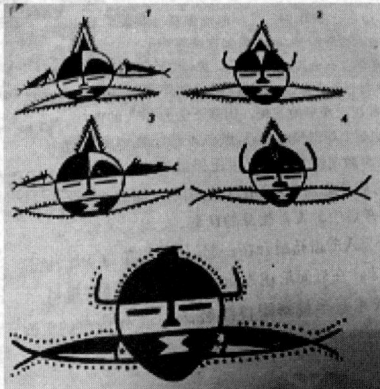

★数学游戏5-2：展开来是什么样★

1. 类别。

三维图形。

2. 材料。

牙膏盒，小熊饼干盒，卷筒纸芯，剪刀。

3. 玩法。

(1)请幼儿思考问题：三维图形各面的形状和大小是不是一样的？沿着这些表面边缘描画出其形状，再剪下来做比较，就可以证实这一点。

(2)小朋友们知道二维图形和三维图形之间的关系吗？让我们来做个小实验吧！

实验有以下 3 个步骤。

①让幼儿选择自己喜欢的盒子，讲讲盒子是什么样子的，是装什么的，有些什么特点。例如，牙膏盒是长方体，不能滚动，可以从各个面站立起来。

②请幼儿沿着盒子的边缘，将盒子展开，看看并讲讲盒子变成了一些什么图形，各有几个。尝试将盒子还原，感知形体与平面图形互变的过程。

③让幼儿观察卷筒纸芯有什么特点，从上面看是什么图形；然后将卷筒纸芯剪开，看看展开的卷筒纸芯变成了什么；最后将卷筒纸芯还原。

4. 提示。

注意讲出数学术语，例如，"长方体""圆柱""平面"等，让幼儿体会其意义。

增强幼儿关于对称的初步理解，可使用打洞机。将纸对折，穿过两层纸打洞；在纸打开之前，预测纸上会出现几个洞及洞的位置。

要制作对称图形，可以先将纸对折，然后两层一起剪；对折线至少要有两部分相连。打开纸时，就会看见全等的两半，就像照镜子。若把纸对折两次，按画好的图形剪下来，就可以看到两重对称。

★数学游戏 5-3：拼图★

1. 类别。

几何拼图。

2. 材料。

自制一些三角形、梯形、正方形和菱形的彩色几何图形，硬纸板裁成自己喜欢的相框形状。

3. 玩法。

教师和小朋友们一起用这些图形的彩色纸拼成各种图片，例如，小猪、蝴蝶、房子、小树、汽车等。教师可以和小朋友们比赛，看谁拼得又快又像又好看，或者谁拼得多。拼完之后，要相互介绍自己的作品，运用这样的语言，例如："我用三角形和圆形拼出了一辆小汽车""我用长方形和正方形拼出了一个小房子"……

4. 提示。

幼儿刚开始可能会不知道怎么玩，教师可以先示范，让幼儿明白；教师要多给予幼儿鼓励，让幼儿体验到成功的乐趣；教师要让幼儿把自己的作品说清楚，说明作品中用了哪些几何图形。

(六)拓扑几何

1. 拓扑的含义。

在现实教育中，幼儿学习几何主要是从欧氏几何开始的，像学习三角形、正方形、长方形等。皮亚杰认为，前运算阶段的学前儿童，只能从物体本身的角度来考虑拓扑的概念。幼儿的知觉完全被自我中心所支配，不考虑从其他不同的视点来看。不管这个物体的位置如何，幼儿总是将物体画成同样的模样。事实上，幼儿对空间的认识，最初是混沌的、毫无组织的，即具有拓扑的性质。在拓扑数学中，图形不是刚性的或固定不变的，而是可以伸展或压缩的，以致具有不同的形状，所以，拓扑几何的别名是"橡皮几何"(见图 5-15)。简单的封闭图形，像正方形、圆形、长方形、三角形都是等价的。把三角形的角压进去就成了圆；把正方形拉长就成了长方形。任何起讫于同一点且没有两次经过其他点的图形都是简单的封闭曲线(见图 5-16)。

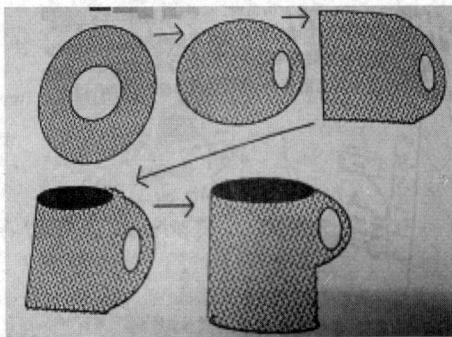

（提示：数学的拓扑性质。）

图 5-15　油饼圈变为咖啡杯

（提示：X 和 S 是开放图形。）

图 5-16　封闭的还是开放的

数学中的拓扑关系，主要有以下几种（见图 5-17 和图 5-18）。

（提示：拓扑中的相交与分离关系。）

图 5-17 图形分割

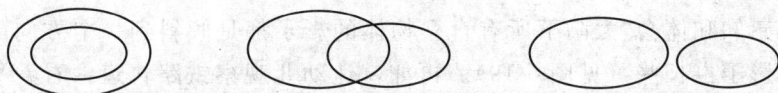

（提示：这三组小图为拓扑的三种关系，分别为包围关系、相交关系和分离关系。）

图 5-18 拓扑关系

（1）相交关系或邻近（相邻）关系。幼儿年龄越小，物体之间邻近关系的重要性就越大，因为幼儿是根据物体之间的距离远近来区分各种物体的。幼儿在画面孔时，常常把眼睛画得靠近鼻子。

（2）分离关系。幼儿逐渐长大，就越来越容易将一个物体从别的物体中分离出来。例如，把门与墙壁分离出来；把玩具同小床分离出来。

（3）次序关系。例如，挂在床上的一串珠子的次序；开灯的次序；就餐的次序。

（4）封闭关系或包围关系。例如，小狗在院子里；汽车在马路中间；一个人的笑容包含在面孔上。很小的幼儿往往把眼睛画在人头的外部，说明他还没有形成包围关系的概念。

2. 拓扑几何活动及教学指导。

幼儿最初的几何概念是拓扑性质的，教师所组织的空间活动应该建立在拓扑关系（相邻关系、分离关系、包围关系和次序关系）之上。例如，给幼儿看一张图，上面画一个院子，院子里有一栋房子，院子外有一只狗，幼儿是否能注意到狗、篱笆、房屋及院子之间在拓扑关系上的区别？让幼儿照样子画这张图，幼儿是否将房屋画在院子中，而将狗画在院子外？幼儿是否用篱笆把狗和院子分开？

幼儿画人的形象，两臂、两腿是怎样画呢？臂和腿怎样跟身体接起来呢？身体和腿的"相邻关系"是否正确？头、身体、腿、脚的次序关系是否正确？通过绘画来发展幼儿的拓扑空间能力是有效的。

（七）射影几何

1. 射影几何的含义。

射影几何是几何学的一个重要分支学科，是研究图形位置关系，专门讨论把点投影到直线或者平面上的时候图形性质不变的科学。在射影几何中，把无穷远点看作"理想点"。通常，直线再加上一个无穷点就是无穷远直线。如果一个平面内两条直线平行，那么这两条直线就交于这两条直线共有的无穷远的点。对于幼儿来说，只是让他们体会生活中所熟悉的射影几何的初步观念就可以了。例如，可让幼儿感知和体会"太阳下所有直立物体的影子都是倾斜到一个方向的，而且高的物体影子也长些"（见图5-19）。再如，让幼儿观察铁路轨道，看看平行的两条轨道在很远处是相交于一个点；或在欣赏油画中，幼儿可以体会到透视现象（见图5-20和图5-21）。

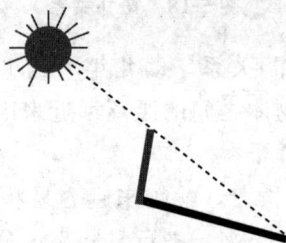

（提示：太阳升到哪里时影子最长？）

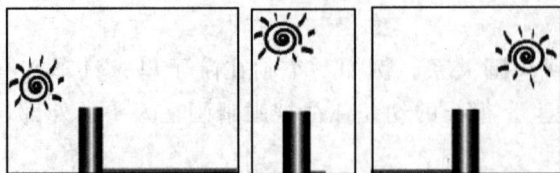

（提示：影子长度与太阳升落的关系。）

图 5-19　太阳的影子

（提示：几何透视原理。）

图 5-20 最后的晚餐

（提示：房顶是一个大三角形，实际看到的是一个小三角形，隐藏在后面的是两个同样大小的三角形，小三角形又由更小的三角形构成。）

图 5-21 大教堂

2. 射影几何的活动及教学指导。

皮亚杰对儿童射影几何进行过研究，艺术和生活中也充满射影几何（见图 5-22 和图 5-23）。例如，让一名 5 岁儿童画出他看到的一枚硬币的样子。儿童用一个圆来表示硬币的正面，可是对于侧面图，他也画成一个完整的圆。实验者问他："你这样看（正面看整个硬币的表面）和那样看（侧面看硬币的边缘），看到的是相同的样子吗?"儿童回答:"不。"问:"为什么不一样?"答:"我不知道。"实验者说:"试试看,把它画出来。"儿童又画了一个圆。实验者拿出几张画好的图问儿童:"你看看这些图,再从里面找出一张这样看(正视)所看到的样子。"儿童挑了一个完整的圆。实验者又问:"那样看(从侧面看硬币的边缘)呢?"儿童选了一个半圆。这说明 5 岁儿童已有部分射影几何的概念,但不稳定。

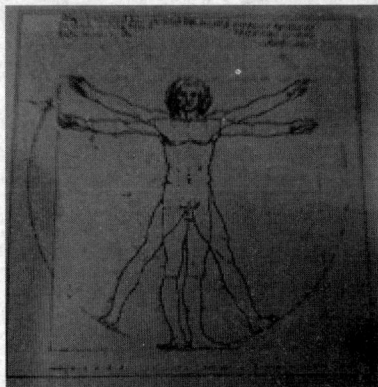

(提示:达·芬奇为数学家的书所做的插图。)

图 5-22　神奇的比例(黄金分割)

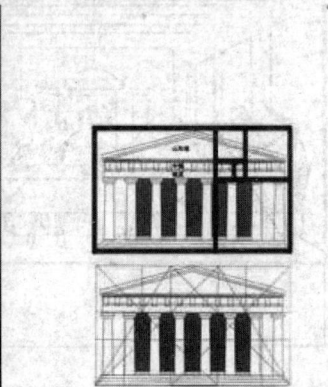

(提示:黄金分割的比值约为 0.618。)

图 5-23　雅典帕提侬神庙

★小贴士:三维物体影子成像★

用一个可以随意开关的光源作为视点,并把三维物体(圆锥体的积木)放在光源与垂直屏幕之间的一个轻巧的支架上,让幼儿从许多图样中挑选一个。开始时垂直放置,然后水平放置,再将两个圆锥的圆形底端相对水平放置,最后将两个圆锥的顶端相对水平放置,预言物体的影子看上去将像什么样子。

指导语:"积木是什么形状的?""现在积木是怎么放的?""如果将灯打开,屏幕上积木的影子会是什么样子的?请你从这些卡片中选出来。"

★小贴士:关于影子的小实验★

1. 访谈。

"你看到过影子吗?"

"为什么会有影子?"

"早上的太阳在斜上方，你的影子在哪里?"

"中午的太阳在正上方，你的影子在哪里?"

"为什么早上的影子是长长的、斜斜的，中午的影子在脚底下，短短的呢?"

2. 操作。

待幼儿预测完后，用一个人偶和一个手电筒模拟幼儿和太阳。打开手电筒，请幼儿将人偶想象成自己，将手电筒想象成太阳，预测影子的成像情况。

（八）极限

★信息栏 5-5：极限的理解★

例 1　跑得最快的阿基里斯永远追不上爬得最慢的乌龟。

甲跑的速度远大于乙，但乙比甲先行一段距离，甲为了赶上乙，须超过乙开始的 A 点；但甲到了 A 点，乙已进到 A_1 点；而当甲再到 A_1 点，乙又进到 A_2 点。依次类推，直到无穷，两者距离虽越来越近，但甲永远在乙后面而追不上乙。

例 2　无穷级数 $S = 1-1+1-1+1\cdots$ 到底等于什么? 是 0 还是 1?

$S = (1-1)+(1-1)+\cdots = 0$;

$S = 1+(1-1)+(1-1)+\cdots = 1$

以上这两个例子可体会，变量在无限变化过程中的变化趋势，即终极状态。

1. 极限的含义。

极限(limit)是分析数学中最基本、最重要的概念之一，它从数量上描述变量在无限变化过程中的变化趋势——终极状态。早在远古时代，朴素而直观的极限概念就比其他任何概念都引发人们的感情，而且远在两千年以前，人们就已经产生了对数学无穷的萌芽认知。19 世纪初，牛顿和莱布尼茨——这两位创立微积分理论的伟人，把变量引进数学时代，给了人类有史以来最伟大的概念——极限。他们首次让我们知道，极限这种事情是存在的，无穷逼近而又永远无法达到是可能的，而且是现实的(见图 5-24、图 5-25 和图 5-26)。

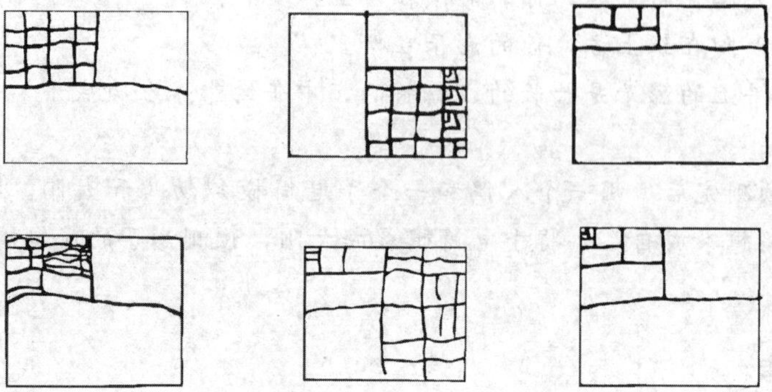

（提示：幼儿年龄越大，正方形会分割得越来越小。）

图 5-24　正方形的分割

（提示：这里的圆是世界的边界。接近中心，尺寸增大；离开中心时，尺寸缩小。但它们永远不可能到达边界，这个世界对它们来说是无限的。）

图 5-25　庞加莱的双曲几何

（提示：类似于双曲几何的无限世界。）

图 5-26　天堂与地狱

2. 极限概念的活动及教学指导。

★信息栏 5-6：儿童极限认知的特点★

研究表明，儿童极限概念的发展表现为以下方面。

①5 岁儿童正处于极限概念水平较低的初步萌芽阶段；

②6 岁儿童处于有部分极限概念但不稳定阶段；

③7 岁儿童处于接近于有极限概念但不稳定阶段，且总体发展得比较均衡；

④9 岁儿童对极限概念的认知趋向于稳定，但 5～9 岁儿童仍未出现完全的极限概念。

随着年龄的增长，儿童对各项极限概念的认知不断提高，而且越发具有客观性。根据研究，幼儿 5 岁或者 6 岁就可以接触并学习关于极限的观念（林泳海等，2006）。

皮亚杰曾做过关于极限的研究。比如，让一名 7 岁儿童画出最短的线段，他画了一段 2 毫米长的线段。问他这条线段上是否有什么点存在，他回答"没有"。再问他，为了连成一条 2 厘米长的线段，需要几条这样短的线段，他只是做出一种估计，答道"10 条"。又问他在相隔 2 厘米的两个点之间可以放进多少个点，他猜道"100 个点"。当他开始在相隔 2 厘米的两点之间的空隙中画点时，他只放进了 23 个点。这时再问他 100 还对吗，他回答："不对，因为 23 个点挤在一起已经太密了。"再问他有没有错，他回答："没有，因为再加点的话，就是一条直线了。"

分形数学与极限概念有联系，可让幼儿在欣赏感受分形图中体会空间逻辑的极限意义和空间关系变化的美妙（见图 5-27、图 5-28、图 5-29 和图 5-30）。

（提示：几何的分形意味着这种图案以更小的式样进行自我复制，当把它的部分放大时，它看起来精确得像最初的式样。）

图 5-27　蕨类植物

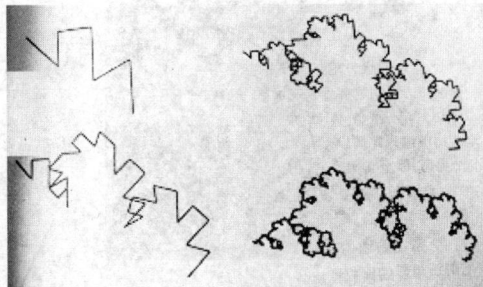

（提示：分形的世界。）

图 5-28　云彩

(提示：分形。)

图 5-29　树

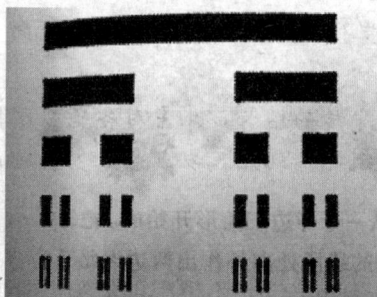

（提示：线段分形，高度不变，宽度变窄。）

图 5-30　线段分形

（九）自然空间知觉活动

空间感知能力是指从空间中辨认和区分刺激物，并通过已有经验的联系来解释这些刺激物的能力（Del Grande，1987）。幼儿很小就有三维空间的早期经验，空间感知能力在几何学习中是很重要的（Del Grande，1990）。幼儿数学教学提倡幼儿进行自然空间知觉活动，包括对贝壳、火车道、棋盘等图的欣赏（见图 5-31），对大自然中山、河、平原、丘陵的观察，对天体的观察（见图 5-32），让幼儿感受到空间的几何特点和数学的空间美。

（提示：图像的表征，越小的孩子越模糊。）

图 5-31　婴儿眼中的棋盘

（提示：宇宙由无数的星云和星星组成，星空中旋转着的是椭圆状星云，给人时空无限之感。）

图 5-32　宇宙与星空

★信息栏 5-7：七种空间能力★

七种空间能力都和儿童几何概念发展有密切的关系（Del Grande，1987）。七种能力具体包括以下内容。

1. 手眼协调能力。

这是指身体动作与视觉同步的能力。在绘画、排列图形和操作物体中，这种能力是很重要的。操作各种各样的材料能提高"眼—动"协调能力。若没有这种能力，儿童的动作会显得笨拙，注意力被任务提供的材料所吸引，无法关注几何方面的特征。

2. 背景图形感知能力。

这是一种辨认镶嵌于背景中的图形的能力。幼儿常用这种能力处理重叠的图形或图形中"隐藏"的部分。让幼儿组合图形和给图形着色，皆可充实这方面的经验。

3. 知觉守恒能力。

从不同角度看图形，图形的视觉形式多变，但这个图形的大小和形状等性质是不变的，即所谓知觉守恒。幼儿具有知觉守恒能力，在辨认形状时就不会受其位置等因素的干扰。

4. 空间位置感知能力。

这种能力涉及物体之间以及物体和观察者之间的关系，包括整个图形的旋转和倒转、细节上位置的改变和镜面模式等。儿童在区分像 b，d，p，q 这些字母时，就运用了空间位置感知能力。

5. 空间关系感知能力。

在观察相关的两个或更多的物体时，能感知到运动或转换后物体形状的变化。幼儿通过压缩或翻转，并用纸张制作物品，可以运用和体会这种空间关系感知能力。

6. 视觉区分能力。

这种能力是指注意两个物体或图形之间的相同和不同之处，它对于幼儿的分类活动很重要。幼儿可以找到相似的图形，或者挑出不一样的图形。例如，在一些正方形中挑出圆形。

7. 视觉记忆能力。

这是一种回忆物体或再现不能再看到的物体的空间能力。幼儿可以两人一组玩几何板游戏。一个人设计一个简单的图形，给同伴看几秒钟，然后把它藏起来；同伴尝试将记忆中的图形再现出来；通过图形比较，核对再现图形的特征是否与原图一致。日常设计活动都有利于幼儿发展视觉记忆能力。

★数学游戏 5-4: 旋转的数字★

1. 类别。

空间旋转。

2. 材料。

写有不同旋转角度的数字"6""9"，镜子，白纸。

3. 玩法。

(1)小朋友，我们今天来做个游戏，现在给你数字"6"的卡片，把它放在镜子面前，看看里面的数字是怎么样的？它还是"6"吗？将镜子里面出现的数字写在白纸上。同样的方法用于数字"9"。

(2)将数字卡片钉在木板上，标示刻度(0°，30°，60°，90°，120°，180°，240°，360°)。将数字按照这些不同的角度进行旋转，固定住。让幼儿在白纸上描出每次旋转后的数字。请幼儿互相讨论，感受不同角度下数字的空间旋转方位的变化。

4. 提示。

出示字母"R"，以不同角度旋转，让幼儿体会知觉上的变化。

第二节 "几何与空间"的活动指导

一、 本模块学习与发展的具体目标

本模块学习与发展的具体目标见表 5-1。

表 5-1 "几何与空间"模块学习与发展的具体目标

年龄	具体目标
3～4 岁	1. 感知圆形、三角形、正方形和长方形，看到图形能说出名称，并找出相应的图形。 2. 认识基本的图形和数字，了解其书写。 3. 感知上下、前后空间方位的不同。 4. 感知半圆形、椭圆形，看到图形能说出名称，并找出相应的图形。 5. 辨认正方形、圆形、三角形及椭圆，了解其组合。

续表

年龄	具体目标
4～5 岁	1. 运用各种平面图形进行组合和拼接。 2. 感知球体、长方体、正方体和圆柱，看到各种类似几何体的物体能说出其名称。 3. 感知客体和自身的左右，并简单运用。 4. 感知物体的长度、面积和体积守恒。 5. 理解平面图形的等分和对称关系。 6. 感知中国地图，了解一些地理常识。
5～6 岁	1. 体验平面图形和几何图形的拼接组合。 2. 感知图形的等分，渗透极限的概念。 3. 感知空间旋转和镜面，发展幼儿的空间想象能力。 4. 在生活情境中感知拓扑关系和极限。 5. 在生活情境中感知射影几何。 6. 了解大自然的地形地貌及星球等大空间概念。

二、　本模块的活动系列与点评

本模块的活动安排见表 5-2。

表 5-2　"几何与空间"模块的活动安排

年龄	序号	活动名称
3～4 岁	活动 1	国王的城堡——平面图形
	活动 2	动物超市——方位概念
	活动 3	数形物——对应
	活动 4	宝宝乐园——半圆形
	活动 5	小猫捉老鼠——空间位置
	活动 6	圆圆商店——圆的认识
4～5 岁	活动 7	图形变变变——图形分割
	活动 8	模拟超市——认识球体
	活动 9	机器人——辨认方位
	活动 10	量杯倒水——容积守恒
	活动 11	小猪过生日——等分

年龄	序号	活动名称
5～6岁	活动12	机器人——图形组合、分解
	活动13	分月饼、切蛋糕——四等分
	活动14	字母与数字——旋转与镜面
	活动15	橡皮泥——拓扑几何
	活动16	大树的影子——射影几何
	活动17	太阳的影子——射影几何
	活动18	多彩的地球——认识大空间

★活动1：国王的城堡——平面图形(3～4岁)★

活动目标

1. 在欣赏活动中感知三角形、正方形、长方形和圆形。知道日常生活环境中有许多东西是三角形、正方形、长方形和圆形的样子，诱发幼儿对图形产生兴趣。

2. 在拼拼搭搭的过程中，激发幼儿的联想和记忆。

活动准备

图片若干；三角形片、圆形片、长方形片和正方形片若干。

活动过程

1. 欣赏。

(1)今天我们要去国王的城堡，猜一猜，城堡里面的东西都和什么图形有关？

出示用三角形、圆形、长方形和正方形拼成的城堡，请幼儿说说，国王的城堡都是用什么图形拼成的。

(2)一起去城堡里看看，国王的城堡里有些什么。

2. 寻找图形。

今天，我们来到国王的城堡，一起找找哪些东西是三角形、圆形、长方形或正方形？

(1)城堡上的旗子、城堡的顶都是用三角形画出来的，其他还有三角形乐器、圣诞帽、三角形尺、风筝、雨伞、灯罩、酒杯。城堡的门是长方形的，桌子是长方形的，书、相框是长方形的。坐的凳子是正方形的，礼品盒、储物箱是正方形的。城堡外墙的球体是圆形的，蛋糕、车轮和纽扣是圆形的。

(2)国王吃的东西：三明治是三角形的；西瓜、吃饭的碗是圆形的；巧克力、豆腐是长方形的；饼干是正方形的……

小结：在三角形的城堡里，不管是用的东西，还是吃的东西，都是用三角形做出来的，所以也叫三角形城堡。

3. 引导观察。

(1)国王的士兵来了，他们带来了蛋糕，一起看看是什么形状的蛋糕。

(2)他们都说是圆形的。

小结：原来三角形、圆形、长方形和正方形的样子可多了。三角形中有的边长，有的边短，有的角大，有的角小，但它们都有三条边。正方形中，边长都一样，有四条边、四个角。

4. 联想生活中的图形。

想一想：在我们身边，有哪些东西是三角形、圆形、长方形或正方形的？或接近三角形、圆形、长方形、正方形？例如，雨伞、三角尺、蛋糕、篮球和铅笔盒的形状。

5. 拼拼搭搭。

(1)这里有许多三角形片、圆形片、长方形片和正方形片，请你想一想，能用三角形片、圆形片、长方形片和正方形片拼出什么东西来。

(2)互相欣赏小朋友拼出的物品。

🕊 **活动延伸**

引导幼儿观察教室里、操场上、家庭中有哪些东西具有几何图形的特征，激发幼儿对几何图形的兴趣。

(设计者：秦春婷)

🕊 **专家点评**

几何的各种造型，既有相同的特征，也有不同的特征，知道其区分的标准是什么。同样是三角形，但可能大小、边长等某个方面有所不同，知道其变式到底有多少，强化幼儿对三角形性质的认知。联系生活中的物品，可以发展幼儿的空间想象能力。

★ 活动 2：动物超市——方位概念(3～4 岁)★

活动目标

1. 能区别物体及自身在空间中的上下位置关系；能用"上""下"方位词回答问题。

2. 培养幼儿的空间感知能力，初步学习使用表示空间运动的词语，例如，"向上""向下"。

活动准备

玩具若干个，小架子(上、下两层)2 个，背景图片。

活动过程

1. 情境导入。

(1)森林里的小动物听说动物超市开业了，都乘车赶来了。这是一辆双层车，一起看看有哪些动物？

(2)坐在上面的有哪些小动物？

(3)坐在下面的有哪些小动物？

2. 动物购物。

(1)呈现小架子，确定上、下位置。

(2)引导幼儿观察商品摆放的位置。

(3)小熊要买的蜂蜜在哪儿？是在上面还是下面？

(4)小兔要买的围巾在上面还是在下面？

(5)小狗要买的火腿肠在哪儿？

3. 整理货架。

(1)货架上的商品要重新整理了，告诉幼儿把吃的东西放在上面，玩具放在下面。

(2)幼儿按照要求进行摆放。将吃的东西向上摆放，将玩具向下摆放。(出示动画图片。)

(3)互相验证是否放对了。

4. 猜猜：什么不见了？

幼儿闭上眼睛，教师从货架上拿走任意一件商品，请幼儿猜猜什么不见了，然后请幼儿说说拿走的玩具是在货架的上层还是下层。

✍ 活动延伸

整理图书。请幼儿按照图书上的标记，把书放在书架上。（图书上面贴有圆形标记的书都往上放，放在书架的上面；有三角形标记的图书都往下放，放在书架的下面。）

（设计者：王天韵）

✍ 专家点评

幼儿掌握"上""下"概念比"前""后""左""右"概念要早些。"上""下"两个字的书写形式，就已经有了"上""下"含义的视觉表达，引导幼儿关注"上""下"这两字的形状。天为上，地为下，头为上，脚为下，幼儿日常生活中只要留意，就可以理解简单的意思。教学中可增加难度，例如，两个物体差不多在同一水平上时，就不易区分谁在上谁在下。

★ 活动 3：数形物——对应（3~4 岁）★

✍ 活动目标

1. 学习认识基本的图形和数字，了解其书写的方法。
2. 能将图形的个数和相应的数字对应起来。

✍ 活动准备

圆点、折线、曲线、圆、三角形、长方形、自行车、小鱼、眼镜等图片，手工纸若干。

✍ 活动过程

1. 出示图形。

教师出示各种图形，让幼儿回忆经验。

(1)这是什么图形宝宝？（圆点、折线、长方形、三角形、圆形。）

(2)过渡语：这些图形宝宝会躲起来，你们看看，它们会躲在哪里？

(3)出示自行车、小鱼、眼镜、冰箱、领结等图片，要求幼儿查找刚才呈现的图形。

2. 数字对应。

(1)请你找一找，长方形宝宝躲在哪里？它们有几个？圆形宝宝躲在哪里？

它们有几个？三角形宝宝躲在哪里？它们有几个？

(2)教师分别出示数字：1，2，3，4，5。

(3)请个别幼儿操作：把相对应数量的图形宝宝贴在这些数字宝宝下面。

小结：图形宝宝的本事很大，它们可以变成不同的东西。

3. 拼搭图形。

幼儿拼搭游戏，体验图形变化的乐趣。

(1)每个幼儿一个操作筐，筐里有不同数量的图形，让幼儿进行拼搭(有拼搭的图示)。

(2)操作后相互交流，交流内容：什么图形，有几个，变成了什么物品。

☞ **活动延伸**

在区域里，教师可以多设置一些相应材料，让幼儿继续体验乐趣(梯形、椭圆形等)。此活动还可以用于逻辑部分的数物对应学习。

(设计者：程国)

☞ **专家点评**

日常生活中，鼓励幼儿观察物品的形状和数量，几何形体与生活中的物品会有对应，再与数量联系，会发现一些有趣的对应现象。例如，中国国旗有 5 个红五星，每个红五星有 5 个角；在长方形里面，4 个小红五星围绕 1 个大红五星，构成一个很美的几何图形。

★活动 4：宝宝乐园——半圆形(3～4 岁)★

☞ **活动目标**

1. 通过观察和操作等活动，知道一个圆形可以分成两个半圆形，两个半圆可以组成一个圆形。

2. 鼓励幼儿不受图形的颜色、摆放位置的干扰准确地找出半圆形。

☞ **活动准备**

课件，半圆形图。

☞ **活动过程**

1. 听故事，引发兴趣。

(1)在圆形宝宝乐园里，发生了一件有趣的事，小朋友，你想知道吗？

(2)课件显示圆形宝宝。

圆形宝宝整天乐呵呵的，它觉得自己是最棒的形状娃娃，可以变出很多东西，像小朋友爱吃的甜甜圈、明明汽车上的轮胎、照在人身上暖洋洋的太阳……

可是突然有一天，圆形宝宝走路不小心从楼梯上摔了下来，摔成了两半，圆形宝宝伤心极了："我再也变不出来有趣的东西了。"半圆形宝宝越想越伤心，哭了起来。这时，一位老奶奶说话了："半圆形宝宝，我盖了一座漂亮的楼房，想要一个半圆形的屋顶，你能帮我吗?"半圆形宝宝一听马上不哭了，心里想："难道半圆形也能变出来许多有趣的东西吗?"

2. 进入半圆形的世界。

(1)课件显示半圆形组成的场景。老奶奶对半圆形宝宝说："走，我带你去一个地方，那里有许多半圆形宝宝。"

(2)我们一起来帮半圆形宝宝找一找吧。

草地上：小刺猬妈妈带着它的刺猬宝宝在摘果子，还有半圆形的亭子。

小河里：乌龟妈妈带着乌龟宝宝捉小鱼吃。

马路上：小朋友开着半圆形汽车去奶奶家玩。

(3)请小朋友想象还有哪些东西是半圆形的。

现在请小朋友帮忙，告诉半圆形宝宝哪些东西是半圆形的。例如，半圆形的西瓜、蛋糕、饺子、积木、桥洞、灯罩等。

3. 半圆形变圆形。

(1)半圆形宝宝还是想变回自己原来的样子，请小朋友帮忙，让它变回原来的样子吧。

(2)变圆形：这里有许多半圆形宝宝，有的站着，有的躺着，可是它们都想变成圆形宝宝，请小朋友帮忙，让它们变回圆形吧。

(3)鼓励幼儿不受图形的颜色、摆放位置的影响，找到另一个半圆形贴上去。

🕊 **活动延伸**

让幼儿回家在父母帮助下观察月亮，画月亮在一个月(农历)里的夜晚是如何变化的，什么时候是圆，什么时候是半圆。把每天晚上的月亮画下来，并附上相应日期，发现月亮的变化规律。

(设计者：孙敏)

🕊 **专家点评**

为幼儿提供半圆形图片，通过对半圆进行添加、拼贴，使它变成一个有趣的物品形象。教师和幼儿也可以利用学具自主游戏，拼接成圆或分成半圆。生活中有很多情况会碰到半圆,例如,月亮的盈亏变化(见图5-33),鼓励幼儿发现生活中的美。

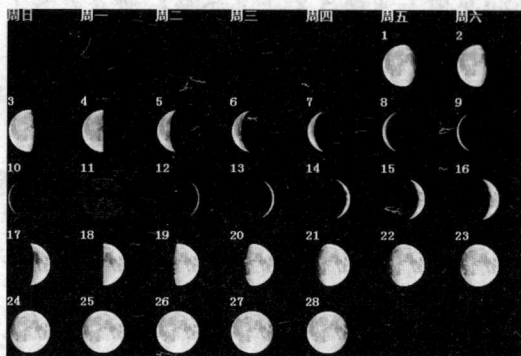

(提示:可从亏满和方向来观察月亮在一个月里的变化。)

图 5-33 月亮盈亏变化图

★活动5:小猫捉老鼠——空间位置(3~4岁)★

✎ 活动目标

1. 在说说玩玩的过程中,熟悉"前""后""里""外"等方位词。

2. 通过身体体验,感受并表述方位。

✎ 活动准备

山洞,房子,苹果树,小花丛,围栏,笼子(大、小),老鼠若干。

✎ 活动过程

1. 认识森林,说说方位。

(1)森林里有什么?(让幼儿说说名称。)

(2)你知道这是一棵什么树吗?你怎么知道的?

(3)除了树上有苹果,别的地方还有吗?

(4)这是什么?(大山洞、房子。)(引导方位词:前、后,里、外。)

(5)房子的前面是什么?

(6)小花种在哪里?

2. 捉小老鼠，表述方位。

(1)孩子们，今天妈妈带你们到这里是来捉老鼠的。你们猜，老鼠会躲在哪里？

(2)我们每人捉一只老鼠，看谁的本领最大，捉得最快。

(3)你是在哪里捉到老鼠的？捉的老鼠都一样吗？

(4)我这有两个笼子，一个大、一个小，把什么样的老鼠关进大笼子里呢？

3. 老猫睡觉游戏。

(1)我们到草地上来做游戏吧，老猫睡觉醒不了。

(2)教师念儿歌，并与幼儿游戏。

(3)让妈妈看看，聪明的小猫躲在哪里？

活动延伸

户外活动：捉迷藏。为幼儿设置场景，和幼儿一起玩"捉迷藏"游戏，让幼儿通过自身活动，正确判断里、外、前、后等空间方位。

（设计者：王天韵）

专家点评

幼儿对"前""后"方位概念的掌握要早些，对"里""外"概念的掌握稍迟。"前""后"是以一个站着的人为参照，眼睛对着的为前，反面为后；相对于一座山而言，对着正午太阳的为山前，反面为山后；对于一个建筑物来说，会根据南北或门窗等因素，来确认前后。对一个容器，人们有"里""外"的方位概念。生活中只要留意，处处是方位词。引导幼儿了解方位概念，多用方位词来描述人或物的关系，幼儿自然就能获得相应的概念。

★活动 6：圆圆商店——圆的认识(3～4 岁)★

活动目标

1. 认识圆形，能辨认出圆形的物体。

2. 在游戏过程中加深对圆形的认识。

活动准备

1. 各种圆形的水果及其他物体；在教室内创设一个商店背景。

2. 人手一个圆形的小筐；一人一份纸片(内含各种大小不一、色彩不一的圆形以及三角形、正方形、心形等)。

✍ 活动过程

1. 创设情境。

(1)创设商店的背景，商店名称——圆圆商店。

小熊开了一家圆圆商店，请你看看圆圆商店里都卖些什么。

(2)出示图片，幼儿说出图上圆形物体的名称。

小结：圆圆商店里只卖圆圆的东西。

2. 尝试建构。

(1)展示各种圆形的物体(其中混杂一些不是圆形的物体)。

师：小熊要给圆圆商店进货了，我们来帮帮它吧。看清楚这里哪些东西是圆圆的，哪些不是。

请你们把圆圆的东西送到小熊的商店里。

(2)幼儿选择两到三种圆形的东西放到自己的小筐中，再放到商店门口。

3. 教师集中解惑。

(1)师：我们的货都送对了吗？

(2)幼儿共同验证，讨论。

4. 再次建构。

(1)师：圆圆商店里的货都进好了，小熊的圆圆商店就要开业啦。可是小熊说："等一等，我的商店门口还没有装彩色的霓虹灯呢！我的商店不漂亮。你们能帮我吗？"

(2)请幼儿在自己的一套纸片中找出圆形的纸片，贴在圆圆商店的门口，作为霓虹灯。

提示：请你们将小灯装在电线(背景上的双面胶)上，否则灯会不亮。

5. 深化应用。

请幼儿在生活中寻找各种圆形的物体。

提示：幼儿需要时间自由探索形体的属性，因此，为他们提供各种形体的玩具是十分必要的。

✍ 活动延伸

用圆形色纸拼拼贴贴，看可以拼贴出什么造型，鼓励幼儿说一说自己用圆形拼贴出了什么。

(设计者：卢瑾)

✍ **专家点评**

圆圈是一种常见的符号，是一种原始的图腾，自然界里大量存在这种形状。即使幼儿很小时说这不出这个词汇，事实上他已有了关于圆的形象的记忆。可在纸上提供一些圆圈，让幼儿随意添加变成任何物品，提升幼儿对圆的趣味理解与艺术表达，发展其图形想象力和创造力（见图5-34）。

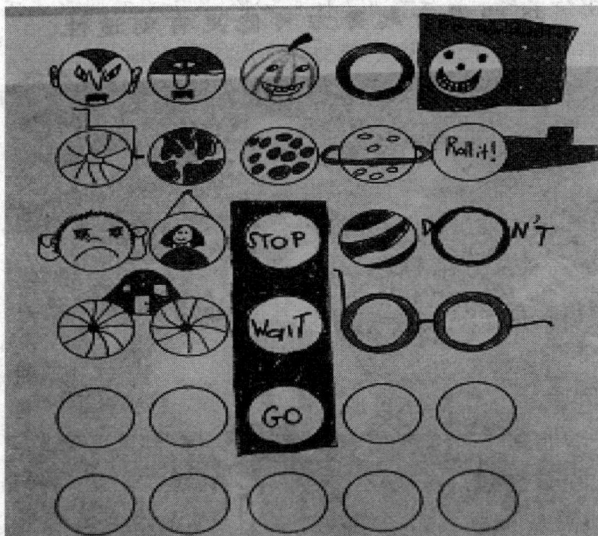

（提示：她给自己的画定的题目，前四排从左到右是："德拉库拉"（Dracula）、"一只眼的怪物""南瓜""呼啦圈""海报""轮椅""地球""月亮""行星""电影的镜头""悲伤的脸""图片""红绿灯""沙滩排球""字母 O""小汽车""眼镜"。）

图 5-34 一个幼儿对圆形的图解（Woolfolk，2011）

★**活动7：图形变变变——图形分割(4～5岁)**★

✍ **活动目标**

1. 能够辨认三角形、长方形、正方形、圆、椭圆，会进行图形折叠，分割并运用不同形状进行组合。

2. 能够发挥想象力，创作出图形拼贴的作品。

☙ **活动准备**

正方形纸、圆形纸、椭圆形纸、剪刀、胶水等。

☙ **活动过程**

1. 变魔术。

(1)教师出示不同的形状纸，激发幼儿讨论。

提问：正方形能不能变成三角形/小正方形/长方形？圆形能不能变成半圆形？

总结：正方形可变成三角形/小正方形/长方形，圆形可变成半圆形。

(2)教师将纸折叠、剪开，变为各种图形，将剪开的图形再拼成正方形，或2个半圆拼成1个整圆。

2. 图形变换。

(1)教师请幼儿将正方形变成4个小正方形，比比谁变得快，然后再请他们将4个小正方形拼成原来的样子。

(2)教师请幼儿将正方形变成4个小三角形；将正方形变成2个长方形；将圆形变成2个半圆。

3. 图形自由组合。

(1)教师启发幼儿创作，大胆尝试各种图形组合，想象创作意愿画。

(2)引导幼儿发挥想象，在底板上贴出不同的造型，同时用语言表达。

例如：1个圆形加5个三角形可以拼成太阳；1个三角形加1个正方形可拼成1座房子；3个圆形叠加可以变成棒棒糖；正方形、长方形、三角形、圆形可以拼成1个机器人；1个长方形加上2个圆形可以拼成1辆小车。

☙ **活动延伸**

教师可在区角投放相应的材料(各种形状、大小、颜色的图形片)，引导幼儿发挥想象力和创造力，拼搭出各种造型。

(设计者：戴慧丽)

☙ **专家点评**

一个平面几何图形可以变成其他一样或不一样的多种几何图形，比如，圆形可以变成半圆。当然，圆形也可以变成三角形，但三角形变成圆形就难一些。通过写画或实际图形操作，幼儿可以感受图形分割的乐趣。如何把各类图形组合成一些物品，是件有趣的事，七巧板的趣味性就在这里。类似的几何图形活动，幼儿是很喜欢的，也发展了其空间表征能力。

★活动 8：模拟超市——认识球体(4～5 岁)★

🐦 活动目标

1. 通过观察比较，在操作活动中认识球体的主要特征。
2. 能结合自身生活经验，说出、找出与球体相似的物体。

🐦 活动准备

布置自选商场场景(皮球、乒乓球、苹果等)，人手一套小筐，橡皮泥。

🐦 活动过程

1. 模拟超市购物。

教师：小朋友，今天，我们要到超市去选商品，你们高兴吗？我们今天要选的商品是要可以滚动的。找到之后，请你们把它们放到自己的小筐里。

2. 幼儿第一次尝试。

(1)找出能滚动的物体。

教师：现在我来看看，你们选了些什么商品，这些会滚动的东西又有什么不同呢？大家一起去试一试，想一想。

(2)请幼儿在玩中观察、比较这些能滚动的物体有什么不同。

(3)请幼儿上前玩一玩、讲一讲，并指出哪些能向不同方向滚动。

3. 幼儿第二次尝试。

(1)观察比较，认识球体。

教师：(出示皮球、乒乓球与圆形纸片)请你们看一看、比一比、说一说，它们有什么不同？

(2)教师小结：皮球、乒乓球都是球体。

4. 巩固对球体的认识。

(1)请幼儿在周围找出与球体相似的物体。

教师：我们已经知道了什么叫球体，现在就请你们去把与球体相似的东西找出来吧！

(2)幼儿说说日常生活中与球体相似的物体。

教师：在我们的生活中，有没有和球体相似的物品呢？

(3)操作游戏：小小加工员。

(电话铃响)工厂的经理需要球体的商品，请小朋友帮忙来加工球体的产品。

(教师边说边示范)先把和好的泥土或橡皮泥搓圆，做好后还可以试着滚一滚，是不是能朝任何方向滚动。(幼儿尝试制作，教师巡回指导。)

❧ 活动延伸

教师和幼儿在制作区角内将找到的与球体相似的物品布置到展示角。

（设计者：孙志怡）

❧ 专家点评

球体是三维图形，平面上的球体照片与实物是不同的。为了让幼儿很好地理解球体，可通过分割的方法，像切西瓜，探索球体的内部构造。同样，采用泥工的方法可以知道球体是如何形成的。为了更好地理解球体的几何特征，可以跟正方体做对比。比如，正方体是不能滚的。在泥工活动中，先做一个正方体，尝试如何变成球体；或者相反，如何从球体变成正方体。从这两个相反的操作步骤中，幼儿可以很好地体会到几何体的变化规律和趣味。

★ 活动 9：机器人——辨认方位(4～5岁) ★

❧ 活动目标

1. 能正确辨别上、下、前、后、左、右等方位。
2. 能尝试运用比较完整的语言进行大胆的表达。

❧ 活动准备

与故事有关的图片，学具板 B。

❧ 活动过程

1. 故事导入。

(1)教师告诉幼儿：今天天气很好，有个机器人开着它的滴滴车出去玩。

(2)教师引导幼儿看看：路上有些什么？它们在机器人的哪里呢？

请幼儿说说"房子在机器人的后面(机器人在房子的前面)""警察叔叔在机器人的右边(机器人在警察叔叔的左边)"。

小结：我们可以用上、下、前、后、左、右来表示方位。

2. 初步辨认以自身为中心的方位。

(1)请幼儿说说自己身上的方位。

提问：你的鼻子(屁股、耳朵)在哪里？(在前面、在后面、在旁边。)

(2)游戏：机器人。

(请幼儿做机器人)当我按你们鼻子上的"按钮"，就请你们走到我的前面来；我按你们头上的"按钮"，你们就到我的后面来；我拉拉耳朵，你们就到我身体的两旁来。

3. 幼儿根据教师的动作或指令行动。

(1)教师转身，改变方向，只拉耳朵不说话。

提问：为什么有些人改变了站立的方向？

小结：改变了方向，旁边的人也跟着变了。

(2)多次游戏，师生共同验证正误。

🐦 活动延伸

在平时的时候，教师可以经常与幼儿做有关方位反应的游戏，或要求幼儿根据教师的方位指示进行排队；也可以给幼儿提供一些图片，让幼儿说说图片中各个事物的方位关系；还可以拿着学具板指一指东、西、南、北的方位。

(设计者：戴慧丽)

🐦 专家点评

左、右方位的认识比起上、下、前、后要难得多，幼儿在这方面经常犯错误。左、右是以自身为参照点，上、下是以天地为参照点，如果面对的是另一个人的方向，左、右对于这两人来说是相反的。练习在镜像中做动作，可以体会左、右，但跟现实的情况是反着的。通常，写汉字是用右手，记住这个事实，就清楚哪个是左手哪个是右手。现实中，当幼儿还有不能区分左、右的时候，大人不必急着去纠正。

★ 活动 10：量杯倒水——容积守恒(4～5岁)★

🐦 活动目标

1. 感知液体外形的变化过程，尝试理解外形的变化并不影响液体的量。
2. 感知液体量的守恒、量的词汇。

🐦 活动准备

1. 两个透明大量杯(有刻度)，盆里放大量有颜色的水。
2. 形态各异的透明容器(花瓶、鱼缸、酒杯、酒瓶等)若干，漏斗。

🐦 活动过程

1. 演示。

幼儿观看教师将有颜色的水倒入两个量杯的过程，并确认这两个量杯的水是一样多的。请幼儿读出量杯显示的刻度，例如，500毫升。

问幼儿，如果把其中一个量杯里的水倒进另一个容器，如鱼缸，会发生什么情况。水位增加？减少？让幼儿观察将一杯水倒入鱼缸，描述他们所看到的情形，并尝试解释为什么会这样（变浅）（分析：因为水变少了）。鱼缸里的水与量杯里的水一样多吗？将鱼缸里的水倒入量杯，以验证水量并没有变化。

2. 操作。

请幼儿设想，将量杯里的水倒入另一个容器，水大概会到什么位置，水位比量杯里的位置高还是低。

让幼儿将量杯里的水倒入细长花瓶，观察水的位置，看看谁估计的位置最接近实际情况。请估算最准确的幼儿讲他的理由。问幼儿花瓶里的水和量杯里的水一样多吗？有什么办法可以证实（将水倒回量杯，并与另一个量杯里的水比较）？

🐦 活动延伸

根据幼儿的兴趣多次反复，让幼儿体会水量并没有变化，只是容器外形特点的变化引起了水位的变化，并用自己的语言描述。

（设计者：贺蓉）

🐦 专家点评

对于年龄较小而不懂刻度含义的幼儿，可以在量杯上用彩色线标明位置，起到表示容量的作用。过程中可使用漏斗，以确保水不泼洒溅出，从而避免水量的减少。

★活动11：小猪过生日——等分(4~5岁)★

🐦 活动目标

1. 初步了解等分的含义。

2. 能够尝试把图形等分成两份，了解二等分的基本方法。

🐦 活动准备

"小猪过生日"的多媒体课件，蛋糕的不同分法的图片，长方形纸片，剪刀。

活动过程

1. 情境导入。

(1)播放生日歌，创设小猪一家为小猪过生日并要分蛋糕的情境。

(2)讨论：小猪家一共几个人？蛋糕至少要切成几块才能每个人都有？

(3)播放小猪提示的录音(我们每人要 1 块大小相同的蛋糕)，同时出示 3 张分好蛋糕的图片。

提问：哪张图片上的蛋糕的分法是小猪一家想要的？

小结：把一样东西分成大小相等的几份叫作等分。

2. 图形等分。

(1)教师出示一张长方形纸片并告诉幼儿要变魔术，同时引导幼儿猜猜教师要把这张长方形纸片变成什么。

(2)教师把长方形纸片对折，然后展开。

提问：长方形纸片上出现了什么？在这条折痕的两边是什么图形？

(3)教师用剪刀沿折痕把长方形纸片剪开。

(4)引导幼儿观察：长方形变成了什么图形？(正方形。)这两个正方形大小一样吗？

小结：长方形二等分变成了两个大小相同的正方形。

3. 幼儿操作。

(1)请每名幼儿把长方形纸片变成两个大小相同的正方形。

(2)交流分享，请幼儿尝试描述自己的操作过程。

活动延伸

鼓励幼儿思考在家里的情景，做什么事情会有等分，例如，切西瓜切成两半。

(设计者：姚继燕)

专家点评

教师可以让孩子在生活中尝试对事物进行等分。比如，在分发好吃的食物时，教师可以提出"每个人拿到的数量要相同"的要求，然后请孩子尝试把东西平均分发给每个人。也可以创设实物等分的情境，比如，"小兔子有 4 个萝卜，它的 2 个好朋友希望拿到的胡萝卜的数量相同，要怎么分呢？"让孩子在反复操作中掌握等分的相关概念。当然，等分不限于数量，很多是关于空间的。

★活动 12：机器人——图形组合、分解(5～6 岁)★

活动目标

1. 通过让幼儿反复对三角形、正方形、梯形、圆形等图形进行变化操作，引导幼儿发现图形之间可以相互变化和转换，它们可以变出不同数量的各种图形。

2. 培养幼儿利用各种图形拼接组合的能力和兴趣。

活动准备

三角形、长方形、梯形、圆形拼成的图(机器人)，幼儿人手一套各种图形的纸(可放于小纸袋中)。

活动过程

1. 出示图片。

师："小朋友们，你们知道老师手里拿的是什么吗?"(教师拿出图，背朝幼儿。)

"变!"一幅画展现在幼儿面前。

"机器人。"

"对! 那你看一看机器人是由什么拼成的。"

"由三角形、长方形……拼成。"

"好! 下面我们就来和图形做游戏。"

2. 操作练习。

(1)第一次尝试活动：观察、思考。

①请小朋友动脑筋，仔细观察机器人是由哪些图形组成的? (由圆形、正方形、三角形、长方形、梯形组成。)

②每种图形各有多少个? (圆形 6 个，半圆形 6 个，正方形 1 个，长方形 4 个，梯形 5 个，三角形 1 个。)

(2)第二次尝试活动：做折纸游戏，看图形的变化。

①发礼物：小朋友，上面的游戏，大家做得都很好，所以老师要奖励每位小朋友一份礼物(学具)。我知道大家都想看看袋子里面装的是什么礼物，好! 下面就请你们自己打开小纸袋(里面出现多种颜色的图形)。你们喜不喜欢呀?("喜

欢！")这些小图形呀，它们还有魔力，只要你用手折一折，它就会变成其他形状。不信，你们试一试。

②操作：动手动脑，感知图形变换。

A. 请幼儿动手变一变(折纸)。

B. 请幼儿说说变化的结果。

正方形变成了三角形、长方形。

圆形变成了半圆形、扇形。

长方形变成了三角形、正方形。

3. 结束活动。

师：小朋友，这些小图形好玩吗？("好玩！")那我们再把它贴在白纸上，它还会变成一幅精美的粘贴画，把这些画献给你们的爸爸妈妈吧！(师生共同享受动手制作的快乐。)

🕊 **活动延伸**

请小朋友回家后和爸爸妈妈一起找一找，你家里哪些东西是你认识的图形，比比谁找得又快又多。

(设计者：孙志怡)

🕊 **专家点评**

图形可以组合成很多物品，既可以发展幼儿的空间表征能力，又可以发挥幼儿的创造性。图形分解也可以看到图形之间的有趣变化，体会到几何整体与部分之间的变化之美。

★活动 13：分月饼、切蛋糕——四等分(5～6 岁)★

🕊 **活动目标**

1. 5～6 岁幼儿已经具备初步的等分概念，对一半、四分之一接触较多，通过分割圆或正方形等物体，让幼儿在操作中直观感受等分的意义，促进幼儿数学逻辑思维的发展。

2. 在分物品过程中初步感受面积守恒的现象，激发其数学兴趣。

🕊 **活动准备**

月饼，圆形蛋糕(方形或圆形)，塑料刀。

🕊 活动过程

1. 分月饼。

(1)中秋节来临，教师给小朋友带来了美味的月饼，并坐在一起赏月、吃月饼。

(2)教师请幼儿把一个月饼分给其他小朋友吃。幼儿用刀切割月饼，等幼儿切好后，问幼儿月饼没切开时和切开后大小一样吗。请幼儿将月饼重新拼起来，感受面积守恒。请幼儿将切好的月饼与其他的小朋友共同分享。

2. 切蛋糕。

(1)今天是某位小朋友的生日，教师可以和幼儿一起将蛋糕对切，分成两半，变成半圆；再将蛋糕对切分为四分，感受四分之一圆；接着再斜着切两刀，分成八份，感受等分。

(2)分好蛋糕后，请幼儿思考蛋糕切开前和切开后，大小改变了没有；然后将蛋糕重新组合起来，感受形状改变但面积守恒的道理；最后可以和其他小朋友一起分享蛋糕。

(3)当然还有一种方法，可以让幼儿先数数小朋友有几人，然后根据人数来等分蛋糕，一起分享美食。

🕊 活动延伸

让幼儿进一步思考，一个月饼如果三个人吃，该如何等分呢？通过目测或实际操作，来体会三等分的意义。不必要求幼儿能精确三等分，只是鼓励幼儿去体验。

（设计者：范向莲、邱静静）

🕊 专家点评

蛋糕不宜太小，感受等分时大致等分就可以，不必十分精确。游戏中只要求幼儿知道蛋糕切开前与切开后大小不改变就可以了，不必强求幼儿牢记"面积守恒"等概念性词语，否则，反而会混淆幼儿思维。幼儿也可以用沙子进行此类游戏，见图 5-35。

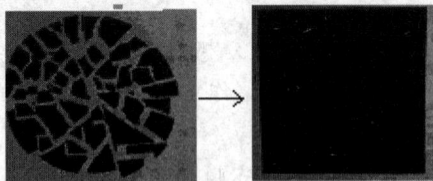

（提示：可鼓励幼儿用同样多的沙子，保持水平面一样平，由圆形变成方形。）

图 5-35 化圆为方

★活动 14：字母与数字——旋转与镜面(5～6 岁)★

🐦 活动目标
让幼儿感受不同角度下数字和字母的旋转，了解镜面中数字或字母的样子。

🐦 活动准备
字母"R"图片，数字"6""9"的图片，镜子。

🐦 活动过程
1. 旋转数字"6"。

将数字"6"用钉子钉在木板上，让幼儿进行不同角度的旋转，注意在旋转45°、90°、180°和240°时，数字的朝向是怎么样的。将每次翻转的图案写在白纸上，并列成一行，感受数字"6"翻了一个跟头往前移动的情境。

2. 旋转数字"9"。

数字"9"采用同样的方法进行旋转的时候，跟每个角度下的"6"所形成的图案进行对比，感受两者的不同。将两个数字不同角度下的图案制作成图片，混在一起，让幼儿判断数字是"6"还是"9"。

3. 镜面中的字母"R"。

将字母"R"放在镜子面前，看一下镜子里面呈现的字母是什么形状，并描画在纸上，将字母和描画在纸上的图案放在一起对折，看两者是否重叠。

🐦 活动延伸
要求幼儿感知，也许不能正确地描述，但是可以增加其感官体验。

(设计者：孙敏)

🐦 专家点评
物体旋转了，视觉成像的角度变了，但物品本身没有变。而镜像则是左右反转，在镜子里，可以让幼儿体会这种空间镜像。类似的活动，不仅十分有趣，也可以极大地提升幼儿的空间表征能力，为幼儿以后学习几何积累丰富经验。

★活动15：橡皮泥——拓扑几何(5~6岁)★

🐦 活动目标

1. 通过橡皮泥随意捏出各种封闭的或开放的图形，体会封闭图形的含义。
2. 制作不同图形的两两位置，体会3种拓扑关系。

🐦 活动准备

橡皮泥，拓扑关系图3张。

🐦 活动过程

1. 感知图形封闭与开放。

幼儿人手一份橡皮泥，现在将橡皮泥捏成各种图形，例如，三角形、圆形、不规则的封闭图形，以及未封口的线条，并将自己捏好的图形画下来，看看两部分图形的区别是什么。

2. 感知3种拓扑几何关系。

(1)相交关系。

出示给幼儿相交关系图。

相交的两个图案，表示两者有重叠的部分。可以在地面上画图5-36这样的图形，分配幼儿站进图形里。长头发、戴眼镜的站在长方形里面；短头发、戴眼镜的站在椭圆形里面；不戴眼镜的站在两者中间。

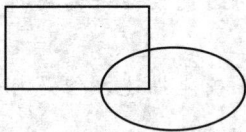

图5-36 相交关系

(2)包含关系。

包含的两种图形，表示一个图形全部包含在另外一个图形里面。可以在地上画图5-37这样的图形，分配幼儿站进图形里。戴眼镜的站在长方形中，戴眼镜、短头发的站在椭圆形中，这样，椭圆形的属性完全包含在长方形中。

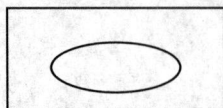

图5-37 包含关系

（3）分离关系。

分离关系表示两个图形的属性，没有重叠的部分，两者是完全独立的。可以在地面上画图5-38这样的图形，分配幼儿站进图形里。戴眼镜的站在一边，不戴眼镜的站在另一边，通过实际活动让幼儿感知分离关系。

图 5-38 分离关系

☞ **活动延伸**

试着发现生活中的拓扑关系，并进行描述。例如，眼睛是在脸上的。小的幼儿会把眼睛画在脸外边，说明他不具备拓扑关系的理解。

（设计者：颜冬艳）

☞ **专家点评**

拓扑几何也叫橡皮几何，只要是封闭图形，不管如何边边角角地变化，其拓扑性是不变的。正方形、长方形、圆，其拓扑性是一样的。一个橘子，皮里面包着核，即使压瘪了橘子，其拓扑关系仍是不变的。可让幼儿在生活中慢慢体会拓扑几何的性质和道理，不需要讲太多道理，幼儿也会理解很多知识的。

★ 活动 16：大树的影子——射影几何(5~6岁)★

☞ **活动目标**

在不同的时间测量影子，感知影子的长短和方向随太阳方位的不同而变化。

☞ **活动准备**

卷尺若干，地面平整的户外场地。

☞ **活动过程**

1. 感知影子。

指导幼儿学习用尺子测量影子的方法。请幼儿感知在不同的时段太阳的位置（例如，上午9:00，中午12:00，下午3:00），在不同的时间，影子出现在身体的什么方向。

2. 实际操作。

结伴到操场测量同伴的影子，并进行记录。关注影子的长短、方位。感受随着时间变化，太阳的位置在变化，影子的方向和长度也在变化。

3. 交流讨论。

在老师帮助下，呈现影子记录的情况，分析 3 次测量的不同结果，讨论影子长短和时间与太阳位置的关系，发现其内在规律。

🐦 活动延伸

就某一棵树，在晴天时固定几个时间点来测量树的影子，推测影子的长短和方位与太阳运转的关系。

（设计者：单光耘）

🐦 专家点评

射影几何有其特定的含义，有棱角的物体，其影子在原来形状上会有所变化。让幼儿多感受测量的过程，关注每天时间变化与太阳升落是有联系的，同时，一个影子的长短也会有规律地变化。幼儿在画这些影子时，不要求太准确，只要能表现出一些意思即可。

★活动 17：太阳的影子——射影几何(5～6 岁)★

🐦 活动目标

1. 通过观察影子，体会太阳直射下，物体形状会有哪些变化。

2. 发现规律，太阳升高时，影子变短。

🐦 活动准备

1. 几种透明材料：玻璃纸、蜡纸、有机玻璃、手绢等。

2. 几种不透明材料：硬纸板、木板、图书等。

🐦 活动过程

1. 找影子。

带领幼儿在阳光下或灯光下找各种影子，例如，树、房子、运动器具等物体的影子。

2. 做姿势，看影子。

让幼儿在太阳底下做各种姿势，也可提供给幼儿一些简单道具，例如，帽子、头饰、枪、鼓等。引导幼儿观察地上影子的变化，并鼓励幼儿在生活中找找还有哪些影子。

3. 记录影子。

在晴天，带领幼儿在不同的时间到场地上观察物体的影子，并做记号，引导幼儿比较同一物体在不同时间出现的影子的方位及其大小的不同变化。

4. 讨论影子。

观察太阳升落，说说什么时候大树的影子最长，什么时候大树的影子最短。

❧ **活动延伸**

找一些不同的几何体，在太阳光或直射灯照耀下，影子落在平面，各种几何体的影子是什么样子。

（设计者：卢瑾）

❧ **专家点评**

影子产生的条件：物体挡住了光，就有了影子。太阳的光，当光线低斜时，影子就长，这是因为物体阻挡了更多的光线。当光线位置较高时，影子就短，这是因为物体阻挡了较少的光线。让幼儿在生活中关注各种影子，体会射影几何的趣味。

★活动 18：多彩的地球——认识大空间(5～6 岁)★

❧ **活动目标**

感知地球上多种地形、地貌。

❧ **活动准备**

各种地形、地貌的图片，模型图，幻灯片。

❧ **活动过程**

1. 展示，讲述。

今天，老师将带领小朋友们进行神秘之旅，发现地球上各种有趣的地形、地貌，感受大自然奇特的自然景观。

（先呈现地球的太空图片）现在开始旅行啦，小朋友们骑着哈利·波特的魔法扫帚，我们看到汪洋的大海，大海深处有各种各样的小鱼在游来游去，地面是高低不同的，有沟壑，有高山。

接着，我们看到地面上挺拔的高山，上面被皑皑白雪覆盖，还有一些被绿色植被覆盖的高山，里面有许多小动物。连绵的山脉背后有幽深的湖泊，像镜子一样明亮，印着我们飞行的影子。你们看，还有一望无垠的平原，丘陵上的梯田，漫天飞舞黄沙的沙漠……（可以呈现地球上的一些奇观，引发幼儿学习的兴趣。）

2. 回忆旅行。

与幼儿交流讨论，去过些什么地方，见过什么，例如，黄山、长江、草原、沙漠等。讲述地貌、地形的特征，感觉大自然的空间美。同时可以询问幼儿，还去过哪些地方，跟其他幼儿分享一下感受。

3. 观察模型。

准备立体地球模型，让幼儿来寻找和体会不同地貌，看看上面的高原、河流、平原等。

🐦 **活动延伸**

带领幼儿到附近的公园，有假山，有湖水，有小桥，让幼儿认识一下现实世界中的各种地形，感知不同地形特征地貌的不同。

（设计者：孙敏）

🐦 **专家点评**

地形、地貌属于大空间范畴，通过相关活动可以让幼儿了解地球的复杂性、多样性和大自然的神秘。了解看到的大自然，再与地形图、地图等对应起来，可锻炼幼儿关于地理的空间表征能力，增强对地球的探索精神（见图5-39）。

（提示：距太阳由近到远的八大行星：水星、金星、地球、火星、木星、土星、天王星、海王星。）

图5-39　太阳系：球体与旋转

★ 本章附录 ★

球体：与定点的距离等于或小于定长的点的集合叫作球体。

圆柱：以矩形的一边为轴，使矩形旋转一周所成的立体。圆柱的体积等于底面积乘高。

长方体：由六个长方形构成的柱体，邻接的面的角度都是直角的六面体。

下面都是些什么物体？是什么形状？

柱子　垃圾桶　西瓜　洗衣机　乒乓球　篮球

足球　罐头　地球仪　礼品盒　骰子　纸巾盒

笔筒　饮料　灯笼

书　热气球　储物盒　魔方

球体＿＿＿个　圆柱体＿＿＿个　长方体＿＿＿个　正方体＿＿＿个

3～4 岁：说说物品的名称，找一找你喜欢的物品，感知形状。

4～5 岁：感觉形状的不同，并进行分类。

5～6 岁：比较不同形状物体的共同性和不同性，数数各种形体分别有多少个。

数学挂图 5-1　逛超市——立体 【模块 2：几何与空间】

（设计者：王天爽）

图形变式：图形的整体变化，像三角形，大小、形状、位置等形式变了，但本质不变，仍是三角形。

小猪要回家，在回家的路上会遇到哪些图形呢？必须按照同类图形走，如何走回家？

3～4岁：认识梯形与三角形的不同，感知路线。

4～5岁：知道三角形和梯形的各自特征，体会路线的长短不同。

5～6岁：了解图形的性质，知道空间路线，知道哪条路最近，并说出理由。

数学挂图 5-2　小猪回家——图形变式　【模块 2：几何与空间】

（设计者：杨玉芬、顾小菡等）

圆：平面上到定点的距离等于定长的点的集合叫作圆。现实中圆的物体大都是球体、柱体等。

看一看：圆圆的摩天轮转起来，你看见圆了吗？

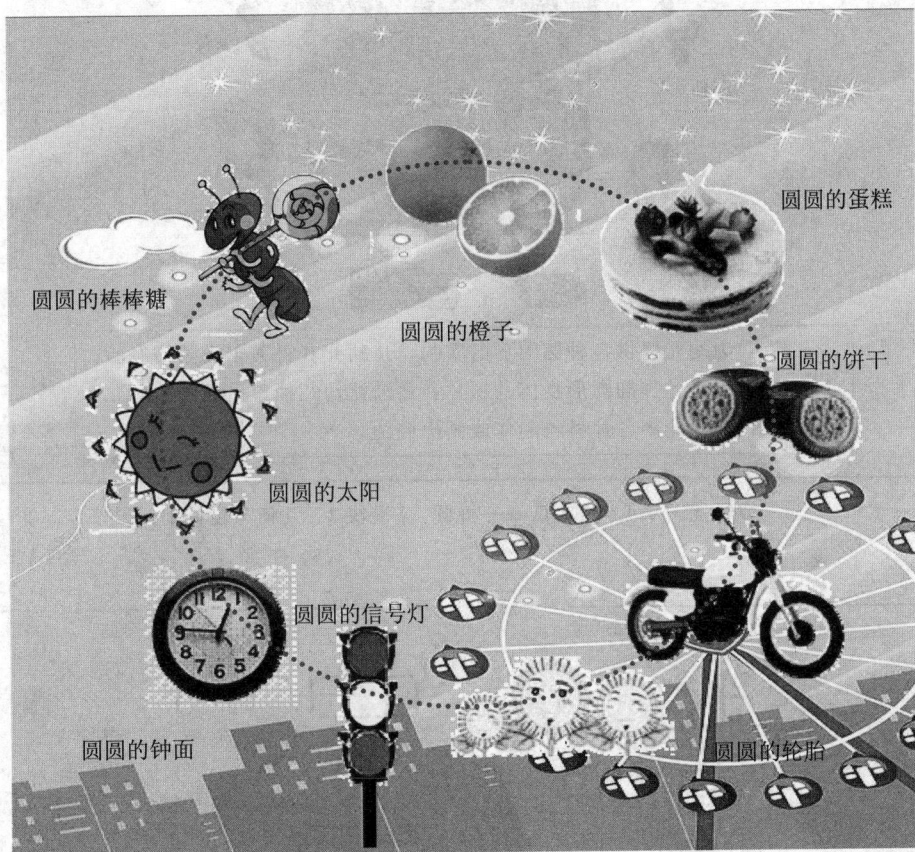

圆圆的棒棒糖

圆圆的蛋糕

圆圆的橙子

圆圆的饼干

圆圆的太阳

圆圆的信号灯

圆圆的钟面

圆圆的轮胎

3～4 岁：为幼儿提供各种圆形的实物，让幼儿获得关于圆的经验。

4～5 岁：为幼儿提供各种圆形物体的图片，逐渐让幼儿抽象出圆的概念。

5～6 岁：让幼儿用各种材料制作或画出圆及相关物品，不求完美，注重过程。

数学挂图 5-3　圆的世界——圆与球　【模块 2：几何与空间】

（设计者：杨玉芬、卢瑾）

椭圆：平面上到两定点的距离之和为常值的点的集合。

找一找：我们的身边也有很多东西是椭圆形的。

球拍　商标　音符　仙人掌　时钟　镜子　盘子　鸡蛋

3～4岁：为幼儿提供各种椭圆形的实物，让幼儿获得关于椭圆的经验。

4～5岁：提供各种椭圆形物体的图片，逐渐让幼儿抽象出椭圆的概念。

5～6岁：让幼儿用各种材料制作或画出椭圆。

数学挂图 5-4　哈密瓜——椭圆 【模块 2：几何与空间】

（设计者：杨玉芬、卢瑾）

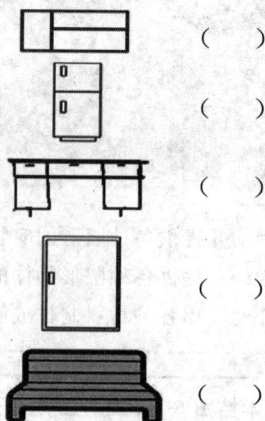

你看到了几个三角形？（　）（　）（　）（　）（　）

你看到了几个长方形？（　）（　）（　）（　）（　）

续

> 3～4岁：说说三角形与长方形的不同，提供材料让幼儿获得形体的经验。
>
> 4～5岁：感知不同图形可组成有趣的物体，体会图中图。
>
> 5～6岁：让幼儿数数图中隐藏的三角形和长方形，体会空间图形的内在性。

数学挂图 5-5　隐藏的图形——空间表征　【模块2：几何与空间】

（设计者：王丹丹）

1. 动物的影子不见了，用线连一连。

狗　　猴　　猪　　乌龟　　河马　　恐龙

2. 看一看：什么时候大树的影子最长？什么时候大树的影子最短？

6:00　　8:00　　10:00　　12:00　　14:00　　16:00　　18:00

> 3～4岁：和幼儿一起在太阳下观察自己的、房子的和大树的影子。
>
> 4～5岁：利用手电筒的灯光，在较暗的室内观察光源、物体和影子的位置关系。
>
> 5～6岁：尝试改变光源的位置，观察影子的长度的改变。

数学挂图 5-6　有趣的影子——射影几何　【模块2：几何与空间】

（设计者：赵志远）

　　地球从赤道可以分为南、北两个半球，由于地球的公转，北半球和南半球的季节正好相反。

　　北极是地球自转轴的北端，北冰洋是一片浩瀚的冰封海洋，代表动物是北极熊。

　　南极洲是地球上最后一个被发现、唯一一个没有土著居民的大陆，全部被巨大的冰块所覆盖，代表动物是企鹅。

北冰洋
北极熊

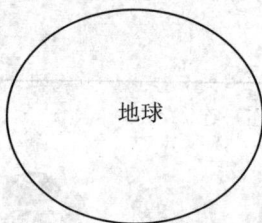
地球

南极洲
企鹅

地球南、北极及其自然风光

高山

大海

平原

丘陵

　　地貌即地球表面各种形态的总称，也叫地形。地表形态是多种多样的，是内、外力地质作用对地壳综合作用的结果。内力地质作用造成了地表的起伏，控制了海陆分布的轮廓及山地、高原、盆地和平原的地域配置，决定了地貌的构造框架。

3～4岁：观察、认识各个图，说说对大空间的感受。

4～5岁：在观察中，联系数学元素，例如，南、北、东、西、球、高、矮、平等。

5～6岁：进一步了解地球和地貌，体会大空间，并联系自己所生活的地区的地貌进行讨论。

数学挂图 5-7　地球地貌——大空间意识　【模块 2：几何与空间】

（设计者：孙敏）

两可图：看下面的第一组图形，你会看到什么？

不可能图：你能用手指顺着轮廓将它们的每条边指一下吗？想一想它们可能存在吗？为什么？

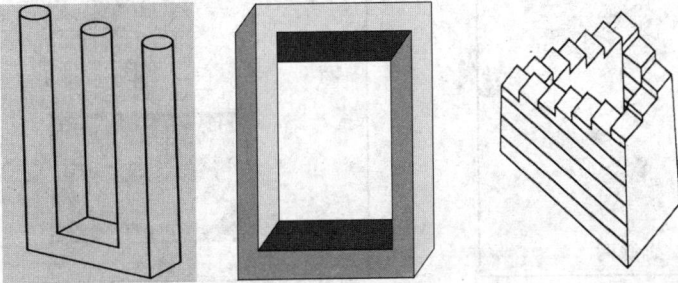

3～4 岁：观察各个图，说说感觉。

4～5 岁：尝试知觉的作业，说说结果。

5～6 岁：对观察结果可进行一定程度的验证，或讨论一下原因。

数学挂图 5-8 两可图和不可能图——图形知觉 【模块 2：几何与空间】

（设计者：李灿灿）

海螺

各种形态的海螺

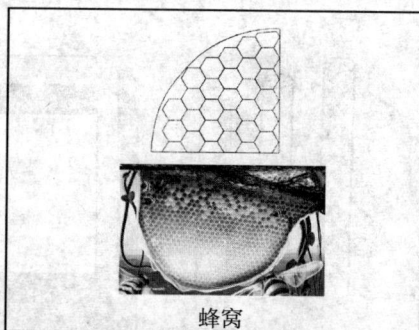

蜘蛛网

蜂窝

3～4岁：观察各种图形，是否在生活中见过这些东西。

4～5岁：认知、感受形状，看看形状的变化有什么规律。

5～6岁：充分想象图形的变化，可尝试用手画一画，体会数学几何的美妙。

数学挂图5-9　大自然的美妙——自然几何　【模块2：几何与空间】

（设计者：孙敏）

第六章

模块 3：逻辑推理

逻辑是满怀信心地走错路的艺术。

——莫里斯·克兰

★本模块学习与发展的目标★

3~4 岁
能按事物的表象特征和属性进行一一对应和分类；能感觉简单、有规律的排序，对式样有初步的感知。

4~5 岁
能按事物的不同特征进行多维度分类；可以根据图形的排列规律进行简单的延续。

5~6 岁
能发现事物简单的排列规律，并尝试创造新的排列规律；感知简单的传递推理和数值推理。

（依据《3~6岁儿童学习与发展指南》制定）

第一节 "逻辑推理"的理论解析

一、 幼儿的推理

(一)推理的含义

推理(reasoning)涉及人们的思考过程和隐藏在问题分析背后的思考步骤,是一种利用合理性、批判性思维进行运算,形成推论或得出判断的行为。推理是一种合逻辑的、合理的分析思维能力,从数学意义上讲,就是做出最恰当的定义。

★小贴士:推理★

推理是思维的核心,它是从一个或几个已知判断中推导出新的判断。经过训练,60%的5～6岁幼儿能进行简单的归纳推理和演绎推理,90%的5～6岁幼儿能进行简单的类比推理。

推理是数学思维的一个至关重要的因素。数学即推理,谁都不能离开推理来做数学题(NCTM,1989)。全美数学教师协会(NCTM)课程标准,把批判性思维规定为数学课指导思想的中心内容。在这个标准中,即使对幼儿也要求他们学习对问题的解释、判断和解决本领。教师问幼儿,"为什么这是个正确的答案呢?"或者,"如果你用了别的材料,你觉得还会得到相同的答案吗?"这样,幼儿有机会用各种方法对自己的推测、思考过程和结论进行验证。

(二)幼儿推理的特点

儿童的逻辑推理能力随着年龄的增长有戏剧性的变化(皮亚杰,1964)。幼儿能够进行具体事物的推理,但对于理论的陈述却不能胜任。幼儿在操作实物时,只有达到一个成熟的发展水平,才能系统地考虑所有逻辑上的可能性。但研究显示,皮亚杰低估了幼儿的逻辑能力(Baroody,1993)。幼儿记忆原始关系时,已能够进行转换推理(Bryant & Trabasso,1971)。幼儿认识到,转换推理中,概念从一个情境转向另一个情境。大一些的幼儿也能尝试一些演绎推理,像"如果……那么……"的思维或者"排他法"的思维。

幼儿推理包含了非正式的思考、推测和确认，这对于数学学习是有意义的。为了让幼儿有效进行思维和展示自己的思考过程，应当给予幼儿各种各样的可操作材料(见图6-1)。推理能力不是孤立发展的，它源于对经验的总结。这些经验让幼儿确信学习数学是有意义的(NCTM，1989)。

一些与推理有联系的关键词对于分类过程很重要(Baroody，2001)，例如，"所有的""一些""不是""和""或""如果"。这些词能帮助幼儿思考推理的目的和物体的属性。教师可提供具体材料，让幼儿在自然环境中使用这些描述性词语。幼儿学习数学时，应不断应用推理。教师要鼓励幼儿解释他们结论背后的推理过程，鼓励他们验证，为什么解决问题的独特方法是正确的？教学中要强调，推理的主要目的是使幼儿能够自己得出问题的结论。幼儿需要亲自证明自己陈述的结论是正确的，而不是一味依赖教师的帮助。

(三)幼儿推理发展的一般趋势

相玉英(1983)用"玩具得奖"游戏的方法，要求儿童进行四步实验：前两步主要运用归纳推理；后两步主要运用演绎推理。结果表明：儿童推理活动的内容和形式不同，但表现出共同的发展趋势，简述如下。

1. 推理过程随年龄增长而发展。

3岁组幼儿基本上不能进行推理活动；4岁组幼儿推理能力开始发展；6岁组幼儿大部分(平均为75%)可以进行推理活动；7岁组幼儿全部可以进行推理活动。

2. 儿童推理方式的发展是由展开式向简约式转化。

所谓展开式，是指推理是一步一步进行的，比如，通过对3套玩具进行分析比较，逐步排除非本质特征的干扰，推理过程进行缓慢，主要通过外部的语言和动作表现出来。所谓简约式，是指幼儿的推理活动是独立而迅速地在头脑中进行的。展开式的推理过程在5岁以前迅速发展。5岁以前的推理以展开式为主；6岁开始，简约式占优势。

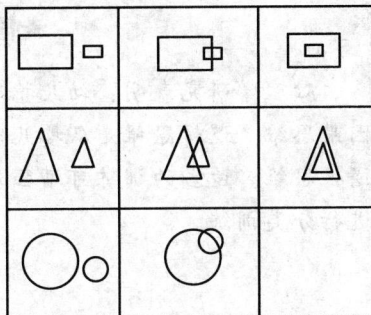

(提示：答案 ◎ 。)

图6-1 找规律，填空白

★信息栏 6-1：幼儿推理★

心理学研究表明：幼儿推理是幼儿对熟悉的事物与可视、可触的事物进行的因果思维。逻辑思维是从婴儿时代长期、稳定成长起来的，5 岁幼儿已经具有可逆性思维。适当的训练可增强幼儿的逻辑思维能力，例如，针对 3 岁和 4 岁幼儿进行分类训练。

(四)推理活动及教学指导

1. 直觉推理。

数学问题开始于人们的直觉推测，这种推测被称作直觉推理。幼儿很小就能进行直觉推理。幼儿专心于数学解答的意义和数学问题解决的思考，就是在使用推理技巧。直觉推理是建立在事物的表象和假设的基础上，在问题解决中起重要作用。直觉推理一直以来都是数学和科学得以进步的基础。这类直觉推理的运用必然会涉及人的洞察力及有关的数学知识。比如说，两条线中哪条线更长些？如果只关注表象的话，一条线看上去可能更长一点，但事实上两条线一样长。

直觉推理可能会造成误导，因为并非所有的信息都是显而易见、容易获得的。教学中鼓励幼儿使用这种推理方式是非常重要的，但是要注意强调"为什么""怎么会"。教师可问幼儿，比如，"你是怎么得出那条线长一些的结论的？"或者"为什么你觉着那条线长一点？"直觉推理得出的结论还需要通过收集数据或通过演绎性逻辑推理来证实。

★信息栏 6-2：传导推理★

儿童最初的推理是传导推理。传导推理是从一些特殊的事例到另一些特殊事例的推理，这种推理不是逻辑推理，而是前概念推理。

皮亚杰指出，2 岁儿童已经出现传导推理。传导推理是从个别到个别的推理，其中没有类的包含，没有类的层次关系，没有可逆性。例如，一名刚满 2 岁的女孩，在应该睡觉的时候不想睡，要求父母把卧室的灯开着，并和她说话。她的要求被拒绝了。过了一会儿，父母突然听到孩子的尖叫声，急忙跑进卧室去看。孩子说，她拿了架子上的娃娃，而这是睡觉时被禁止的动作。可是父母一看，她实际上什么也没有动。皮亚杰认为，这是孩子在生活中的一种推理："如果我做了坏事，他们就会来开灯，并且和我说话。"这种推理是依靠表象进行的，是超出了直接感知范围的思维活动。

这一类型的推理在3～4岁幼儿身上是常见的。例如，一个小孩在动物园里看到梅花鹿时问妈妈："如果天天往它头顶上浇水，那树枝一样的鹿角一定能长出树叶来，是吧？"

4～5岁幼儿也还会出现这种推理。例如，幼儿认为："世界上最骄傲的动物是金鱼，因为它总是摇头晃脑。"

2. 归纳推理。

归纳推理是从个别知识得出一般结论的推理，涉及个体对事物规律的感知（Baroody，1993）。幼儿在使用这种推理方法的时候，试图寻找存在于一组事物中带有普遍性的东西，或者寻找一种模式。某一类事物外形有什么共同特点吗？幼儿分析这些形状的时候，就是在使用归纳推理。然而，单单使用归纳推理并不能证明结论是否正确，因为它不能涵盖一个概念的所有方面。根据某些特定的事例，使用这种推理方式能产生正确的结论，但是无法保证这个结论适用于任何场合。

寻找某种关系或模式，或者寻找某种规律，这是数学学习的核心（Baroody，1993）。但要用归纳推理证明某个数学公式，这个推理就必须适用于所有的范例，或者必须在大量的问题情境和样本中进行试验。另外，在归纳推理教学时，所用例子最好是幼儿所熟悉的，与生活息息相关的。

★小贴士：归纳推理★

尝试做以下题目时，找出各自的推理结果。

例1：鹰是鸟，有羽毛；猫头鹰是鸟，有羽毛；燕子是鸟，有羽毛；黄鹂是鸟，有羽毛。所以，所有的鸟都有_____。

例2：$3+0=3$，$4+0=4$，$5+0=5$，…，所以一个数加上0，结果还是_____。

（答案：羽毛；这个数。）

3. 演绎推理。

所谓演绎推理，就是从一般性的前提出发，通过推导（"演绎"），得出具体陈述或个别结论的过程。演绎推理最简单而典型的形式是三段论。三段论是由三个判断、三个概念构成，每个概念出现三次，是从两个反映客观事物的联系和关系的判断中推出新的判断。

乌利彦柯娃(1958)研究了 3～7 岁儿童三段论式逻辑推理的发展，认为其年龄段可分为以下 6 个阶段。

阶段 1：不会运用任何一般原理。自己对于物体沉浮的理解不提任何论据，或只提出一些极为偶然的论据。

阶段 2：运用了一般原理，试图引用一些从偶然特征上做出的概括来论证自己的答案。

阶段 3：运用了一般原理，这些原理已经能在某种程度上反映事物本质的特征，但只是近似的、不准确的，不能概括一切可能的个别情况，因而还不可能做出正确结论。

阶段 4：不说明一般原理，却能正确而自信地解决问题。

阶段 5：会运用正确反映现实的一般原理，并能做出恰当的结论。

阶段 6：经过专门教学，能够正确运用三段论式的逻辑推理。

进行演绎推理的时候，要仔细分析影响此种思维方式的因素。例如，任何数字后面都可以加上"1"，基于此可以得出结论：没有最大的数字，因为数字序列可以无限延伸。再如，凡是 6 条腿的动物都是昆虫，蜘蛛是 8 条腿，所以它不是昆虫；凡是鱼都用鳃呼吸，用鳍游泳，墨鱼是喷水式运动，所以它不是鱼；凡是鸟类都有羽毛，蝙蝠没有羽毛，所以它不是鸟；凡是交通工具都能长距离运送人和物体，骆驼能驮东西，所以骆驼在特定环境里是交通工具。思维训练案例可见图 6-2。

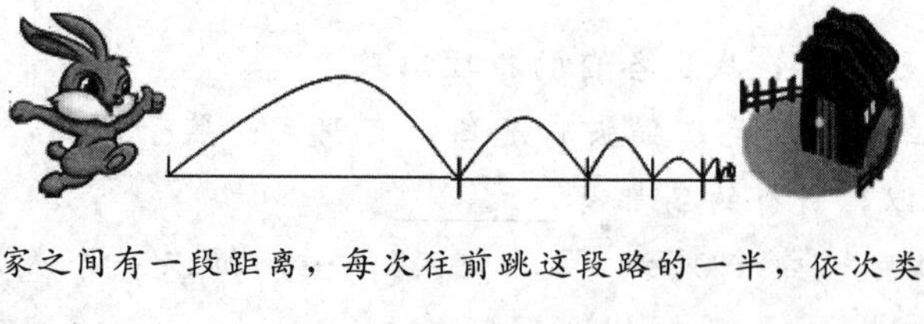

（提示：小兔和家之间有一段距离，每次往前跳这段路的一半，依次类推，它需要跳多少次才能跳回家？）

图 6-2 小兔回家

4. 类比推理。

类比推理也是一种逻辑推理，在某种程度上属于归纳推理，是对事物或数量之间关系的发现与应用。例如，耳朵—听，眼睛—看。查子秀等(1984)认为，3～6 岁儿童已经具有一定水平的类比推理。各年龄段儿童的表现如下。

(1)3 岁儿童，还不会进行类比推理，作业中不回答或随意乱答，或错误回答。

(2)4 岁儿童，类比推理开始发展，水平很低，有时选择正确，但不清楚选择的理由。这个年龄段的儿童根据两种事物之间外部功用或部分特征进行初级形式的类比推理（见图 6-3）。例如，不少人对"水果/苹果，文具/?"的类比项目，虽然能够正确选择"铅笔"，但他的理由是看见文具图片中有一支铅笔，认

（提示：1 个哈密瓜等于 8 个苹果。）

图 6-3 水果换算

为"铅笔跟铅笔（文具中的）是一块儿的"或"铅笔也是写字用的"，而没有理解"苹果是水果中的一种"，不是基于对"水果/苹果是种属关系"的理解，来类比"铅笔是文具的一种"，从而推断出应该选择"铅笔"。因此，这个阶段的儿童的类比推理还不能算是真正的类比推理，只能说是萌芽状态。

(3)5 岁和 6 岁儿童，大体上能看到两图形之间次要的（笼统的）不同，或依据两物之间外部的（次要的或局部的）关系，部分儿童基本上理解两图形（两物或数）之间的关系，但没有达到较高级水平。

训练幼儿从特殊到特殊的推理，可以利用画面的各种逻辑关系：种属关系、整体与局部关系（见图 6-4）、相反关系、演化关系、场所关系、功用关系、因果关系、组合关系、并列关系。例如，根据种属关系，对沙发和家具、电视机和家用电器、碗和餐具、裙子和服装等，让幼儿摆出相应的布置。还可以联想生活中的种属关系，例如，猫和家畜、狮子和野兽、春天和季节、天安门和建筑物、交通场所和天空等，对幼儿进行训练。

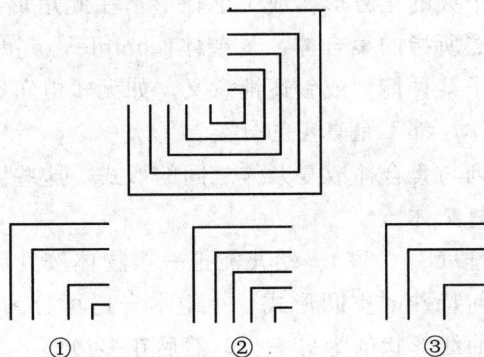

① ② ③

（提示：答案为②。）

图 6-4 补全图形

147

二、 分类与序列

分类与序列是两种促进演绎推理的重要活动。这些简单的推理活动，有助于逻辑语言的形成，并为更成熟的思维奠定基础（Linder，1993）。

（一）分类

1. 分类的含义。

分类（classification），是根据事物间的异同关系而形成各类组（Sovchik，1989），它同时涉及分组（sorting）与组合（grouping）两个反向的过程。在分类中形成类别，以及处理类别内与类别间的关系，可促进幼儿的逻辑思考，这是数学推理的基础。

2. 儿童分类的发展阶段。

皮亚杰曾以一些五颜六色的木质、塑胶平面几何图形，让 3～12 岁儿童进行分类作业，结果发现儿童的分类发展有三个阶段或水平。

（1）图形聚集阶段（3～4 岁）。处于分类发展第一阶段的幼儿不是按照逻辑类别分类的，而是依据知觉属性进行选择。

一是表现为聚集一些图形，分类无整体计划，有时注意到物体间的相似性，有时却毫无相似性可言。

二是幼儿以连续排列直线呈现图形，但分类没有一个持续性特质作为标准。

三是表现为集合体和复杂体。集合体是指各部分联结在一起，组成一个统一的图形。例如，将 3 个大的正方形构成 1 个矩形，在此矩形三边外缘分别加上 3 个小正方形，即皮亚杰所指的集合体。复杂体（complex objects），是指儿童所排列出来的图形，被赋予某种情境或叙述性意义，如无轨电车、埃菲尔铁塔等。无论是集合体还是复杂体，都不是真正的分类。

四是介于按线排列与集合体或复杂体之间的形式，这些图形既不是完全的线列，也不是集合体或复杂体。

（2）非图形聚集阶段（5～7 岁）。幼儿能把一组物体按其属性（特质）区别为几个小组，各小组无任何特殊的空间形式，小组本身还可分为更多的小组。例如，多边形状的为一类，曲线形状的为另一类；然后在多边形下又细分为正方形与三角形两个层级类别，曲线形状下也细分为环形与半环形两个层级类别。

★数学游戏 6-1：动物晚会★

1. 类别。

比较大小。

2. 材料。

图片：画有大小不同的衣服 4 件，高矮不同的小动物 4 只。

3. 过程。

(1)教师先请小朋友认认、比比，看看哪件衣服大，哪件衣服小。

(2)用同样的方法请幼儿比比动物的大小。

(3)今天，森林里的小动物们要开晚会，小动物们都来参加了，请你帮助它们挑选一下自己的衣服好吗？让幼儿用连线的方式将衣服和小动物进行配对。

4. 提示。

(1)通过比较不同动物和衣服的大小，培养幼儿目测比较大小的能力。

(2)教师根据幼儿的能力和前期经验灵活调整难度，比如，要是幼儿能力较差，可以选择 3 只动物进行配对练习。

(3)活动中教师要多鼓励和启发幼儿。幼儿如果选错了，要引导他进行选择，不要批评，让幼儿保持较高的学习兴趣。

　　幼儿能做上下层级分类，却不能理解分类的真正意义，即"层级包含"(class inclusion)关系。理解层级包含关系是指知道一个集合里的元素，如何与其上层集合以及其所包含的下层集合相关。至于为什么 3～5 岁幼儿无法理解层级包含关系，依据皮亚杰的解释是：当一个整体被分为两个部分集合时，他无法同时思考大的整体与分出来的部分，其焦点集中在可见的、已被分割的部分，原来的整体却被忽略了。

　　(3)理解分类意义阶段(8～12 岁)。8～12 岁儿童能做上下层级分类，也能理解层级间的包含关系，是真正理解分类的阶段。儿童能去中心化，也能逆向思考，同时也能思考整体与部分的关系。

　　3. 幼儿常见的分类活动。

　　(1)感官分类活动。用嗅觉、听觉、味觉、触觉进行各种分类活动。例如，蒙台梭利的听觉筒可以用来做感官分类活动。

★小贴士：自制发声筒★

　　收集相同尺寸的塑胶瓶，如果是透明的，用相同的有色纸包起来，让幼儿看不见里面的东西。再将 6 个筒盖贴上红色纸，另外 6 个贴上蓝色纸。找出 6 种轻重、大小不同的东西，例如，豆子、胡椒、米、茶叶、糖、盐、沙子、碎石等，装进筒子里摇动，然后等量地分别装进两组不同颜色的筒子里。两组筒子经摇动后，发出 6 种不同音高的声音。再找 1 个大盒子，放下这 12 个发声筒。教具发声筒的制作就完成了！

　　(2)自由分类活动。让幼儿将实物、教具或图片等，依自定标准(相似性或关联性)，自由分组。

　　(3)识别异同分类活动。能引发思考的识别异同活动是以任何实物或图片(杧果、苹果，或者小鸟、飞机、风筝等)，让幼儿讨论事物彼此间的相同点与相异点(见图 6-5)。

　　(4)猜测分类标准的活动。在分类完成后，让幼儿观察、猜测分类标准，讨论并想象可以按照何种猜测的标准进行分类。

(提示：上面每排图中有两个是好朋友，请连线。)

图 6-5　小练习：找朋友

(二)序列和式样

1. 序列和式样的含义。

序列(series)是指理解事物间的关系，并将这些事物关系依逻辑顺序排列出来。

式样涉及序列，是指重复出现的有规则的图案、花样、声音或事件，也可以是辨认呈现于感官的一个重复性刺激(Burton，1985)。在之前的研究中，Charleswort 和 Radeloff 认为序列是式样的根本，儿童只有对排列逻辑顺序关系有基本的了解，才能创造式样。

序列和式样活动涉及高度的思考推理能力，发现或创造序列和式样，必须意识到一组事物之间的异同以及分辨一组事物之间的主要及非主要特征，预测并形成结论，给数学科学奠定基础。它与概念的形成非常相近，是人类智慧的标志(见图 6-6)。

(提示：形状、层次、比例、尺寸、式样几近完美。)

图 6-6　徽州古建筑

★数学游戏 6-2：蒙氏听觉筒★

1. 类别。

分类。

2. 材料。

蒙氏听觉筒 12 支。

3. 玩法。

（1）将听觉筒取出，放在幼儿面前的桌子上，请幼儿摇晃并仔细聆听声音，辨别异同。把发出相同声音的听觉筒放在一起，配成一组。

（2）将所有的听觉筒用这种方法分成 6 组。

（3）当幼儿学会这种活动以后，再让他们自己配对成组。

（4）最后指导他们把各组的听觉筒按声音从大到小进行排序。

4. 提示。

教师在教学过程中要多鼓励幼儿说出分类理由，也可尝试嗅觉分类活动、味觉分类活动等，尽量让幼儿用五官参与。

2. 幼儿序列和式样发展的阶段。

皮亚杰以"序列"概念为例，研究了儿童逻辑思维的发展特点，说明前运算阶段的儿童在逻辑思考上的限制情形。实验中，用 10 根长短不一的木棒让儿童由小到大排序，结果发现序列概念的发展有以下三个阶段。

（1）第一阶段。3 岁以下的儿童完全没有排序能力，但他可能会找出最大的与最小的木棒；3 岁以后，儿童的序列概念才逐渐发展起来。3～4 岁为序列概念发展的第一阶段。该阶段的儿童的思考具有集中性特点，不能分散注意力做整体比较排序，也无法理解木棒之间的相对关系，大致上不是任意排放木棒，就是没有整体的综合思考能力。

（2）第二阶段。4～5 岁儿童虽可按长度将木棒排序，但不是一种整体思考、有系统的排序，而是以尝试错误的方式，并非真正意义上排序：先试试这一根，如果不是，再试另一根。

★信息栏 6-3：幼儿的序列能力★

Siegel 让儿童按长短排列木棍，结果发现：儿童的序列能力与分类能力一样，较皮亚杰认定的年龄要早。3 岁儿童已经能知觉 3 个顺序排列的物体，4 岁儿童能做 5 项序列的转移推理。

（3）第三阶段（6 岁以后）。6 岁左右的儿童能运用系统的整体化排序方法，先找出最短的，然后次短的，依序快速地完成序列。

后来的研究结果显示，儿童的式样认知的年龄特点基本与上述一致：3 岁以前的儿童完全没有式样概念；3 岁以后，儿童的式样概念才逐渐发展起来；3～4 岁儿童处于式样认知开始发展的阶段；4～5 岁儿童的式样认知与前阶段相比有所发展，但仍处于式样认知开始发展的时期；6 岁以后的儿童已基本上或完全能掌握式样概念。

3. 幼儿常见的序列活动。

(1)感官序列活动。幼儿将一组事物按其外观或可以感官觉察的特征，例如，长短、大小、轻重、颜色等差异，排出顺序。

(2)双重序列活动。双重序列活动，涉及两组事物的排序，这是皮亚杰测试幼儿序列特点的典型活动。例如，5 对大小不同的小熊要戴 5 顶大小不同的帽子，让幼儿将小熊和帽子一起排列。

★数学游戏 6-3：美丽的链子★

1. 目标。

通过串链子发展孩子有规律地排序和大胆创造的能力，在游戏中感受排序规律的美感。

2. 材料。

用不同颜色(3～4 种颜色)的饮料吸管制成塑管样的珠子；学具串若干。

3. 过程。

(1)让孩子一起把不同颜色的吸管剪成长短不同的珠子。

(2)让孩子一起选择不同颜色的吸管珠子串起来，要求孩子把颜色排列成有序的规律。

(3)让孩子把做好的链子送给爸爸妈妈或爷爷奶奶等，并为他们戴上。

4. 提示。

排序的规律可以有很多种，鼓励孩子大胆创造。孩子可以根据学具串的颜色和上面标示的物品创造规则，并进行排列。

(3)事件序列活动。幼儿将一组图片依事件发生的因果关系或依事件发生的时间先后，排出顺序。

(4)数量序列活动。幼儿将一组事物按数量的多少排出次序。

(5)序数活动。与一组事物的顺序位置的称谓"第一、第二、第三……"相关的活动。序数活动除与"数"关系密切外，也与"空间"有关系。

4. 幼儿常见的式样活动。

(1)辨认式样活动。教师先创造一个式样，然后让幼儿仔细辨认，并讨论式样中的规则是什么，即找规律。

★数学游戏 6-4：我学你样★

1. 类别。

式样。

2. 材料。

音乐设备。

3. 玩法。

先让 2/3 的幼儿面对墙站立(或闭上眼睛)，直到音乐停止才能回头(睁眼)。

剩余 1/3 的幼儿在教师指导下建立几个肢体动作式样，并围成弧形。例如，站—坐—蹲，站—坐—蹲；或叉腰—踏步—拍手，叉腰—踏步—拍手；或手指放头上—交叉胸前，手指放头上—交叉胸前。

音乐停，让面对墙的幼儿走过来，按已有的肢体动作式样加入已围成的弧形中，将其延伸成一个圆圈。

注意：可以将动作式样改成声音式样，即让幼儿发出各种声音，例如，"啊—喔—咦，啊—喔—咦"，或用乐器代替，或声音与动作配合。

动作或声音式样可在排队等候时进行，增加对式样关系练习的机会。

4. 提示。

可适当提高式样学习的难度，例如，在做动作的同时发出声音。

(2)延伸式样活动。它包括三类：①重复式样，例如，树叶—小石头—铅笔，树叶—小石头—铅笔……(A—B—C，A—B—C，A—B—C…)。②循环式样，例如，自然现象中"白天—黑夜—白天—黑夜"交替循环变换；动物的生命周期"生—老—病—死"循环往复等。③滋长式样，通常是教师创造一个式样后，让幼儿延伸或重复。

(3)填补式样活动。教师(或幼儿)设计出一个延伸式样后，在式样中间取出1个或数个物，或者擦去几处笔迹，让幼儿填补残缺的式样。

(4)创造式样活动。这是式样的最高境界，由幼儿自己设计、创造式样，可从具体、半具体活动，提高到半抽象、抽象的纸上设计活动。例如，卡片花边设计、钉板式样、串珠式样等。生活中处处有式样，例如，植物的叶子、马路上的地砖、床单上的花纹、楼道里的门牌号等。教师要多引导幼儿在平时的生活中发现规律、感受规律(见图 6-7)，养成爱观察、勤思考的好习惯。

（提示：叶片的数量不变，进光孔依次越来越小。）

图 6-7 相机的光圈

(三)分类与序列的教学指导

1. 与生活经验相联系，支持幼儿在接触自然、生活实物和社会现象中积累有益的直接经验和感性认识。

★小贴士：积木★

绝大部分的分类与式样活动中最常用到的教具是"属性积木"(attribute block)与"式样积木"(pattern block)。属性积木也可用半具体的自制图片取代，例如，由脸部表情(哭、笑)，脸型(胖、瘦)，发型(有、无短头发)三个属性与其值所构成的人物图片。

式样与序列活动来源于自然情境，或基于幼儿的实际生活，因此，有关的教学活动应尽量符合幼儿的经验，以生活情境为素材，有意识地引导幼儿观察周围事物，学习观察的基本方法，培养幼儿的观察与分类能力，让幼儿自然地感知并能很好地理解式样与序列，进行有意义的学习。教师可以给幼儿提供丰富的材料和适宜的工具，引导幼儿在探究中思考，尝试简单的推理和分析，发现事物之间明显的关联。例如，教师可以和幼儿讨论教室里的物品，并对它们进行分类与排序，并组成某一种式样，美化教室。再如，在室外观察各种树叶，分析其相同特征和不同特征，从式样的角度分析这些树叶。

★数学游戏 6-5：妈妈的项链★

1. 类别。

式样。

2. 材料。

项链设计图 1 张；红色圆形扣链、绿色和黄色三角形的扣链若干。

3. 玩法。

(1)妈妈的项链。

①出示项链设计图，请幼儿按照设计图上项链的式样串出项链。

②请幼儿用语言对项链的式样进行描述。

例如，1个圆形、1个三角形，1个圆形、1个三角形；或者1个红、1个黄，1个红、1个黄。

总结：项链的式样是1个红色的圆形、1个黄色的三角形，1个红色的圆形、1个黄色的三角形……（鼓励幼儿用完整的语言进行描述。）

(2)排式样。

①出示一串样式为1个圆形（红色）、2个三角形（一个是黄色，另一个是绿色）的样式，请幼儿寻找规律。

②请幼儿按照规律继续往下串，每个幼儿串一个，幼儿反复操作同一个式样。

③请幼儿说说规律。

提问：这串项链的式样是怎样的？有什么规律？

4. 提示。

教师可以引导幼儿在区角中进行类似"我的式样你来猜"的游戏，通过反复游戏帮助幼儿巩固式样的概念。

2. 采用不同的思考或解决问题的方式，让幼儿的思路具有流畅性与扩散性。

例如，用雪花片插花朵，看看幼儿能想出多少办法，做出多少种样子的花朵。在小组或大组活动中，让幼儿协作活动，相互讨论，相互建议，完成作业，进行展示。看看谁做得最有趣，发表自己的想法。这样，幼儿能更好地理解序列和式样所包含的逻辑意义，为幼儿进一步的数学学习打下良好的基础。

★数学游戏6-6：小鸭子找家★

1. 类别。

分类。

2. 材料。

鸭子图片、操作材料、分类标记。

3. 玩法。

(1)出示鸭子：教师出示鸭子图片，提问：这些鸭子长得一样吗？哪里不一样？教师出示两座房子，请幼儿把这些鸭子按照某一特征分类。幼儿在展示板上分类的同时，教师在展示板上贴上相应的分类标记。

(2)幼儿操作：幼儿按照某一维度对操作材料中的鸭子分类，同时贴上分类标记。请幼儿把操作材料按照展示板上的分类标记放在相应的位置。

（3）思考：同一事物的多维度分类。

①教师在展示板上呈现两组鸭子。提问：这些鸭子是按照什么特征进行分类的？

②幼儿操作，请幼儿按照教师的摆放，在自己的操作材料上进行相同的摆放，然后选择适合的分类标记贴在操作材料的下方。

③师幼交流，教师引导幼儿发现这两组鸭子的分类结果可以用 3 个分类标记表示。

④请幼儿把 3 个分类标记陈列在这两组鸭子的下方。

4. 提示。

平时空闲时，教师可以随机引导幼儿把身边的事物进行不同角度的分类，然后让幼儿找找分类依据，从而帮助幼儿巩固和强化分类意识。

第二节　"逻辑推理"的活动指导

一、本模块学习与发展的具体目标

本模块学习与发展的具体目标见表 6-1。

表 6-1　"逻辑推理"模块学习与发展的具体目标

年龄	具体目标
3～4 岁	1. 能够按照事物的特征和属性进行一一对应。 2. 能将具有相似特征的元素集合在一起，并找出特征最突出和最不突出的那个。 3. 能比较两个等价集合元素之间的对应关系（5 以内的同类物品）。 4. 按照物品的一维特征进行粗略的分类（颜色、形状、大小等）。 5. 利用比较进行简单的排序。 6. 感知事物的排列规律，体会式样的含义。

续表

年龄	具体目标
4～5 岁	1. 观察事物特征，感受整体与部分的关系。 2. 能联系实际，根据事物的抽象特征进行分类。 3. 观察图形的排列规律，进行简单的推理。 4. 按照事物的多维度进行上下层级分类。 5. 能联系实际，根据事物的抽象特征进行分类。
5～6 岁	1. 能在多种情境下进行简单的传递推理和数值推理。 2. 观察事物的多维特征，进行分类和推理。 3. 感知不同式样的特点，尝试创造不同的式样。 4. 通过等量关系学习等值换算，进行简单的符号传递推理。

二、 本模块的活动系列与点评

本模块的活动安排见表 6-2。

表 6-2 "逻辑推理"模块的活动安排

年龄	序号	活动名称
3～4 岁	活动 1	小动物找食物——对应
	活动 2	三只熊——一一对应
	活动 3	去郊游——分类
4～5 岁	活动 4	兔子的连衣裙——部分与整体
	活动 5	给房子配钥匙——推断
	活动 6	有趣的几何图——式样
	活动 7	小动物住新房——分类
5～6 岁	活动 8	有趣的卡片——规律变化
	活动 9	玩扑克——序列
	活动 10	奖励水果——推理
	活动 11	换水果——传递推理

★活动 1：小动物找食物——对应(3～4 岁)★

🐦 活动目标

1. 让幼儿通过观察特征，学习把相关物体进行一一匹配，获得对应经验。

2. 鼓励幼儿在活动中用语言表达"多""少"和"一样多"的数量关系，初步感知数物对应。

🐦 活动准备

小动物找食物的课件，幼儿操作用的材料(小动物吃的食物)。

🐦 活动过程

1. 看课件：参观动物园。

农场里新来了一些小动物，请小朋友猜猜有哪些小动物。提问：

(1)哪些小动物比较多？哪些小动物是最少的？

(2)小羊是最少的，有几只？（2 只。)请小朋友找出数字"2"放在小羊的下面。

(3)小狗和什么小动物的数量是一样多的？（小猫。)有几只？（3 只。)可以用数字几表示？

(4)小兔是最多的，有几只？（4 只。)请你们从下面的数字中找出数字"4"，放在小猫和小兔的下面。

2. 帮小动物找家。

看课件：有 4 栋房子。提问：

(1)哪栋房子是小兔的家？引导小朋友观察小动物家门上的图片，小兔家门上有萝卜，是小兔最爱吃的食物。

(2)找一找小猫的家在哪儿。

(3)请小朋友根据这个方法，帮助其他小动物找到它们的家。

3. 给小动物喂食。

(1)小动物们要吃晚饭了，请小朋友给小动物喂食，好吗？应该喂它们什么食物呢？（出示食物卡片，鼓励幼儿找到相应的卡片。)

(2)小动物们分别有不同的数量，应该拿几张食物卡片呢？出示小动物卡片，有的是 3 只小动物，有的是 4 只小动物，请幼儿根据小动物的只数，喂相应数量的食物。例如，3 只小羊，就要喂 3 棵小草，将小草放在每只小动物下面。

(3)让幼儿将喂好的小动物送到小动物家，集体验证是否正确。

4. 谁来过小兔子的家？

(1)下大雪了，小兔子生病了，小兔子的好朋友们知道它生病了，决定派一个小动物来给它送点吃的。

(2)小兔子开门的时候，看到了好吃的食物，请小朋友们来帮它猜一猜，是谁给小兔子送吃的？（小兔子门前留有一串脚印。）

☞ 活动延伸

区角活动中可以投放小动物及对应的食物，让幼儿练习一一对应。

（设计者：王天韵）

☞ 专家点评

一一对应是最简单的逻辑关系。幼儿开始接触数学，提倡对有某种联系的事物间进行对应。例如，1只小白兔对应1根萝卜，1只狗对应1根骨头，1只小鸡对应1只小虫子。当幼儿有一定经验后，可以增加难度。例如，一对多的情况，1只小白兔对应2根萝卜，1只狗对应2根骨头……

★ 活动2：三只熊——一一对应(3～4岁)★

☞ 活动目标

1. 通过训练，锻炼幼儿按照物体的特征进行一一对应和分类的能力。

2. 训练幼儿对两个等价集合元素的比较和对应。

☞ 活动准备

1. 图片或者公仔玩具熊3个(大、中、小)。

2. 各种餐具、水果实物(大、中、小)。

3. 鞋子卡片多张(分为爸爸、妈妈和幼儿的)。

☞ 活动过程

1. 小朋友，我们听过《三只熊》的故事了，今天，三只熊到我们家来做客了。

2. 请幼儿把三只熊从大到小并排放好，并给三只熊命名。例如，这个最大的是熊爸爸，这个最小的是熊宝宝，这个不大不小的是熊妈妈。

3. 请幼儿根据各种餐具、水果实物的大小来分一分，边分边引导幼儿说：

最大的苹果给熊爸爸，最小的苹果给熊宝宝……

4. 出示不同大小的 3 双鞋子，让幼儿辨认，哪双是熊爸爸的，哪双是熊妈妈的，哪双是小熊自己的。你来帮他们分一分吧。

☞ 活动延伸

1. 父母在超市购物时可以有意选择不同大小的物品。

2. 可以在幼儿操作时，播放《三只熊》的故事碟片或磁带。

（设计者：曹琪）

☞ 专家点评

通过故事形式，引导幼儿一一对应的逻辑关系，使数学变得更有趣。小、中、大是物体空间的三个水平，分别对应于其他物体的小、中、大，使幼儿感受到序列和对应。本案例中，熊宝宝、熊爸爸、熊妈妈，能分别对应大小不同的 3 双鞋子、大小不同的 3 个苹果。幼儿有了这方面的生活经验，就很容易接受这个数学知识点。要鼓励幼儿在生活中发现各种有趣的对应关系。

★活动3：去郊游——分类(3～4 岁)★

☞ 活动目标

1. 在故事情境中，尝试按照人群的某一特征(大小、有无、性别)进行分类。

2. 愿意尝试进行分类，有初步的分类能力。

☞ 活动准备

自制课件，音乐《去郊游》等。

☞ 活动过程

1. 故事情境导入。

"今天有一群宝宝特别开心，他们要和爸爸妈妈一起去郊游。你们看，车已经来了！"

根据情节进行分类。

(1)坐车。

来了几辆车？(画面中标明：1 号车、2 号车。)

这些宝宝和家长们怎么坐车呢？谁有办法？

老师想了一个好办法，我们请爸爸带的宝宝坐1号车，妈妈带的宝宝坐2号车，好吗？

谁愿意都他们坐上大巴？

嘟嘟嘟，嘟嘟嘟。（播放歌曲，幼儿模仿开车。）

你们看，车开到哪里啦？（出示游乐场的图片。）

原来，他们今天是要到游乐场去玩，游乐场里到底有些什么好玩的东西呢？

（2）按照大人、孩子的特征分类。

这里有海洋球和过山车。海洋球是给谁玩的呢？过山车又是给谁玩的呢？

我们赶快来给他们按照小孩和大人分组，小孩玩海洋球，大人玩过山车。

（3）按照颜色分类。

玩了海洋球和过山车，大家真开心。猜猜看，他们又要去哪里呢？

这时，他们听到小广播说话啦："今天是糖果店第一天开业，每位游客都可以得到一根棒棒糖。如果谁穿红色衣服，他就是幸运游客，可以得到一个超大棒棒糖。"

穿红衣服的站一边，不是穿红衣服站另一边，看看有几个可以拿到超大棒棒糖。

（4）按照性别特征分类。

现在宝宝和家长来到什么地方？（出示厕所标记，他们准备洗洗手吃饭，请幼儿看看哪个是男厕所，哪个是女厕所。请幼儿将男的送到男厕所标记下面，女的送到女厕所标记下面。）

2. 幼儿动手操作。

已经中午啦，他们来到一家餐厅，准备吃一顿香喷喷的午饭。

你们看，这里有几张桌子呀？如果你是饭店的老板，你会给他们怎么分座位呢？老板也想了几种办法，我们一起来看一看好吗？

（出示三块操作板）你们看，有些人已经坐在椅子上了，你觉得他们是按照什么来坐座位的？（爸爸带孩子的坐一桌，妈妈带孩子的坐一桌；大人一桌，小孩一桌；男的一桌，女的一桌。）还有一些人没找到座位，我们帮他们找座位坐吧。（按照座位提示入座。）

🕊 活动延伸

区角活动：提供一些工具、玩具、餐具等，让幼儿找一找，这些东西应该放在哪儿，例如，厨房、卫生间、房间等。

（设计者：王天韵）

❧ 专家点评

分类作为逻辑思维最初级的形式，在生活中比比皆是。最简单的分类是按照单一属性，复杂的分类则有各种各样的分类标准，小的幼儿需要动脑筋发展思维经验才会明白。本案例涉及的各种小活动，会锻炼幼儿多方面的分类能力。在生活中要鼓励幼儿进行各种各样有趣的分类。

★活动 4：兔子的连衣裙——部分与整体(4～5 岁)★

❧ 活动目标

1. 了解拼图的基本方法，初步感受物体中整体与部分的关系。
2. 在情境中体验自己独立完成一条连衣裙的成就感。

❧ 活动准备

1. 印花连衣裙(分割成几块)，固体胶，连衣裙底板，衣架，蓝色盒子人手一份。
2. 商店背景图，兔子玩偶，装有礼物的礼品袋，黑板。

❧ 活动过程

1. 教师引导。

学习从部分判断整体，了解兔子来做客的原因。

(1)观察黑板后的两只耳朵，猜猜今天来做客的动物是谁？你从哪里看出来的？

(2)出示整个兔子玩偶，对孩子的判断给予验证，同时引出情境。

①和兔子打招呼，知道"兔子要开连衣裙商店"的秘密。

②在黑板上出示裙子底板和一些碎布，以兔子的口吻告诉幼儿它们使用的方法和用处，请幼儿帮忙制作连衣裙。

2. 幼儿模仿。

学习用观察、拼搭的方法制作一条连衣裙。

(1)观察碎布的花纹，猜猜拼出后的连衣裙会是什么图案。

(2)教师示范错误拼图，集体讨论拼图的方法。

①教师将耳朵一正一反放置，兔子的耳朵在脸的上方。

②教师手指胡萝卜，这是什么？那要找有什么图案的布头？

③两块碎布上都有兔子的脸，应该选哪块？

④教师手指连衣裙中的蓝色衣领，这是什么？（关注幼儿对衣领的方位判定，学习拼图时如何选择第一块的方法。）

3. 幼儿操作。

(1)幼儿自主选择操作盒进行制作，教师个别指导。

(2)师幼共同验证对错。

☜ 活动延伸

活动过后，教师可以在教室中创设"兔子的连衣裙"的区角，帮助幼儿巩固整体与部分的关系。

（设计者：戴慧丽）

☜ 专家点评

幼儿的加减法是建立在部分与整体关系的基础上，部分数加部分数是和；反之，整体数减去一个部分数，即另一个部分数。类似拼图的活动，不仅能使幼儿获得空间经验，也能使他们获得部分与整体逻辑关系能力的发展。

★活动5：给房子配钥匙——推断(4～5岁)★

☜ 活动目标

1. 让幼儿可以依据事物的抽象特征进行匹配。

2. 让幼儿在游戏中感受数字的排序规律。

☜ 活动准备

一栋楼房的示意图（如下），若干个贴好门牌的钥匙，一些小奖品。

4			
3			
2			
1			
	1	2	3

☜ 活动过程

1. 教师引导。

教师先让幼儿了解门牌号的意思，例如，202室是2楼第2家，301室是3楼第1家。然后，教师引导幼儿认识钥匙上的号码与门牌的关系。例如，贴有

"301"标志的钥匙是开 301 室的房门的。

2. 幼儿操作。

等幼儿弄明白钥匙上的号码与门牌的意思之后，一起为楼房上的房门配钥匙。例如，钥匙上面贴的标志是"402"，就把这把钥匙放在图画上面"402 房间"处，让幼儿在纵向、横向的计数中找到相应的房间，自己为房子配钥匙。当幼儿配对成功时，教师可以发些小奖品鼓励幼儿。

🕊 **活动延伸**

鼓励幼儿关注自己家的门牌号是多少。观察家里各种锁的形状和大小以及钥匙的形状和大小，两者有什么地方对应。

（设计者：陆晓燕）

🕊 **专家点评**

刚开始游戏时，教师要对幼儿说清楚钥匙与房间门锁的关系，让幼儿了解门锁要用对应的钥匙才能打开。楼房门锁的示意图可以画得漂亮、有趣些，以吸引幼儿的注意。为了强化幼儿的推断能力，可以增加房间和钥匙的数量。

★活动 6：有趣的几何图——式样(4～5 岁)★

🕊 **活动目标**

认识扑克牌，并能按花色、数字大小等有规律地排列。

🕊 **活动准备**

几何拼接玩具中各种大小和颜色的圆、三角形和正方形。

🕊 **活动过程**

1. 代表什么。

拍一下手代表一个○，踩一下脚代表一个△，跳一下代表一个□，点一下头代表一个▭，确保幼儿将图形与动作正确匹配。让幼儿用动作表现如下图形（先个别表演，再一起表演）。

(1)○△△□□□□□□□

(2)○△□○△□○△□

(3)○△△○△△○△△△○△△△

2. 缺了什么。

(事先准备好这些图形)教师按照△□○△□○△□○排列，连接拼版几何文具，然后拿掉其中任意一个几何图形，让幼儿找出缺掉的那个，要求颜色、形状、大小都要和原来的一样。教师喊"开始找"，看谁找得快且对，然后把它拆成三个△□○演示给幼儿看。再加一个图形，做一遍○△□○○△□○○△□○。最后让幼儿模仿如猫、狗、鸡、羊等动物的叫声来表现上述模式。先请幼儿个别表演，再让幼儿四人一组，每一个幼儿代表一种动物的叫声，围成一圈表演。

🐦 活动延伸

可以让幼儿玩"双式样接龙"游戏，比如，拍手的同时呈现○，踩脚的同时呈现△，跳一下的同时呈现□，然后依次进行下去。

(设计者：赵志远)

🐦 专家点评

运用不同的形式，例如，动作、声音、图像等，让幼儿体会序列或式样的逻辑的美感，趣味性也很强。也可鼓励幼儿创造一些式样，发挥幼儿的想象力。

★活动7：小动物住新房——分类(4~5岁)★

🐦 活动目标

根据动物的不同特征进行二次逐级分类，激发幼儿进一步探索动物奥秘的愿望。

🐦 活动准备

1. 幼儿对动物的特征有一定的认识。

2. 二次逐级分类图人手一份。

🐦 活动过程

1. 从不同角度进行分类。

(1)动物园里发生了一些难解决的事情，请小朋友帮忙。所有的动物住在一间房子太拥挤，请你给它们分分家。

(2)看看动物园里住着哪些动物。

(3)动物园里造了3栋新房子，把这些动物按照不同的特征，送到3栋新房子中，可以有多少种不同的分法。

(4)幼儿讨论，看看有几种不同的分法，是否合理。

小结：动物可以按照不同的特征分家，例如，按照动物的本领可以分成会飞的、会跑的、会游的；按照动物的体型可以分成小型、中型、大型；按照动物的食性可以分成食草性、食肉性、杂食性动物。

2.进一步细化动物的分类。

(1)新的住房太拥挤了，动物园里又新建了2栋新房子。

(2)请大家仔细看图中每栋新房子的动物有什么不同特征，将它们分别送到3栋房子中的两层楼中，要求特征相同的动物住在一层楼里。

(3)幼儿交流操作结果。(说说你是按什么特征分的，什么动物住在几号几层。)

小结：你们真能干，让具有相同特征的动物住在一个楼房里，这下动物不拥挤了。

🐦 活动延伸

继续查阅资料，完善分类的方案，将各种分家的方法进行筛选，挑选不同的方案装订成册。

（设计者：单光耘）

🐦 专家点评

以幼儿熟悉的动物作为分类材料，是很适宜的。按照动物的生活环境、特性，甚至大小、颜色等，有很多分类的主题。活动过程不仅使幼儿锻炼了思维，也让他们对动物的特点有了进一步了解。

★活动8：有趣的卡片——规律变化(5～6岁)★

🐦 活动目标
学习逻辑推理中有规律的数量增减问题。

🐦 活动准备
黑板，粉笔，演示图若干，练习纸，蜡笔。

🐦 活动过程

1.出示附图。

让幼儿先观察其排列的规律，尝试在空格处画出正确的点数及排列形状。

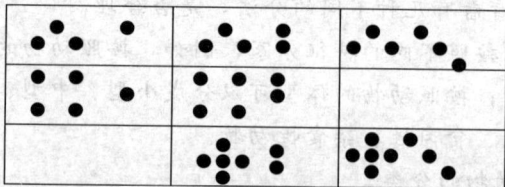

2. 演示讲解。

教师先从横的一排来讲(以第一排为例),并在3图之间画上1条竖线,引导幼儿自己观察3条竖线左右各有什么变化规律(左边的点子保持形状和点数不变,右边的点数逐渐增加1点),用算式清楚地表示就是:3+1,3+2,3+3。再从竖的一列来看(以中间一列为例),同样的一格中的点数也可以分为左、右两部分,从上到下变化依次是:左边的点数依次增加1点,从3点到5点,而右边则保持2点不变,用算式表示就是:3+2,4+2,5+2。讲完以后再让幼儿思考空格处该填什么。

3. 尝试列算式。

教师让幼儿尝试,按照教师已经列出来的算式列出点数与排列相对应的算式,每一组幼儿列一个算式,并算出答数。

🐦 活动延伸

将实物数量的增加与点子数量的增加相对应,更好地理解数值的推理过程。

(设计者:程国)

🐦 专家点评

各种排列方式的点子图,不仅在数量上有规律地变化,在形状排列上也是有规律地变化的。卡片本身包含了许多数量和空间的逻辑。幼儿在反复的游戏中,会加深对这些卡片的印象,发现其中的变化奥秘。

★活动9:玩扑克——序列(5~6岁)★

🐦 活动目标

在序列活动中锻炼幼儿的思维能力。

🐦 活动准备

扑克牌若干副;5×5的格子纸一张,每个格子中按一定次序填有一个数字或字母构成迷宫；水果剪贴图若干，分别为苹果、梨、桃三种。

🐦 **活动过程**

1. 排顺序。

教师拿出一副扑克牌，跟孩子一起认识扑克牌正面的图形、数字，并让孩子具体操作。

(1)从 A～K 按顺序排列，认识 4 种花色。

(2)每人一个花色分发，分别选出单数排列、双数排列、4 种花色排列。

(3)扑克牌接龙。

先教幼儿认识扑克牌；然后给每组幼儿一副扑克牌，取出各花色的 5，按花色排成 4 行；把剩余的牌平均分给这一组的幼儿，让幼儿按花色和数字大小顺序排好。事先演示，让幼儿知道规则，看哪一个小组最先完成。

2. 走格子。

教师在黑板上贴出 5×5 的大格子纸，每个格子可以放进一张扑克。按照某个规律，让小朋友仔细观察，如何走格子，然后问小朋友，按 AB、ABC 两种规律走，线路是否一样。请小朋友尝试。

🐦 **活动延伸**

教师可以引导幼儿注意观察日常生活中经常出现的等量代换。

(设计者：单姗)

🐦 **专家点评**

找规律或序列活动，是逻辑推理的一种简单形式。这方面的活动可以很好地训练幼儿的思维。日常生活里很多装饰都含有式样，应鼓励幼儿在生活中发现这类事物的序列特点。

★活动 10：奖励水果——推理(5～6 岁)★

🐦 **活动目标**

通过实物的操作，让幼儿熟练实物和数值的等量传递推理。

🐦 **活动准备**

纸，笔，跷跷板，小西瓜，桃子，梨，哈密瓜，糖果。

🕊 活动过程

1. 传递推理。

(1)果园里今年开发了新品种，有小西瓜、桃子、哈密瓜，还有梨。不同水果长得差不多大小，它们都说自己是最重的，自己的本领最大，下面让我们帮它们评判一下吧。

(2)小西瓜站在跷跷板的一边，骄傲地说："我比你们两个都要重，不信你来试一试？"可是等桃子和梨上去之后，小西瓜却败下阵来，因为小西瓜没有桃子和梨加起来重。

(3)哈密瓜说："我也要和你们两个比试一下。"哈密瓜一边，桃子和梨一边，各往跷跷板上一坐，两边一样重，哈密瓜得意地哈哈大笑道："现在是我的本领最大了。"小朋友，他说得对吗？哈密瓜的重量等于桃子和梨子的重量。

(4)小西瓜不甘心，又分别和桃子、梨进行了比较。结果小西瓜重于桃子，也重于梨。现在我们知道谁的本领最小了吗？需要怎么做才能知道呢？

2. 推理换算。

现在哈密瓜的本领最大了，哈密瓜的重量等于桃子和梨子的重量。我们奖励哈密瓜10颗糖果，那么桃子和梨子如果一样重的话，它们分别能得几颗糖的奖励呢？

谁的本领大，谁得的糖果多。小西瓜比桃子重，但是没有哈密瓜重，那么它可以得到几颗糖果呢？最多能得到几颗？最少能得到几颗？请小朋友讨论一下。

🕊 活动延伸

如果幼儿已经熟练掌握前面的内容，可以多增加几个比较的项目。

（设计者：颜冬艳）

🕊 专家点评

推理活动比较抽象，对于幼儿会有些难度。可以借助实物或实物替代品，通过演示帮助幼儿记忆和推理。涉及数量的，可以通过写画的方式，把物品个数呈现出来，帮助幼儿借助表象完成推理活动。

★活动11：换水果——传递推理(5~6岁)★

🐦 活动目标

1. 逻辑推理中符号次序传递性推进的学习。
2. 简单等量代换的学习。

🐦 活动准备

1. 5×5的格子纸1张，每个格子中按一定次序填有一个数字或字母构成迷宫。
2. 香蕉、苹果、梨3种水果的图片若干。

🐦 活动过程

1. 传递推理。

教师出示香蕉、苹果、梨3种水果的图片，然后用等号表示其等量，由幼儿推理出结果。

1根香蕉＝2个苹果；

1个苹果＝2个梨；

1根香蕉＝（   ）梨。

再进行几何图形的推理。

$$\square = \triangle \ \triangle$$

$$\triangle = \diamond \ \diamond \ \diamond$$

$$\square = \underline{\quad} \ \diamond$$

2. 等量代换。

教师先从日常生活中的细节提问小朋友。例如：1只碗要配2根筷子，那么2只碗要几根筷子呢？又如：1个人有2只眼睛，2个人呢？3个人呢？如此提问完毕，教师遂在黑板上列出等式(图片展示)，如下。

(1)1个梨＝2个苹果，那么2个梨＝（   ）个苹果；

(2)1个梨＝2个苹果，1个苹果＝2个桃子，那么1个梨＝（   ）个桃子。

（设计者：单光耘）

🐦 专家点评

等量代换涉及传递关系的逻辑推理，幼儿需要有一定基础练习和经验，才能完成这类活动。教学中可从具体的、简单的事物入手，鼓励幼儿尝试错误，一旦发现规律，就容易完成这些推理活动。如果幼儿对相关活动比较熟悉了，可以采用比赛的方式，提升幼儿参加思维游戏的兴趣。

★本章附录★

| One 1 一 壹 | ● | 一条小鱼 | 一支铅笔 | 一支彩笔 |
| Two 2 二 贰 | ●● | 两个轮子的自行车 | 两个三角形的小鱼 | 双片的眼镜 |

三	四	五	六	很多
3	4	5	6	≥10
Three	Four	Five	Six	Many
叁	肆	伍	陆	拾

3~4岁：知道各种物体的名称，了解其形状，并联系数量。

4~5岁：尝试对数、物和形状进行对应。

5~6岁：会找对应，并了解一些数学元素之间的共性。

数学挂图6-1　数、形与物对应——对应　【模块3：逻辑推理】

（设计者：董丽星）

第七章
模块 4：时间

在一粒沙中看见世界，在一朵野花中看见天宇；在你的手掌中掌握
无穷，在一个小时中掌握永久。

——布莱克

3～4 岁

能感受到时间的先后顺序及时间的延续性，掌握简单的时间词汇。

4～5 岁

了解到时间具有周期性，认识钟和日历等计时工具，能对时间做粗略的
估算。

5～6 岁

能将计时工具应用到生活中，感知并了解季节变化的周期性，知道事件变化
的顺序。

(依据《3～6 岁儿童学习与发展指南》制定)

173

第一节 "时间"的理论解析

一、时间的含义

时间是无限与有限的统一。就宇宙而言,时间是无限的,无始无终;就某一具体的个别事物而言,时间又是有限的。在生活中,时间是指事件发生次序的概念,也可以指事件发生的长短,即时间的次序性和绵延性。时间是幼儿学习数学、认识世界的重要内容之一。

时间在不同维度上表现出以下特点:(1)流动性。时间与物质的运动相联系,一秒一分地过去,川流不息,是不以人的意志为转移的。(2)不可逆性。时间不能倒转,"逝者如斯夫"。(3)连续性。时间是永远不能也不会间断的。(4)周期性。一分一秒地流逝,且又是交替更迭,日复一日,年复一年,周而复始。(5)抽象性。时间没有直观的形象,既看不见也摸不着,需通过媒介来认识时间。例如,太阳的升落、季节的变化等;有机体内部的生理活动,例如,饥饿、心跳等;还可以是测量时间的工具,例如,钟表、日历。(6)相对性。时间的程序不是绝对不变的。比如,某一天的晚上比该天早上晚,但今天的晚上则比明天的早上早。教学中,教师要注意从时间不同维度的特点入手,让幼儿对时间有全面、完整的认识。

★信息栏 7-1:速度认知的实验★

皮亚杰认为,幼儿对时间的理解受到知觉的影响。以实验来证实。实验者把两个布娃娃放在起跑线上,发出一声信号(例如,敲一下桌子)后,两个娃娃开始赛跑,一个娃娃比另一个娃娃快些;实验者再敲一下桌子,两个娃娃都停下来。

提问:"这两个娃娃是否在相同时间起跑?是否在同一时间停下?"儿童有两种水平的回答。

水平 1:"两个娃娃不是同一时间停下的。一个娃娃晚停下,因为他跑得远些。"儿童将时间和空间混淆了。

水平 2:能够将时间和空间协调起来,对时间的理解不再受速度的影响,不为知觉所局限。

二、 时间认知的特点

（一）时间的次序性认知

时间的次序性认知，是指对客观现象顺序性的认知，即将两个和两个以上的时间点按顺序将其组织起来。这种时序认知能力是幼儿的认知和言语水平发展达到一定程度才能具备的。根据方格等（1984）研究，幼儿对时间的次序性认知有以下特点。

1. 时间次序认知由近及远，由短周期到长周期。

幼儿最先认识的是一日之内三个较大的时间单位，即早晨、中午、晚上，然后认识一周之内的时序，最后是对一年之内季节的认识。5 岁幼儿对日、周、年之内按时序排队的成绩有极其明显的差异。6 岁幼儿对日、周的认知成绩差异已不明显，而对季节的认知成绩仍显著低于这两项。一直到 8 岁，幼儿对周和季节的认知水平才达到或基本接近其在 7 岁时对日的认知水平。

"一天"包括从日出（天亮）到日落（天黑）这一完整的周期，这种自然现象的规律性变化，每日周而复始地进行着，且早、午、晚都有明显的时间参照物；而星期一、星期二……形成不了自然现象规律性变化的周期，也没有明确的时间参照物，而且从有机体生理过程节律来说，也是以一天 24 小时为周期来调节人的生命活动的。这种直接的生活经验，幼儿印象特别深，容易形成时间表象，因而对一日内的时序的认知早于对一周、一年之内的时序认知似乎是合理的。季节的变化周期间隔的时间很长，幼儿尽管知道有小树发芽的春天，有可以游泳的夏天，有树叶飘落的秋天，也有白雪茫茫的冬天，但他们不容易对季节之间的变化顺序形成深刻的印象，对其认知也较晚。

2. 时间次序认知先固定性后相对性。

时间程序不是绝对的，例如，某一天的晚上，相对于第二天早上和中午，它又是前项了。然而，幼儿对时序相对性的认识，时序的这种"亦此亦彼"的性质，认识较迟。当理解一日之内早晨、中午、晚上的时序之后，往往认为早晨是"第一"的，把时序看作孤立、静止和固定的，把它从整个时间流中割裂开来，不懂得一天的早晨相对于昨天晚上，它又是"第二"的概念。4 岁幼儿基本上还不具备时间相对性的概念；6 岁幼儿通过这一项目的也仅约 40% 的人次；对周、季节的相对性的认识只是到 6 岁后才有明显飞跃。这些都证实了幼儿是先认知时序的固定性，然后才认知时序的相对性的。

3. 对时序的理解以本身生活经验为参照物。

幼儿认识时间往往把熟悉的、有兴趣的事件联系一起，并作为参照物（见图7-1）。例如，太阳升起来了，小朋友起床、刷牙，这是早晨；学习、游戏是白天；天黑了，有星星，是晚上。生活作息表和日月运行等参照物，对幼儿认知时序起着重要作用。

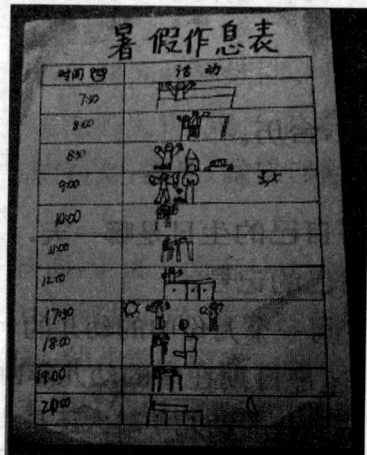

（提示：知道每天什么时间做什么。）

图7-1 暑假作息表

（二）时间的绵延性认知

时间的绵延性，也称时距，是客观现象持续性的反映。例如，物体在位移运动中从甲处到乙处所经历的时间。由于时间的抽象性，幼儿对时间的持续性认知的发展是较慢的。

林泳海（1996）通过《龟兔赛跑》的故事调查幼儿的时间持续性认知。结果表明：4岁半幼儿没有时间持续认知概念，这与方格等人的研究中4岁幼儿基本没有时序概念在年龄上是一致的。5岁半幼儿开始有时间持续概念，6岁半幼儿初步掌握时间持续概念，这都比皮亚杰认定的年龄要早得多，比黄希庭等研究"5岁、6岁儿童基本没有时间概念"的年龄要稍早些。随着时代的变化，当下的幼儿的时间认知水平较之前一些年代的幼儿会有提升。

★数学游戏 7-1：估算时间★

1. 类别。

时间认知。

2. 材料。

有秒针的手表或时钟。

3. 玩法。

找一个有秒针的手表或时钟。让孩子闭上眼睛开始数"1只河马，2只河马"等。告诉孩子说"1只河马"的时间大约是1秒钟，看孩子能否用默数的方法估计10秒的时间（到10秒呼唤教师）。

让孩子观察秒针转一圈要花多久，告诉孩子秒针转1圈是1分钟，转2圈就是 2 分钟。让孩子估计 2 分钟的时间（时间到了呼唤教师）。把时钟或手表拿走，让孩子猜猜 1 分钟大约有多久。

4. 提示。

幼儿可能对于 1 分钟是 60 秒不是很理解，但可以体会秒针走 1 圈意味着跳 60 次，跳 1 次是 1 秒。

（三）时间词汇认知的发展

越是与生活有联系的时间单位，例如，"早上""中午""晚上"等，幼儿越容易掌握。而那些与幼儿生活不紧密的时间单位，例如，"分钟""小时"等，则较难以掌握。幼儿对时间的理解是从和生活紧密联系的"一天"开始，然后逐渐向更长和更短的时间延伸的。

★小贴士：幼儿关于出生的时间认知问题★

1. 你自己的生日是哪一天？
2. 你能在日历上找到自己的生日吗？
3. 在同一个月出生的小朋友，是 2 日还是 5 日出生的小朋友年龄大？
4. 同一年出生，2 月生日的小朋友年龄大还是 9 月生日的小朋友年龄大？
5. 是 2000 年出生的小朋友年龄大还是 2002 年出生的小朋友年龄大？

3～4 岁幼儿能掌握一些最初步的时间概念，例如，早上、晚上、白天、黑夜，但对时间的理解往往和生活中的事件相联系，平时能出现"昨天、今天、明天"的词语，但还不能掌握其含义。

4～5 岁幼儿能知道经过"早晨""白天""晚上""夜里"就是经过一天，逐步能够认识"今天""昨天""明天"。

5～6 岁幼儿对时间的认识逐渐向更长和更短的时间段扩展，能认识"前天""后天"，具有"星期""几点钟"的概念。这说明，幼儿在初步建立起时间更替（周期性）观念的同时，还发展着对时间分化的精确性，能区分较小的时间单位（例如，认识时钟上的整点与半点等）。

幼儿随着认知的发展，获得时间词汇本身的"实际意义"，幼儿开始懂得，"早晨"就是起床刷牙的时间，白天是爸爸妈妈上班的时间；还懂得，"早晨"在一天中是"第一"的，但相对于昨天晚上，它又是"第二"的了，获得了时序相对性的认识，达到了时间词语与时序的认知统一的水平。

★数学游戏 7-2：欢乐的假日★

1. 类别。

时间次序认知。

2. 材料。

有时间顺序的照片若干张，小相册一本。

3. 玩法。

休息日带孩子去他想去的地方玩，成人要有意识地用相机拍下孩子的多个活动。例如，进公园大门、喂鸽子、乘船、吃冰激凌、乘公交车等，把能代表时间的照片冲印出来。

和孩子一起看照片，讲讲发生的事情。请孩子把最先和最后进行的活动找出来，讲讲是什么时间发生的。

请孩子把其他照片按照活动的顺序排列出来。为了降低难度，可以先排出孩子最有印象的照片，然后在成人的提示下，排列其他的照片。

把排好顺序的照片依次插入小相册里，和孩子一起看着照片讲讲"愉快的星期六"。

要注意引导孩子用恰当的语言和词汇进行描述。例如，"一大早，我们……过了一会儿……中午的时候……然后……最后，我们……"，请孩子把过程讲给家里的人听。

4. 提示。

照片需要尽快冲洗，否则时间过长，孩子可能忘记了曾经发生的事。

★信息栏 7-2：皮亚杰关于时间认知的实验★

两只容积相同的玻璃瓶Ⅰ和瓶Ⅱ。瓶Ⅰ中注满有颜色的水，每隔规定好的时间，让一定量的水从瓶Ⅰ流入瓶Ⅱ。给儿童 6～8 张图纸，上面印有瓶Ⅰ和瓶Ⅱ的画面，每次水流动后要求儿童记下每只瓶中水面的位置。

作业 1：这件事做完后，把这些图片打乱，然后要求儿童把图片按照次序排好。

作业 2：把每一张图上的瓶Ⅰ和瓶Ⅱ剪开，使得上面瓶子与下面瓶子分离。次序打乱后，要求儿童把瓶Ⅰ的图与相应的瓶Ⅱ的图配对。

作业 1 中，把瓶Ⅰ各图和瓶Ⅱ各图依序排列起来，是次序关系。而延绵关系，是指儿童理解水从瓶 I 中的一个标记到下一标记所经过的时间，是否与瓶 II 中水从一个标记流到下一个标记所经过的时间相同。儿童完成作业 1 和作业 2，实际上是将两种运动协调起来，形成一种所谓"共进序列"（coseriation），即时间本质。

提问：水从瓶 I 的一个位置到另一位置所经过的时间，同水从瓶 II 的一个位置降到另一个位置所经过的时间是不是一样长？结果显示如下。

水平 1：流逝的时间不同。儿童认为，从瓶 I 到瓶 II 要比从瓶 II 到瓶 I 经过的时间要长些，因为瓶 I（上面的瓶子）比较大，里面水较多。儿童思维受知觉的局限。

水平 2：时间同速度成反比。从瓶 I 到瓶 II 需要更多的时间，因为瓶 I 中水流出的速度要比瓶 II 中水灌进的速度要快些。就如同"我跑着回家要快些"。事实上，两容器中流出、流进是同时的，具有同步的时间绵延。这种同时性是由连接两个容器的活塞开关实现的。

水平 3：具有了运动同步化的概念。儿童已具有构造一个包含全部瞬时的和事件的时间量度表，能够使两个不同运动的时间同步化。儿童虽然认识到液体的水平面在一个容器中比在另一个容器中移动得快些，但时间绵延是相同的。

将"钟表指针的运动"与"我们的日常生活"同步化，即时间的本质。幼儿对钟表认识的困难，来自于其没有建立"时间本质"的概念。

三、 幼儿的时间认知活动

(一)时间次序的活动

时间次序的活动，是指要求幼儿按照事件发生的先后顺序进行排序。

(二)绵延性观念的训练活动

"吃饭""睡觉""打针"等活动所用的时间是不同的，这是时间的绵延性问题。把不同情境分别以不同图片来呈现，可以要求幼儿按照其所用时间的长短对图片进行排序。

（三）时间的等时性、共时性活动

组织幼儿观察计时器和操作运动之间的关系。等时性是指钟表指针的运动快慢是均匀的，其速度不取决于外部的运动；共时性是指所有钟表指针的运动速度是一样的，它们告诉我们相同的时间。"我做完了一个事情与钟表指针所运转的过程是共时的"，即共时性。时间的认知活动示例可见图 7-2。

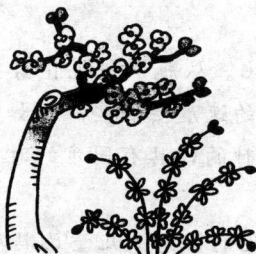

春 Spring

三月桃花红十里，
四月蔷薇靠短墙，
五月石榴红似火。

（提示：3～5月。春天是一年中的第一个季节，但它不是从 1 月开始的，而是从 3 月开始的。春天，天气变暖了，河水解冻了，绿绿的小草从地底下钻出来，树木长出嫩绿的树叶，花儿也开了，藏了一冬的小动物们也开始出来活动了。）

图 7-2　四季之一：春

组织教学活动时，可以让幼儿做某些事情或有节奏地敲击桌子，与钟表时针的运动做比较，或者快速或慢速敲击桌子与钟表指针做比较，以便理解等时性。为理解共时性，可以让幼儿观察各种时钟的指针运动、不同地点的报时等。

（四）时间、空间结合活动

时间与速度和距离是有关的，在时间不变的情况下，如果速度快，就距离长；或者相反。教学中可以演示两个物体，根据其速度快慢或所经过距离的长短，来判定其所用时间的多少，让幼儿体会时间的性质。时间与空间的结合认知活动可见图 7-3。

夏　Summer

> 六月荷花开满塘，
> 七月栀子头上戴，
> 八月桂花满枝黄。

（提示：6~8 月。四季在我国的北方比较明显，在南方不太明显，6~8 月，在北方正是夏天。夏天，太阳热得像团火，好多花儿都开了，睡莲、荷花、牵牛花，还有金黄色的向日葵。夏天常下大雨，大雨过后有时会有七色彩虹挂在天上，美丽极了。）

图 7-3　四季之二：夏

（五）计时工具认识活动

幼儿入学的第一周，让其观察教室里的钟表。讨论钟表这个计时工具对我们有什么用处。慢慢学会看表，认识钟面的结构，知道时针和分针的运转方向和规律。可以分给幼儿每人一只小钟模型，教师报时间，幼儿拨钟点，通过操作活动巩固对整点、半点的认识。

活动室还可以挂一幅日历，每天让孩子多次观察，知道一些重要的日子。不断地认识到月、周、日等变化，体会时间的周期性、反复性、不可逆转性和流动性等特点。

★数学游戏 7-3：看钟表★

1. 类型。

认识时钟。

2. 材料。

一个自制时钟。

3. 玩法。

教师和幼儿一起制作一个时钟，长针一直指在 12；短针指到几，就是几点。教师和幼儿一起玩"老狼老狼几点了"的游戏。教师做"老狼"，幼儿来问"老狼老狼几点了"，"老狼"说一个时间，例如："3 点了。"教师就把自制的时钟上的短针拨到那个时间，并且让幼儿看，记住那个时间在时钟上的位置。等幼儿熟悉后，可以让幼儿当"老狼"，教师问时间，"老狼"回答后，在时钟上把短针拨到那个时间。反复游戏，让幼儿掌握。

4. 提示。

4~5 岁幼儿已经初步了解整点时间，通过游戏，可以加深其对时钟的认识，促进幼儿理解时间与生活的关系。

(六)时间词汇认识活动

结合日常生活，对时间词汇进行交流。例如，问幼儿每天活动的内容，先做什么后做什么；明天准备做什么；昨天周末去哪里玩了。教师也可根据"时间的过去和将来的对称性"，让幼儿练习时间的词汇。像教师说"将来"，幼儿说"过去"；教师说"白天"，幼儿说"晚上"；教师说"很快"，幼儿说"很慢"。

★信息栏 7-3：年龄认知的实验★

根据林泳海等(2001)的研究，年龄认知是时间认知的重要方面。实验者向幼儿提问。

1. 第一组：年龄比较。

(1)"你几岁了？""你和弟弟谁大？为什么？"

(2)"你和妈妈谁大？为什么？"

(3)"你的奶奶比你妈妈大吗？为什么？"

2. 第二组：出生先后标准。

(1)"你出生时是几岁？"

(2)"你和妈妈谁先生出来？"

(3)"你奶奶出生时是几岁？"

3. 第三组：时间变化标准。

(1)"你上学时你和小红谁大？"

(2)"你长大时，你和妈妈谁大？"

(3)"你妈妈的年纪每年还会增加吗？"

儿童有以下 3 个水平的回答。

水平 1：没有时间连续性观念，其回答具有原始直觉的性质。例如："我比妈妈大，因为我出生时第一次看到妈妈。""我奶奶出生时已经很老了。"

水平 2：能根据现实年龄推断出谁大，但这时儿童把年龄（时间）与大小（空间）等同起来。例如："我比弟弟大，因为我先出生的。弟弟长大时，他比我年龄大，因为他长得比我高大。"另一些幼儿不能根据现时年龄推断出谁先出生，但是他们认识到当他长大时，他和弟弟的年龄差异将保持不变。

水平 3：时间认知是基于逻辑的而不是知觉的。儿童能够理解：一是各种事件在时间上具有先后顺序的观念（借助时间或出生的次序）。例如："如果我的年龄大，那么我必定先出生。"二是具有了时间绵延的观念。例如："如果我大 5 岁，我将永远大 5 岁。"

（七）年龄认识活动

教师以年龄为线索向幼儿提出各种问题。这里要注意三点：一是比较辈分不同或身材大小的不同是否与年龄大小有关；二是根据出生先后来提问，年龄谁大谁小；三是根据时间变化，若干年后，两个人的年龄对比是否有变化。

四、 幼儿时间认知学习的教学指导

幼儿在日常生活中体验到各种物体在时间上的变化历程，教幼儿初步认识时间，有利于幼儿感知时间的存在，发展幼儿的时间知觉，而且能帮助幼儿树立时间概念。同时，幼儿对时间顺序性、周期性等的理解，可以加深幼儿对次序关系、整体与部分关系的认识，提高其时间思维的抽象水平。

（一）严格生活作息制度，培养幼儿的时间观念

建立并坚持有规律的生活作息，有意识地向幼儿明确完成任务的时间和要求。教师要有意识地引导幼儿主动观察，或用简单的图画记录自己一天甚至一周

的日常生活安排。例如，小朋友每天早上"洗脸刷牙—穿衣服—上幼儿园—吃早饭"，小朋友每天中午"洗手—吃午饭—上厕所—午睡—起床"等。教师可以结合图片让幼儿对生活事件进行排序。

在幼儿进行任务时，要有意识地向幼儿提出完成任务的时间要求。例如："请你把玩具收拾好，上厕所，5分钟以后我们在门口排队到楼上午睡。"5分钟后，教师请幼儿排队，幼儿可以在这个过程中感受到5分钟是什么含义。还可以通过诗歌和儿歌感受时间（见图7-4）。

秋 Autumn

九月菊花初开放，
十月芙蓉正上妆，
十一月水仙供上案。

（提示：9~11月。在我国，除了有公历，还有农历。农历有24个节气，每一季都有6个节气。秋天是收获的季节，田野里的庄稼都成熟了，果园里的各种果树也结出了好吃的水果。）

图7-4 四季之三：秋

★小贴士：儿歌《时间伯伯》★

时间伯伯时间伯伯，
你是伟大的旅行家。
你从不停止自己的脚步，
从过去走到现在，
从昨天走到今天，
从现在走向将来。
时间伯伯，叔叔阿姨告诉我们：

"一寸光阴一寸金。"
我们一定爱惜你，
跟随你的脚步，
做时间的小主人。

(二)通过看图、游戏、日常谈话来认识时间

教师要结合丰富、直观的手段向幼儿展现大自然中的变化和循环，丰富教学活动的内容和方式。幼儿对时间的理解往往来源于生活经验，可以设计一些表现出不同时间的图画，让幼儿看图，结合实际回答与时间有关的问题，从而达到认识时间的目的。例如，设计太阳刚升起，大公鸡叫了，小朋友在穿衣服的图画，表现出早晨的图意。

在角色游戏中，"娃娃家"的爸爸早晨上班，晚上下班回家吃晚饭；"娃娃家"的妈妈白天带娃娃去公园玩，中午喂娃娃吃饭，黑夜让娃娃睡觉，以此让幼儿不断地理解早晨、白天、晚上、黑夜的时间观念。

日常生活中，教师要有意识地向幼儿明确完成任务的时间，让幼儿对时间进行讨论。例如，在教室里放一本日历，每天撕日历，让幼儿认识到星期日至星期六的周期，知道今天是星期几。在教室里可以搞"气象日志"，每天由值日生填画，并写上自己的名字(见图 7-5)。每星期总结一次，一周中有几天晴朗、几天下雨等。

星期____	星期____	星期____	星期____	星期____	星期____	星期____
 ☀	 ☁	 ☁	 ☀	 ☁	 ☁	 ☁
星期____	星期____	星期____	星期____	星期____	星期____	星期____

(提示：幼儿利用表格统计每天的天气情况，图示有晴、阴、多云、雨。)

图 7-5 气象日志

★小贴士：儿歌《红花开》★

红花红花几时开？一月开。

一月不开几时开？二月开。

二月不开几时开？三月开。

三月不开几时开？四月开。

四月不开几时开？五月开。

五月红花朵朵开，朵朵开。

另外，有很多优秀的儿歌都是帮助幼儿认识时间的好材料，可以促进幼儿对时间词汇的学习。

（三）制作记录海报

幼儿园每个月的海报，各年龄幼儿可以用来记录，让幼儿能意识到时间的推移。每个月开始，介绍这个月份，帮助幼儿制作有关这个月的特定事件或天气的一张海报；也可让幼儿收集标本，并画叶子和树的图画；或加入关于生日和其他特殊事件的记录。每个星期让幼儿记录或者把图加到海报中。月末，重温海报上反映的这些事件。保存幼儿的成长记录海报，作为他们一年进步的参考。鼓励幼儿坚持做个人的小海报或做每月事件的笔记本。月和季节的名字可作为班级拼写表的一部分。当方案进行时，要关注幼儿的兴趣，为此，可减少活动的时间和频次。

（四）利用时间词汇，在实际中创造时间的学习环境

幼儿虽然已经学习了一些时间词汇，但他们往往只记住了这些词语的声音形象，不能把这些词语与其表达的具体、特定的时间概念对应起来。教师在日常生活和教学中，要有意识地教会幼儿说，并使用"今天""明天""等一会儿""很久"等时间词汇。教学应注意从幼儿容易理解的词语（"然后""后来"）入手，之后再逐渐使用较为确切的词语（天、月、年等）。教室里还可以悬挂时钟、日历，对幼儿提出要求时，明确说出时间。例如："30分钟以后吃完午饭。""明天是星期六，3月15日。"

让幼儿结合实际，讲出一些有关时间的句子。教师也可以鼓励幼儿做时间线。例如，"星期线"：在一张长的塑料纸上使用标记，做7个部分，并把星期一到星期日写下来，把每周中午吃的菜标记下来。或者做一个"月线"，做一粒种子

的种植活动，鼓励幼儿记录有关植物生长的信息。还可以通过季节认识时间（见图 7-6）。保持时间轨迹，并督促幼儿坚持写记录，以获得珍贵的时间资源。

冬 Winter

十二月蜡梅雪里香，

一月梅花香又香，

二月兰花盆里装。

（提示：12 月至次年 2 月。到了 12 月，寒风夹着雪花把冬天带来了，天气好冷啊！冬季的白天在四季里是最短的，黑夜是最长的。小河里的水冻成了冰，动物们有的藏起来冬眠了，有的迁徙到温暖的南方去了……穿着厚衣服的小朋友们可不怕冷，他们快活地打雪仗、堆雪人。）

图 7-6　四季之四：冬

第二节　"时间"的活动指导

一、本模块学习与发展的具体目标

本模块学习与发展的目标见表 7-1。

表 7-1　"时间"模块学习与发展的具体目标

年龄	具体目标
3～4 岁	1. 感知白天和黑夜、早晨和晚上的不同。 2. 初步认识不同季节的特征和规律，区分四季。 3. 通过事件的前后理解事件的时间顺序。 4. 通过事件的时间长短，感知时间的延绵性，能对时距进行判断。 5. 感知一周时间，分辨昨天、今天和明天，体会过去、现在和将来。

续表

年龄	具体目标
4～5 岁	1. 体会春、夏、秋、冬不同季节里的生活事件。 2. 认识日历，并与生活事件联系起来。 3. 体会星期、月份，并与实际生活相联系。 4. 对时距进行判断，并按照时距长短进行排序。 5. 初步感知时钟和一天的时间点。
5～6 岁	1. 熟悉多种计时工具。 2. 认识钟表，理解时针和分针的含义，知道整点与半点。 3. 体会年、月、日代表的含义，并比较年龄大小。 4. 理解整点、半点，并能比较时间的前后。 5. 初步了解、体会年、月、日之间的换算关系。

二、 本模块的活动系列与点评

本模块的活动安排见表 7-2。

表 7-2 "时间"模块的活动安排

年龄	序号	活动名称
3～4 岁	活动 1	太阳公公和月亮婆婆——白天和晚上
	活动 2	春、夏、秋、冬——认识四季
	活动 3	探访地球——时距判断
4～5 岁	活动 4	一星期有七天——认识日历
	活动 5	鲜花十二月——认识月份
	活动 6	哪个时间更久——时间推断
5～6 岁	活动 7	小闹钟——整点与半点
	活动 8	过生日——年龄认知
	活动 9	"年"妈妈的故事——认识日历

★ 活动 1：太阳公公和月亮婆婆——白天和晚上（3～4 岁）★

🕊 活动目标

1. 通过欣赏、游戏帮助幼儿了解早晨和晚上、白天和黑夜的时间概念。
2. 认识并区分早、晚的代表性日常变化。

🕊 活动准备

1. 木偶戏（场景和用品）。
2. 两张卡片，上面分别画有太阳和月亮。
3. 画有白天和黑夜不同活动内容的卡片若干。

🕊 活动过程

1. 区分白天和晚上。

观看木偶戏《太阳公公和月亮婆婆》，并回答提问。

（1）太阳和月亮什么时候出来的？

（2）太阳出来的时候，故事中的小弟弟在做什么？

（3）月亮出来的时候，故事中的小弟弟在做什么？

教师小结：太阳出来的时候是白天，月亮出来的时候是晚上。

2. 区分白天和晚上的不同活动。

（1）教师出示画有白天和黑夜不同活动内容的卡片，让幼儿区分判断：这是什么时候的事情？并分别举起相应的画有太阳或月亮的卡片。

（2）两个小朋友为一组，分别扮演白天和晚上的活动。

3. 白天和黑夜与早、中、晚的关系。

演示动画"熊宝宝的一天"，白天（太阳公公出来）接着分为：早晨（熊宝宝刚起床），中午（熊宝宝在吃午饭），晚上（熊宝宝洗脚准备睡觉了）；晚上之后是黑夜（月亮婆婆出来了）。引导幼儿发现白天的开始是早上，经历了早、中、晚，晚上后就是黑夜了。

🕊 活动延伸

鼓励幼儿回到家与父母交流，白天和晚上有些什么不同。——列举，体会大自然一天的昼夜变化。

（设计者：孙敏）

专家点评

幼儿开始可能只能理解白天和黑夜，不能考虑到早、中、晚、夜之间的交替变化关系。理解晚上和黑夜，白天的早、中、晚，既与日常的活动相联系，又观察一天里天空和野外有什么变化，考虑与太阳和月亮的关系，提升幼儿的时间认知意识。

★活动2：春、夏、秋、冬——认识四季(3～4岁)★

活动目标

1. 初步感知春、夏、秋、冬的季节特征。

2. 能根据图画判断时序。

活动准备

四季图片4幅；图画2幅(木棒倒地，花的生长过程)。

活动过程

1. 四季特征。

教师提问：小朋友们，你们知道现在是春天？夏天？秋天？还是冬天？你是怎么判断的？引导幼儿说出四季特点，比如，穿着、活动、天气和饮食等方面的变化。

小燕子飞来，是春天；荷花开放，是夏天；树叶飘零，是秋天；漫天飞雪是冬天。出示相应的动画课件，通过同一个人在四季中的生动、形象的活动和周围环境感知四季的不同。

请小朋友分四个组，分别扮演四季的场景。

2. 时序练习。

教师画2幅画：木棍倒下的顺序(4个顺序)和花生长的顺序(4个顺序)，通过讲故事的方式呈现。比如，花的生长：先放种子，浇水，小苗在生长，小苗长大，开出美丽的花朵，花朵凋谢了。将相应的卡片给幼儿，让幼儿按时间和事件的发展顺序进行排序。

3. 提示。

对冬天和夏天、春天和秋天的情况进行对比；通过回顾过去一年的重要活动，并与每个季节的情况相联系。

活动延伸

为幼儿提供简单的故事卡片，让幼儿按时间和事件的发展顺序进行排序。

（设计者：单光耘）

专家点评

四季是时距相对比较长的概念。春、夏、秋、冬，对于北方的幼儿来说，四季分明，会留下深刻的记忆。结合经验，通过图片和儿歌、故事，幼儿比较容易理解什么是春天、夏天、秋天和冬天。幼儿小的时候，只要对四季有一个模糊的概念就可以了，实际上，大自然提供了很丰富的四季信息。

★活动3：探访地球——时距判断(3～4岁)★

活动目标

通过实际的操作感受时间的长短不同，并理解事件发生的先后顺序。

活动准备

自制外星人探访地球图片。

活动过程

1. 洗刷准备。

教师带领一群小宇航员（幼儿扮演）准备探访外星球；现在，他们在地球上面；小宇航员整装待发；他们在各自家里先刷牙，再洗脸，分别用了5分钟。教师给他们时间模仿自己刷牙、洗脸，看看自己用的时间有多久。教师告诉幼儿用的时间是多长，画一个线段表示。

2. 上宇宙飞船。

接着，从各自家里出发到宇宙飞船那里，有些幼儿用的时间长，30分钟；有的用的时间短，10分钟……先到的幼儿在飞船处等待其他幼儿，感受时间的长短不同。时间长短，用画线表示。

3. 飞去外星球。

小宇航员坐上飞船，要经过1个小时才能遨游宇宙。教师记录这段时间，并在相同的线段上标示时间的长短。

经过1个小时后，飞船成功在外星球着陆，画线表示。

🐦 **活动延伸**

根据线路的每一段过程，体会时间长短，鼓励幼儿用笔来画这个过程。

（设计者：董琼）

🐦 **专家点评**

可让幼儿对自己每个阶段所使用的时间的长短进行描述。关注幼儿时间距离意识的培养，对时间的精确性可以不过高要求。

★活动4：一星期有七天——认识日历(4～5岁)★

🐦 **活动目标**

1. 初步认识日历中的星期，并能够在日历上找到上幼儿园的日期。

2. 在猜猜说说的过程中初步了解日历上数字的前后关系。

🐦 **活动准备**

日历1张。

🐦 **活动过程**

1. 看日历。

(1)提问：你们认识这张表吗？它叫什么名字？它有什么用？

小结：这张表的名字叫日历，它是由中文的数字和阿拉伯数字组成的。它会告诉我们今天是几号，是星期几。

(2)请孩子依次读读日历上的数字。

提问：这些数字的排序有什么规律？最后一个数字代表什么？

小结：日历上的数字从左往右、从上往下越来越大。每张日历的最后一个数字代表这个月的天数。每张日历都是周一到周日，然后又重复下去。

2. 指日期。

(1)提问：今天是几号？请孩子来找找这个日期在日历上的确切位置。

(2)教师任意说一个数字，请孩子找到这个日期。

提问：这个日期的前一天是几号？后一天是几号？

(3)教师引导孩子思考：我们每周有几天来幼儿园？休息几天？同时帮助幼儿了解：哪个区域是上幼儿园的日期，哪些日期是孩子休息的时间。

小结：一个星期有7天，我们每个星期有5天要上幼儿园，在家休息2天。

🐦 **活动延伸**

建议家长在家里布置一个大的挂历，鼓励幼儿有看挂历的习惯，知道每天的日子，或重要的日子，并在幼儿园里讨论这些日子。

（设计者：戴慧丽）

🐦 **专家点评**

在平时，教师可以引导孩子观察挂历上的数字，并帮助他们了解每个数字的意义；也可以在教室里准备一个大的挂历，每天让孩子在这个挂历上找找今天是几号、星期几。

★活动 5：鲜花十二月——认识月份(4～5 岁)★

🐦 **活动目标**

通过训练，幼儿能理解时间的概念，读懂日历，知道日历可以给我们的日常生活带来很多方便。

🐦 **活动准备**

12 个月的鲜花图片。

🐦 **活动过程**

1. 选花涂色。

(1)选择 12 种当月开放的鲜花代表 1 年的 12 个月份，它们分别是：蜡梅、茶花、玉兰、桃花、玫瑰、栀子花、荷花、月季花、兰花、桂花、菊花、水仙花（图片）。

(2)教幼儿用简笔画的方式，将这 12 种鲜花画在当月月历的空白处，或者教师画好花的外形，再由幼儿涂上不同的颜色。

2.7 月放假。

(1)翻到每个月的最后一天，和幼儿一起将月历翻到新的一页，并问幼儿们："明天是几月份啦？"

幼儿看到自己亲手画的鲜花，会高兴地回答："荷花月！"

(2)这时，教师告诉幼儿："对啦！荷花月是 7 月份，哥哥姐姐们也都放暑假了，小朋友们可以和他们一起做游戏了！"

幼儿的小脑袋里立即闪过的概念是：荷花—7 月—放假—游戏。

🐦 活动延伸

鼓励幼儿回家,在父母帮助下搜索一些关于月份和花的儿歌,手写或打印,带到班上交流。

(设计者:吴喆慧)

🐦 专家点评

鼓励幼儿观察幼儿园室外、公园、社区里都有些什么花开了,注意当时是哪个季节、哪个月份。知道自己城市的市花是什么,在哪个月份开。

★活动6:哪个时间更久——时间推断(4~5岁)★

🐦 活动目标

1. 通过对一些事件的判断,感知时间的长短。

2. 感受时间的延续性,知道要好好珍惜时间。

🐦 活动准备

会响铃的计时器;画有各种事件的图片,例如,刷牙、做操、睡觉、看电视、吃饭、吃水果等。

🐦 活动过程

1. 猜想,对时间长短的估算。

出示一组图片,请幼儿看各种与他们生活事件相关的图片,例如,刷牙、做操、睡觉、吃饭、画画、搭积木、洗手、洗澡、唱歌、讲故事等。

(1)请幼儿说出每张图片上小朋友在做什么。

(2)估算一下,哪几张图片上的内容花的时间比较长?哪几张图片上的内容花的时间比较短?

(3)按照所需时间的长短,把花的时间长的图片放在一起,花的时间短的图片放在一起。

2. 判断,看时钟推断时间的长短。

(1)小明家今天有朋友来做客,小明和妈妈一起去集市买菜,小明爸爸去超市买食品了。请小朋友想一想,小明妈妈买菜时间长?还是小明爸爸去超市的时间长?

(2)引导幼儿观察图片上的时钟显示：小明和妈妈买菜的时钟图片上显示的时间是 9:00，小明爸爸去超市的图片上显示的时间是 10:00。

(3)妈妈烧饭的时间显示是 11:00~11:30，请幼儿判断烧哪个菜时间更长。

3. 操作，体验时间的长短。

(1)将幼儿分成两组，一组幼儿涂色，另一组幼儿搭积木。提问：你们觉得是画画的小朋友用的时间长？还是搭积木的小朋友用的时间长？

(2)出示计时器问幼儿：这是什么？有什么用？（这是计时器，用来记录时间的。）

(3)幼儿分组操作，教师用计时器计时。告诉幼儿计时器停下来，我们看看哪组完成任务了。

小结：让幼儿知道，有些事做起来方便，花的时间少，而有些事做起来不是很方便，所以花的时间就比较长，我们要好好珍惜时间。

☞ 活动延伸

平时在活动中可自由地观察钟表，计算时间。例如，做操大约需要多长时间？吃饭需要多长时间？睡觉需要多长时间？让幼儿在多种场合感受时间的存在和延续。

（设计者：王天韵）

☞ 专家点评

时间是客观存在的现象。人们对时间的推断带有主观性。喜欢的事情，估计时间偏短；枯燥的事情，估计时间偏长。当然，通过练习，幼儿会提高对时间的估测能力。时间很珍贵，从小培养幼儿做事情有效率很重要。

★活动 7：小闹钟——整点与半点(5~6 岁)★

☞ 活动目标

1. 初步建立时、分、秒的时间概念，并了解整点与半点及其记录方法。

2. 养成遵守和爱惜时间的意识和习惯，进一步体会数学与生活的紧密联系。

☞ 活动准备

1. 小闹钟 1 个，区域中放置幼儿收集的各种钟表，"一日活动安排表"卡片。

2. 人手1个模型钟、1张记录纸、1支笔。

🕊 **活动过程**

1. 创设情境。

(1)引出话题，出示小闹钟。

这是什么？（钟。）

你在什么地方还见过什么样的钟？

(2)出示幼儿收集的各类钟表，让幼儿说说。

这些钟表一样吗？（让幼儿发现有的钟表是数字式的，有的是指针式的。）

2. 尝试建构。

(1)观察钟面：认识时针、分针、秒针。

这些针都一样吗？（通过比较知道短的是时针、长的是分针、最细的是秒针。）

(2)出示同样短针指向10点，分针却分别指向12和6的两个钟面：认识整点与半点。这两个钟面上表示的时间一样吗？什么地方不一样？

小结：当短针指向同一个数字，分针正好在12上的就是整点；分针在6上的就是半点。

整点和半点怎么用数字表示？（让幼儿比较得出：整点后面是00；半点是30。）

(3)出示钟面卡片：6:00，11:30，8:00，2:30，请幼儿分别记录。

3. 教师集中解惑。

(1)幼儿把记录纸分别展示在黑板上。

(2)幼儿共同验证。

(3)不对的，一起说说什么地方不对，应该怎样表示。

4. 再次建构：每人1张"一日活动安排表"卡片。

(1)看到钟面的，幼儿用相应的数字进行记录。

(2)看到数字的，幼儿在钟面卡上用时针、分针表示。

5. 应用深化。

回家制定自己的一日活动安排表。

🕊 **活动延伸**

区域活动：学做小学生。参观小学后，可以把了解的小学生作息记录下来。

（设计者：张瑾）

🕊 **专家点评**

平时多观察钟表的运动，体会时针、分针的运动规律；关注钟面上的数字变化，并与日常生活相联系。还要注意，有的幼儿会发现早上和晚上的数字相同，但表示的时间是不同的，可引发幼儿进一步讨论和探究。

★活动 8：过生日——年龄认知(5～6 岁)★

活动目标

1. 通过学习日历感受日、月、年的先后次序。
2. 结合日历，以年龄来判断时间的先后次序。

活动准备

连续 3 年的日历。

活动过程

1. 给生日做记号。

小朋友们比赛，在日历上找到自己的生日，在日期处标上相应的记号，比较谁大谁小。

2. 生日比较。

同样的月份，生日在不同的日历纸上的小朋友年龄相差 1 岁。生日在同一张日历纸上，但是有的小朋友的生日在数字小的几个月份，有的小朋友的生日在数字大的几个月份，哪个小朋友年龄大？哪个小朋友年龄小呢？大的比小的大几个月呢？小的比大的小几个月呢？请幼儿讨论一下并说明原因。

如果哥哥 8 岁了，妹妹比哥哥小 2 岁，妹妹是几岁呢？哥哥是 2006 年出生的，那妹妹应该是哪年出生的呢？

活动延伸

鼓励幼儿回到家，在挂历上把全家每个成员的生日标出来；记得哪天是谁过生日。

（设计者：钱玲华）

专家点评

知道自己的生日并记住，这相对容易。但生日的比较，对一部分幼儿相对较难。如果有挂历呈现，比较生日会容易些。教师可引导幼儿多做这方面的练习，感知年、月、日的大小范围，先比较年，再比较月，最后比较日。

★活动9:"年"妈妈的故事——认识日历(5~6岁)★

🐦 活动目标

1. 通过游戏了解年历的有关知识;会从日历上找日期,能发现数字规律。
2. 关心家人的生日。

🐦 活动准备

12栋月份的房子(1,3,5,7,8,10,12月份的房子大;4,6,9,11月份的房子小;2月份的房子最小。)

🐦 活动过程

1. 用变魔术的方法引起幼儿对日期的兴趣。

(1)今年是哪一年?

(2)小狗要给大家变个魔术。(变出数字12,30,31,365。)

(3)这些数字代表什么意思?

教师引导幼儿交流经验。

2. 了解年的有关知识。

(1)听《年妈妈的故事》。

(2)问:你现在知道了小狗变出的数字是什么意思了吗?

12:月;30,31:日;365:年。

小结:从故事中我们知道一年有365天,有12个月。

(3)问年妈妈造的12栋房子有什么不一样。

为什么有的大,有的小?他们是怎样排列的?哪些大,哪些小?

这365日娃娃是怎么住的呢?

小结:住31个娃娃的这间房,我们叫大月,30的叫小月,比小月还要小的叫最小月。

(4)我们来找找哪些是大月,哪些是小月,把它们送回家。

引导幼儿进行操作练习。

3. 以游戏的方式进行复习。

游戏:我们的生日。

玩法:请小朋友在日历上找到自己家人的生日,并用笔勾出。

🐦 活动延伸

出示2004年的日历,看看有什么不一样的(能找到2月有29天)。

附：年妈妈的故事

新年到了，年妈妈生了许多娃娃，她给这些娃娃取名叫"日"，一共有 365 个日娃娃。她给这些娃娃造了房子，取名叫月，让它们分开住，第一栋为 1 月，第二栋为 2 月……第十二栋为 12 月。这些房子有大有小，住在里面的娃娃有多有少。年妈妈很喜欢这些孩子，从一月的第一个日娃娃开始数，一直数到十二月的最后一个日娃娃，这时一年就过去了，又迎来了新的一年。

（设计者：单光耘）

✎ **专家点评**

通过故事的方式认识日历，幼儿在情境中就容易记住一年有 12 个月，一年有 365 天。再与出生的年、月、日联系起来，幼儿就比较容易理解日期的时间概念。

★本章附录★

这里有多种多样的计时工具。古代的时候，人们利用沙漏和日晷记录时间；到了现代，发明了电子产品之后，人们主要采用钟表来计时。

挂钟

闹钟

日晷

手表

电子表

沙漏

3～4 岁：对各类计时工具感兴趣，观察计时工具的运动过程。

4～5 岁：观察不同计时工具是如何运动的，有什么不同。

5～6 岁：体会计时工具计量时间的道理，知道钟表运动和现实事件的发生过程是同步运动的。

数学挂图 7-1　计时工具——看时间　【模块 4：时间】

（设计者：赵志远）

第八章
模块5：概率与统计

生活中最重要的问题，绝大部分其实只是概率问题。

——拉普拉斯

★本模块学习与发展的目标★

🐦 3～4岁

初步感知生活中的一些偶然事件，感受不确定性；体会生活中简单的统计（计数）活动，感受统计（计数）与生活的某些用途有联系。

🐦 4～5岁

感知"可能""肯定"等词汇的含义；能对事物或现象进行观察比较，发现其相同与不同，做简单归类，并尝试统计一下是多少；能通过简单的调查收集信息。

🐦 5～6岁

能使用一些概率词汇；能发现一些事件发生的可能性或规律；能描述不同种类物体的特征；能尝试一些简单的分类与统计活动，并了解其对生活的价值；能用简单的图表表示简单的数量关系。

（依据《3～6岁儿童学习与发展指南》制定）

第一节 "概率与统计"的理论解析

概率与统计主要研究客观世界中的随机现象和现实生活中的数据，通过对数据收集、整理、描述和分析，以及对事件发生的可能性的刻画，帮助人们做出合理的决策。收集、整理、描述和分析数据的活动是概率与统计学习的首要目标。概率与统计的思想方法，是进一步学习各类知识所不可缺少的，这是幼儿未来生活与工作所必需的，也有助于培养幼儿以随机观点来理解世界的能力。

一、概率

可能性和概率在生活中常常出现，例如，"看起来要下雨""有机会的话，我们会在 6 点左右到祖母那里"，这样的话对于每位幼儿来说随处可听到。

(一)儿童概率发展的研究

对儿童概率概念理解得最早、最全面的研究(Piaget & Inhelder, 1975)，是通过一些模拟实验和机遇游戏，详细、系统记录儿童进行诊断活动的访谈细节。儿童概率认知发展有三个重要阶段：(1)前运算阶段，儿童缺乏包含可逆性的基本逻辑运算与算术运算。这个水平上的推理是前逻辑性质的，还没有机遇或者概率的概念。(2)具体运算阶段，年龄从 7 岁或 8 岁到 12 岁左右，能区分确定性和不确定性，开始知道概率数字的含义，但对复杂情境的概率还缺乏一套不完整的策略。(3)直到 11 岁或 12 岁，即形式思维阶段开始时，儿童才能将演绎逻辑与随机概率统合起来。

★信息栏 8-1：概率认知的发展特点★

刘范等关于5～18岁儿童为期两年的概率概念发展的研究表明，儿童掌握概率概念要经过 5 个步骤：(1)认识事件出现的可能性；(2)分析可能性随机分布的情况；(3)估计几种可能性的大小；(4)用具体数量(次数)表示几种可能性的大小；(5)抽象概括出科学的概率概念。在完全掌握概率概念以前，各年龄阶段儿童在不同水平上都对概率概念有了不同程度的理解。

(二)幼儿概率活动及教学指导

1. 感受可能性的问题。

可能性的问题对于幼儿来说是否太深奥，也许对于年幼儿童来说，是的，但是幼儿一旦具有"我们一定要发现"的精神，再让他们尝试自主探索的活动和实验，那么幼儿就可以学到很多关于概率的东西。

教师可以和幼儿讨论一些问题。例如，"肯定会发生的事""可能会发生的事""真实世界中肯定不会发生的事"，鼓励幼儿通过写画表达对概率的理解。

(1)肯定会发生的事。例如："今晚天会变黑。""一本书放开手就会掉下去。"

(2)有可能会发生的事。例如："这个星期天午饭有可能吃比萨。""有可能去街心公园玩。"

(3)肯定不会发生的事。例如："狗会说话。""猫会长翅膀飞。""人会飞。"

★数学游戏 8-1：雨后★

1. 类别。

概率。

2. 材料。

"闪电""雨过天晴的彩虹""人们撑伞走路""雨点从空中飘落"的 4 张图片；1～4 的数字卡片。

3. 过程。

(1)教师出示材料中的 4 张图片，并引导幼儿联系实际。

①哪张图片，是你在下雨的时候从来没有看到过的现象？

引导孩子用手指比画出该图片的数字。

②教师与幼儿一起统计，点数各张图片孩子的人数，并进行记录。

③哪张图片是你在下雨时可能看到的现象？

④哪张图片是一下雨肯定会出现的现象？

请幼儿用语言回答，师幼共同统计结果。

(2)教师引导幼儿观察统计结果，并进行讨论：在闪电之后，剩下的 3 张图片，哪张最有可能出现？哪张最没有可能出现？

4. 提示。

教师可以给幼儿观看有关下雨整个过程的视频，请幼儿用完整的语言来描述"雨前—雨中—雨后"的整个过程。

2. 猜物品。

在探索可能性的作业中，儿童可以制作数学的立体几何物品、"神秘袋"和硬币。

幼儿可以玩一些将概率渗入小数字的有趣活动。

(1)按指定的次数抛硬币，并记录正面和反面朝上的次数。

(2)每个人掷 10 次硬币，轮流告知硬币正面向上的数字，教师将回答记录下来，画出一个表格来比较预测结果和实际结果。

(3)幼儿从一个装有 10 个立方体的袋子中取出立方体，给它们涂色：7 个涂红色，3 个涂蓝色。给立方体涂完颜色后，幼儿记下颜色，把它放回袋中。10 个立方体都涂完颜色后，让幼儿取出 2 个，猜猜看，什么颜色出现的频率高。猜测若干次，并记录。

★小贴士：做统计图★

在数学实验之后，要求幼儿做一系列事情，包括预测结果、检验预测结果、保留回答步骤等。幼儿就他们收集的数据做统计图（见图 8-1）。在讨论结果时，必须解释为什么会发生这样的结果，并为一系列活动做出更多的预测。在幼儿工作的时候，教师应关注要探索的思想，而不是对发生的一切做出理论上的解释。

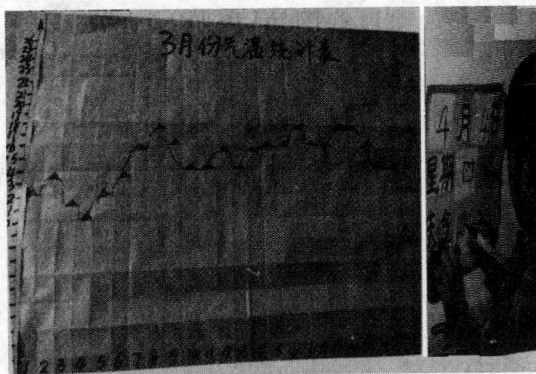

（提示：每天看温度计，并做标记，看一个月的天气规律。）

图 8-1　一个月温度变化的统计

3. 收集现实生活中的随机数据。

例如，有关幼儿园周围道路交通状况（运输量、车辆数、堵塞情况、交通事故等）的调查，本地资源与环境的调查，对自己所喜爱的动画节目的调查等。经历"猜测结果—进行实验—分析实验结果"的过程，建立正确的概率直觉。

幼儿阶段的概率教学，多从感知过程来考虑，让幼儿体会可能性的过程。像玩"掷骰子"游戏，可让幼儿体会随机性的快乐。使幼儿了解概率的意义，并理解现实世界中随机现象的特点，是教学的重点和难点。

★数学游戏 8-2：魔袋★

1. 类别。

概率。

2. 材料。

一个魔袋（10 个橙色的乒乓球，1 个白色的乒乓球）；2 枚一元硬币。

3. 玩法。

(1)抛 1 枚硬币，猜猜正面向上的可能性有多大？你能不能抛 3 次，每次都是正面向上或反面向上呢？再试试一起抛 2 枚硬币，有什么变化呢？

(2)小朋友，你们之前玩过抽奖吗？是怎么玩的呢？咱们现在也来玩一下好吗？

现在我手上有个魔术袋，抽到白球是中奖了，谁抽到它将会得到一份精品礼品。

(3)让幼儿每人在魔术袋里抽奖品，并一一做好记录。适当的时候问幼儿：

为什么小朋友这么多人抽了奖，却总是很少中奖呢？这是为什么呢？

4. 提示。

由于概率本身很抽象，不必对幼儿掌握的程度要求过高，可以让幼儿体会概率游戏的快乐。

二、 统计

统计的内容和数学其他领域的内容有着紧密的联系，它为幼儿提供了将各个领域内容联系起来的机会（见图 8-2）。

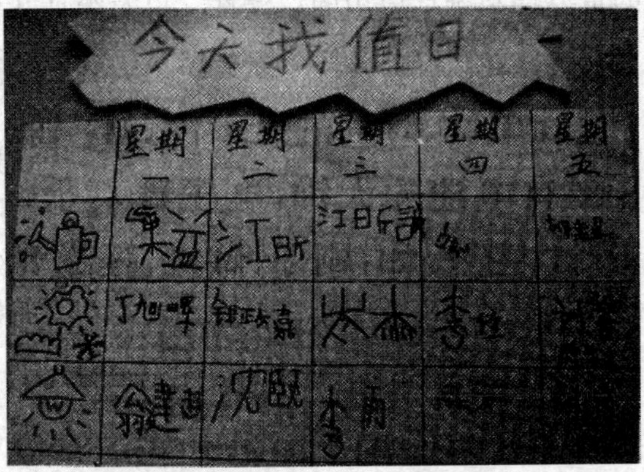

（提示：感受统计表的应用。）

图 8-2　今天我值日

（一）统计的含义

统计意味着对数据（或称为数字信息）进行收集、整理、描述和分析。最初的统计问题应基于幼儿的生活经验，统计学习应从具体的事物着手（见图 8-3）。

（提示：小组活动，实际观察并记数，感受统计的现实意义。）

图 8-3　街上的汽车

（二）幼儿统计活动

1. 收集统计方面的信息。

知道从报纸、杂志、电视等媒体中获取有关的数据信息，这将有助于幼儿真正认识到学习统计的重要性和统计应用的广泛性，以及统计在信息社会中的重要作用，帮助幼儿学会收集数据的方法。收集数据的常用方法包括计数、测量、实验等。例如，使用 8~10 个玩具、书或书桌抽屉里的东西，教师把这些物体分成两组，告诉幼儿要仔细观察，要求幼儿理解什么是物体分类原则，并让他们想好后举手回答。当幼儿举手时，让他们说出把下面一个物体放在哪一组，但要求他们不宣布规则。当许多幼儿似乎都知道这个规则时，让一些幼儿解释他们的规则，让另一些幼儿纠正。通过对分类依据的分析、分类经验的探讨以及教师的指导，让幼儿获得快速收集信息的方法。

★**数学游戏 8-3**：小鸡和小鸭★

1. 类别。

小统计。

2. 材料。

鸡妈妈和鸭妈妈带孩子回家的图片。

3. 玩法。

(1)出示图片，请幼儿看看，并说说图片里有什么，它们在做什么。

(2)太阳落山了，鸡妈妈和鸭妈妈领着自己的宝宝要回家了，请幼儿数数它们分别有几个宝宝。

(3)有没有掉队的宝宝呢？有几个？

4. 提示。

判断掉队的宝宝是谁，就要先看清楚鸡妈妈和鸭妈妈是往哪边走的，然后看看是谁掉队了，再把它们数出来。

2. 简单整理、描述和分析数据。

检验某些预测，解释统计结果，根据结果做出简单的判断预测，并能进行交流。例如，在读了《每个橘子有八瓣》之后，幼儿可以自己动手清洗并用塑料刀分割一些橘子。同时可以引导幼儿数一数每个橘子的瓣数，并记下这些数字。在以后的一段时间里，幼儿集中于水果的其他方面——苹果有几个核，一小串葡萄有几颗，蜜柑有几部分。这样幼儿就可以通过阅读和亲手体验感受到许多水果的数据。

3. 画出图表。

解决"班中最喜欢的冰激凌是什么""城市的气温如何"等之类问题。在对这些问题思考的过程中，幼儿自由制作图表进行探索，以拓展幼儿解决实际问题的能力。比如，幼儿正在学习动物，幼儿翻看各种书上的图片，然后画一张有趣的、有想法的画。他们在图片上写字，教师可以记录下幼儿口述的内容或使用口头语表达的信息。在幼儿分享之后，让幼儿按照动物的外表、习性、饮食或其他方面进行分类，然后统计一下数量，画出表格，写上数字，最后装订在班级的一本档案袋里，这就完成了一次统计的作业。

★数学游戏 8-4：我最喜欢的礼物★

1. 类别。

统计。

2. 材料。

卡片：娃娃、赛车、图书；糖果：棒棒糖、巧克力。

3. 玩法。

(1)挑选糖果。

①教师：今天是六一儿童节，猜猜老师会请你们吃什么？棒棒糖和巧克力，这两样东西，哪个更受小朋友喜欢？

幼儿每人选一样(棒棒糖或巧克力)，教师引导幼儿说出是选巧克力的人多还是选棒棒糖的人多，引导幼儿运用数数、比较的方法。

②幼儿分两排，选巧克力的站在一起，选棒棒糖的站在一起。最后用数数的方法，或用一一对应的方法得出结果。

(2)礼物。

①娃娃、赛车、图书，是小朋友六一儿童节的礼物。提问：在这些礼物中，哪样礼物是最受小朋友喜欢的？

有什么办法可以知道？（可以用数数、一个对着一个的比较方法。）现在有 3 种礼物，有没有更好的方法？

②教师出示一张统计图，引导幼儿观察统计图上面的内容。

交代任务：等会儿你们每人挑选一张自己喜欢的玩具卡片，把它贴在统计图上。要将自己挑选的礼物卡片贴在相应的位置上。

③根据统计图上的数字，统计出哪个玩具是最受小朋友喜欢的。

4. 提示。

提供一张蔬菜统计图，让幼儿统计哪种蔬菜是最喜欢吃的，同时教育幼儿不挑食。

★数学游戏 8-5：玩具店进货★

1. 类别。

小统计。

2. 材料。

货物卡，统计卡，兔子图片。

3. 玩法

(1)玩具店进货。

①教师告诉孩子要进一批玩具，同时出示一张兔子玩具的清单。提问：我们这次要进什么玩具？需要进多少个？

②教师请个别幼儿上前数一数。提问：一共要进多少个？你是怎么数的？引导孩子说出数数的方法。

(2)玩具分类。

教师出示两个"货架"，请孩子分类。提问：怎么把这些小兔子放在两个货架上？为什么这样放？

(3)幼儿操作。

人手一份操作材料，请孩子先把这些小兔子任选一个维度进行分类，并摆放在规定的两个区域。分别记录分类后的两组兔子玩具的数量，完成统计表。可以用点子表示，也可以用数字表示。

4. 提示。

教师在日常生活中可以与孩子一起统计每天来园的人数，以及男孩和女孩的人数。起初，可以让孩子寻找相应的数字卡片，一段时间后，可以让孩子每天轮流书写这些数字。

3. 帮助幼儿尝试做简单的图表。

实物图表是指幼儿按一定类目排列实物的方法。例如，4 岁幼儿会把他们暖手的东西(手套和连指手套)放成一堆，并比较多少。在任何季节里，幼儿都可以脱一只鞋子放成一堆，并比较各种鞋子的多少，登山的、木底的、平底的或其他专用的鞋。

当幼儿把实物放在实物图表上时，应该从起始线开始，而不是随意排列。如果成组数据按从左到右或从上到下排列，就能培养幼儿对图表的解释能力。

　　教师为幼儿提供画纸，让幼儿各自画自己的类别，帮助幼儿排列，并与以前制作的实物图表做比较。由此来说明，数据图表表达了与实物图表同样的信息。

　　4. 解释数据。

　　通过收集数据，幼儿可以认识到数据和图表能够提供信息。当整理好的数据展示出来以后，教师应引导幼儿观察，图表或其他表征方式传递的是什么样的信息，以及这些信息是否有助于幼儿解答相关的问题。

（三）幼儿统计的教学指导

1. 引导幼儿按照不同特征分类并计数。

　　在生活中发现需要分类的物品，并做简单统计。例如，选择和分析出生日期等主题的数据（Curcio & Folkson，1960）。

2. 帮助幼儿建立信息图表。

　　例如，选择吃点心的时间；制作幼儿穿某种款式的鞋子的数量图表；在幼儿园进行调查，判定幼儿喜欢游戏器械的情况；用图表表示 1 个月中多少幼儿吃麦当劳，多少幼儿吃肯德基；记录幼儿早晨来园迟到的人数情况，并说明原因；记录班上小朋友掉牙的情况（见图 8-4）。

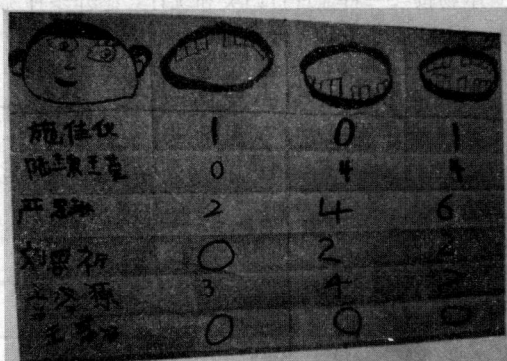

　　（提示：上牙掉了几颗，下牙掉了几颗，一共掉了几颗，练习统计过程。）

图 8-4　掉了几颗牙

第二节 "概率与统计"的活动指导

一、 本模块学习与发展的具体目标

本模块学习与发展的具体目标见表8-1。

表8-1 "概率与统计"模块学习与发展的具体目标

年龄	具体目标
3～4 岁	1. 按照不同特征分类，并计数。 2. 按照二维特征分类，并计数。
4～5 岁	1. 感知"可能""肯定"等生活词汇的含义。 2. 根据事物特征分类、统计。
5～6 岁	1. 初步感知事件发生的偶然性与必然性。 2. 通过游戏体会多种情况下事件发生的概率。 3. 将同一事物按某一特征进行归类和统计，感知多种统计方法。 4. 尝试观察或绘制简单图表，并统计。 5. 尝试选择和运用适当的统计方法分析数据。

二、 本模块的活动系列与点评

本模块的活动安排见表8-2。

表8-2 "概论与统计"模块的活动安排

年龄	序号	活动名称
3～4 岁	活动 1	数扑克牌——简单概率
	活动 2	两周的天气——小统计
	活动 3	抛掷游戏——有趣的概率

续表

年龄		活动
4～5 岁	活动 4	可能事件——简单概率
	活动 5	过生日——小统计
	活动 6	小小记录员——小统计
5～6 岁	活动 7	三周的天气——小统计
	活动 8	扔硬币旅行——感知概率
	活动 9	我们的超市——小统计
	活动 10	听我的——简单概率

★活动 1：数扑克牌——简单概率(3～4 岁)★

活动目标
能够进行简单的统计，并了解概率观念。

活动准备
不同颜色、形状的扑克牌 1～5 各 4 张；小笑脸卡片若干。

活动过程
1. 熟悉扑克牌。

(1)随机发给幼儿 5 张扑克牌，让幼儿仔细观察，并按照不同的颜色和形状进行计数。

(2)抽出 1，2，3 的扑克牌各 4 张，放在一起，让幼儿随意打乱顺序。

①记住有几张。

师：小朋友，你能找出红桃的有几张吗？谁能更快地说出来呢？

师：黑桃呢？你还能找出其他什么形状吗？

②找花色。

在这堆扑克牌中，你能找到几种颜色呢？说说看，红桃和方块是不是同一种颜色？

2. 猜一猜。

抽出 4 张黑色扑克牌和 1 张红色的扑克牌，打乱次序。

师：小朋友，刚才有几张牌？有哪些花色？

师：小朋友，你抽一张，猜猜可能是哪种颜色的牌？为什么？

实际操作，验证结果。

🕊 活动延伸

拿一副牌，各抽1张，比比大小。或抽2张，成对的为胜；成对大者为胜。

（设计者：董琼）

🕊 专家点评

让孩子熟悉扑克牌的类别与特征，关注扑克牌上面的数字及花色的排列。通过猜测游戏可以体会产生数量的偶然性和必然性，获得概率的最初经验。

★活动2：两周的天气——小统计(3～4岁)★

🕊 活动目标

初步感知统计的记录方法以及简单的计数统计方法。

🕊 活动准备

每人1张为期两周的天气记录表，纸、彩笔等若干。

🕊 活动过程

1. 了解天气记录表。

(1)认识记录表，了解最上面一排表示的时间(周日—周六)。

(2)可以问孩子：天气都一样吗？有什么类型的天气？

(3)怎样表示不同类型的天气？(可以用彩笔表示，例如，红色表示太阳，灰色是阴天；也可以自创符号。)

2. 操作记录。

让每个孩子确定一种记录方法，并进行两周的记录。

3. 统计交流。

两周后统计天气情况，交流自己的记录，数数每种天气各有几天。

🕊 活动延伸

关注当地天气情况，哪些月雨多，哪些月下雪等。较长一段时间记录天气，了解当地气候。

（设计者：周燕云）

❧ **专家点评**

除了记录天气，还可以让幼儿记录自己的刷牙等情况。以幼儿感兴趣的、与生活有关的感性事物为记录、统计对象。在这样的活动中，幼儿会觉得数学是很有用的。

★活动 3：抛掷游戏——有趣的概率(3～4 岁)★

❧ **活动目标**

让幼儿认识相关的材料，感受概率的可能性。

❧ **活动准备**

一元的硬币 1 个；骰子 1 个；扑克牌：方块、红心、黑桃、梅花各 2 张。

❧ **活动过程**

1. 认识。

(1)认识硬币、骰子、扑克，说说这些材料是什么样的。

(2)分别玩玩这些材料，看看每次抛掷的结果是否一样。

2. 操作。

尝试游戏，说出每次抛掷的结果。

3. 比赛。

找个朋友玩玩，看看两个人的抛掷结果一样吗，按照大小，看看谁胜。

❧ **活动延伸**

可以 3 个人一组或 4 个人一组玩这些材料，看看谁胜。

(设计者：管桂萍)

❧ **专家点评**

可以让幼儿在家里玩这些材料，体会概率的趣味性。游戏过程中也可以引导幼儿使用"可能""肯定""不一定"等表示概率的词语。

★ 活动4：可能事件——简单概率(4～5岁)★

🕊 活动目标

1. 理解"可能""不可能"的不同含义。

2. 锻炼幼儿观察生活的能力，能根据周围环境的变化做出一定的推理判断。

🕊 活动准备

一些不同天气的卡片及不同天气下周围环境的图片若干张。

🕊 活动过程

1. 教师引导。

情境导入，回忆生活中的事件。

小朋友，想一想，下雨天的时候，周围会有什么变化呢？你是怎么判断下雨了呢？对啦，下雨天，有可能打雷和闪电，还可能被淋湿，树木也许会摇晃得很厉害，天空可能是灰蒙蒙的……

那晴天呢？阳光灿烂，可能是个晴天。如果有云彩呢？

你能判断现在的天气是什么样的吗？你的根据是什么呢？请你猜猜接下来的天气会有什么变化？你又是怎么判断的呢？（引导幼儿根据天空、云彩、风吹等进行推理。）

2. 分组比赛。

发给幼儿不同的天气图片，要幼儿一一判断。可以分组比赛，看看哪个组的小朋友答对得更多，给获胜的一方发小红花。

3. 讨论交流。

交流雨天的经验，体验生活的多种快乐。

你们喜欢雨天吗？为什么？（下雨可以在雨中走，可以撑伞，小草可以发芽长大，花可以喝水。）

你在雨天做过什么事？（和妈妈两个人亲亲热热地合撑一把伞，在小雨中散散步，听雨沙沙的声音，很美丽。）

原来雨天虽然会把东西淋湿，但也可以给生活带来一些快乐。引导幼儿分辨雨的大小。

✿ **活动延伸**

关注天气情况，学会观察云彩，讨论天空有什么样的云时，下雨的可能性更大。

（设计者：管桂萍）

✿ **专家点评**

一开始幼儿可能不太明白"可能""不可能"的含义和区别，教师可采用具体的事例进行多次练习，让其在实践中建构这两个概念。

★ 活动5：过生日——小统计(4~5岁) ★

✿ **活动目标**

4~5岁幼儿对年龄已经有初步的了解，通过数数与记录家里人的年龄，让幼儿对数字的大小有进一步的认识和巩固。

✿ **活动准备**

1. 三口之家的照片；自己画的蛋糕图。

2. 长方形纸条，代表蜡烛；记录表格1张。

✿ **活动过程**

1. 全家照。

(1)在3个蛋糕上分别贴上爸爸、妈妈、孩子的照片。

(2)爸爸妈妈和孩子一起制作1张表格，上面贴有父母、孩子的照片，记录这些人的年龄。

2. 过生日。

(1)过生日啦，先给宝宝过，让宝宝说出自己几岁，然后插上相应数量的蜡烛；再给妈妈过生日，妈妈说出自己的年龄，宝宝插上相应数量的蜡烛；最后给爸爸过生日，爸爸说出自己的年龄，宝宝插上相应数量的蜡烛。

(2)比一比谁的蜡烛多，让宝宝用数字记录在表格内。

3. 说岁数。

让孩子说一说，每个人分别几岁了，知道蜡烛越多表示年龄越大。比一比谁的年龄最大，谁的年龄最小。

活动延伸

在家里的日历上，标出爸爸、妈妈和自己的生日，知道是几月几日。

（设计者：曹琪、陆晓燕）

专家点评

让孩子自己插蜡烛，自己数数，自己记录，大人可以适当用语言引导。大人要多鼓励孩子，让孩子体会到自己记录、比大小的乐趣。如果孩子在年龄上有些不确定，也不必急于纠正，大人多创造一些获得相关经验的机会，通过挂历上的数字，让孩子逐步体验与理解。

★活动6：小小记录员——小统计(4～5岁)★

活动目标

学习按照不同的天气多次记录，并了解简单的统计方法。

活动准备

不同的天气贴贴画(太阳、多云、小雨等)，记录纸，笔。

活动过程

1. 教师引导。

引起幼儿的兴趣，导入情境。

小朋友，咱们现在要做一个小小记录员，记录一个月的天气变化情况。小小天气可真神奇！瞧，有多云，有晴天，也有下雨天，你能分辨出来吗？

2. 出示天气表。

给幼儿出示一个月的天气记录表，让幼儿认真看一看都有哪些天气。

小朋友，你数数这个月晴天有多少天？下雨天有多少天？多云有多少天？哪种天气的天数最多？哪种天气的天数最少呢？除了这三种天气，还有别的天气吗？

3. 出示统计表。

小朋友，你能看到图表中哪种天气天数最多，哪种天气天数最少吗？你是怎么知道的呢？（让幼儿感知柱状图的高低与天数的关系。）

☞ **活动延伸**

根据当地的气温，讨论一天一夜气温上有何变化，寻找气温变化的规律。

（设计者：程国）

☞ **专家点评**

教师可以引导幼儿在日常生活中多注意观察天气的变化，也可以坚持记录一周或一月的天气变化情况，这既培养了幼儿的科学观察能力，又丰富了其数学统计的经验。

★活动 7：三周的天气——小统计(5～6 岁)★

☞ **活动目标**

1. 尝试运用数一数、画一画的方法学习数据整理，从中获得简单统计的结果。

2. 激发学习兴趣，感知数学统计在生活中的运用。

☞ **活动准备**

三周的天气记录表、条形统计图、水果调查表、水果条形统计图、笔等。

☞ **活动过程**

1. 创设情境。

(1)出示记录了三周的天气情况表。

谁来介绍一下最近的天气情况怎样？

(2)出示条状格子图。

你看到了什么？（天气符号、一条条的东西。）

小结：这个就是用来统计的条形统计图。

2. 尝试建构。

(1)数一数三周来天气记录表中雨天有几天，然后在雨伞符号上涂色记录。

(2)分别把雨天、阴天、晴天的统计结果用条形图来表示。

3. 集中解惑。

(1)谁来介绍一下自己的条形统计图，雨天涂染了几个格子？对不对？（共同验证。）

(2)分别请幼儿验证阴天和雨天的条形统计图的涂染结果是否跟记录图相符。

小结：条形统计图可以让我们更清楚地了解三周里雨天、晴天、阴天的天数，哪个多，哪个少，分别有几天。

4. 再次建构。

(1)数一数，下雨有几天，用数字表示。

(2)晴天、阴天呢？

小结：具体的数字，也是表示统计结果的一种方法。

❧ 活动延伸

1. 在"生日快乐"小调查的基础上，继续用条形统计图整理班上每个月各有多少同伴生日。

2. 也可鼓励幼儿共同讨论自己喜欢的项目，进行调查统计。

（设计者：单姗）

❧ 专家点评

小朋友都喜欢吃水果，这个主题也可以做统计。例如，我班小朋友都喜欢吃哪些水果？各有几个人？尝试把统计的结果用条形统计图表示。进一步讨论，最受欢迎的水果是什么？最不受欢迎的水果是什么？深化统计在生活中的运用，在生活情境中反复体验条形统计图和数字统计的乐趣和意义。

★ 活动 8：扔硬币旅行——感知概率(5～6岁)★

❧ 活动目标

形成初步的概率概念，理解扔一枚硬币正面向上和反面向上的概率各半。

❧ 活动准备

1枚硬币，较大的场地。

❧ 活动过程

1. 讲规则。

小朋友，今天我们要跟着这枚小硬币一起旅行啦！如果硬币正面朝上，就向右转开始旅行；如果反面朝上，就向左转开始旅行。

2. 猜一猜。

请你猜猜下一次会是正面向上还是反面向上呢？向左走的次数多还是向右走

的次数多呢？

3. 做游戏。

我们究竟会走到哪里去呢？大家猜猜看。（在游戏中，孩子可能会形成初步的概率概念，让孩子体会正面向上和反面向上的概率相同。）

✿ 活动延伸

也可以在区角中摆放硬币，让幼儿在闲余时间能自己动手抛硬币，亲自体验概率。

（设计者：杨玉芬）

✿ 专家点评

如果增加难度，可以抛 2 枚以上硬币，多次尝试，观察结果是什么。通过猜测的方法，增加游戏的乐趣。

★活动 9：我们的超市——小统计(5～6 岁)★

✿ 活动目标

1. 在游戏中，学习按物体的名称、用途或性质进行分类，初步探索统计方法。
2. 乐意与同伴交流探索过程和结果，体验成功的乐趣。

✿ 活动准备

幼儿有参观过超市的经验，模拟"小超市"场景，幼儿用品类、玩具类、食品类的物品若干，笔和记录板幼儿人手 1 份。

✿ 活动过程

1. 分类。

教师：我们今天要来帮超市经理的忙，做一天"超市管理员"。

教师：想想怎样摆放物品更合理，让顾客一看就能找到自己想要的东西呢？

(1)幼儿讨论如何将物品分类摆放。

提出分类要求：(教师小结)任意物品的归类摆放要整齐、合理。

要轻拿轻放，与同伴商量，互相合作。

(2)引导幼儿按物品的名称、用途或性质分类归放，让幼儿尝试在总分类后进行子分类。

(3)组织幼儿观察整理后的超市，说说物品的归放是否合理，为什么，并一起体验成功的喜悦。

2. 统计。

(1)问题讨论。超市经理想知道超市里有什么物品，它们的数量是多少，我们该怎么来统计呢?

提出要求，统计时要认清楚自己统计的是什么物品，数量是多少。

(2)自由探索。幼儿自由选择物品进行记录，记录的方法由幼儿自己决定。重点指导幼儿清楚地记录，统计的是什么物品，它的数量是多少。

(3)引导能力强的幼儿大胆尝试，想出更合理的统计方法，鼓励幼儿互相交流各自的统计情况。

3. 交流分享。

(1)请部分幼儿讲述自己的统计情况，并对统计的结果进行验证。

(2)帮助幼儿整理，学习更为合理的统计方法。

🕊 活动延伸

出示统计表，帮助幼儿从随意的统计过渡到表格的统计，看懂并理解统计表上各栏所表示的意思。

（设计者：姚继燕）

🕊 专家点评

数学中的统计，与生活的关系十分密切。要了解一些物品的数量情况，首先是分类，再计数，最后统计结果，以此得到我们想要知道的答案。统计时，鼓励幼儿使用表格，并亲手记录，有利于他们掌握统计的一般程序。

★活动 10：听我的——简单概率(5～6 岁)★

🕊 活动目标

1. 让幼儿了解骰子，数数骰子上的点数。

2. 初步感知 1 个和 2 个骰子不同点数出现的概率。

🕊 活动准备

多个骰子(6 个面上分别有数量为 1～6 的点子)。

活动过程

1. 给每个幼儿发1个骰子。

（1）给每个幼儿各发1个骰子，向幼儿介绍骰子和上面的点子，理解上面的点子代表不同的数量。

小朋友，请你找找哪个面的点子最多，哪个面的点子最少？

（2）让幼儿两个两个一组掷骰子，看朝上的一面谁的点子多。点子多的人可以提一个要求，另外一个人必须按照要求做。例如，点子多的人可以说"捏着耳朵转一圈"或"单脚跳到桌子旁边"。

（3）再让幼儿掷骰子，说说点数为1向上的可能性和点数为6向上的可能性是不是一样大，想想为什么。

2. 再给幼儿发1个骰子。

让幼儿感受一下，2个骰子同时出现点数为1的可能性有多大。还可以两人进行比赛，看看是不是同样数目，或谁的数目较大。

活动延伸

鼓励幼儿回到家里，与父母一起玩"掷骰子"这个游戏。

（设计者：单光耘）

专家点评

可以在区角放一些骰子，让幼儿在游戏中学习数学。在概念的学习中，幼儿也许不能理解和确切掌握，可以让他们只得到初步的感知和体验。另外，"掷骰子"游戏的过程也有利于幼儿对数量的感知，对于数概念和加减运算的学习也有帮助（见图8-5）。

图 8-5　骰子

★本章附录★

当掷一对骰子时，会出现 36 种可能的结果，如果注意到掷出不同数目（从 2～12）的频率，那将十分有趣。这呈现出的是正态分布曲线。

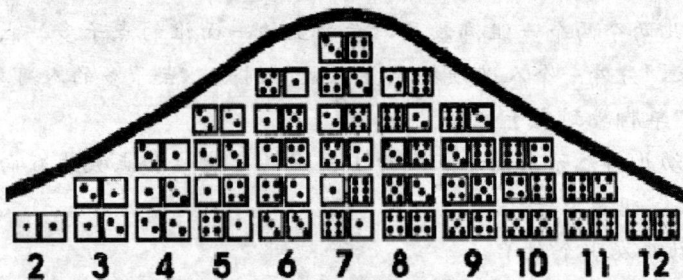

3～4 岁：尝试玩弄各种相关材料，感受概率是有关可能性的。

4～5 岁：尝试有关概率的游戏，感受随机的同时，认识到似乎会有某种规律。

5～6 岁：通过掷骰子，进行加法游戏，初步体会概念的可能性和必然性的乐趣。

数学挂图 8-1 正态分布——概率 【模块 5：概率与统计】

（设计者：秦春婷）

第九章
模块 6：测量

人的生活像海洋一样深，在它未经测量的深度中，保存着无数的奇迹。幼儿的数学学习生活，如果与测量有所联系的话，会增加很多生活的创意和乐趣。

——林言子

★本模块学习与发展的目标★

3～4 岁

能感知和区分物体的大小、多少、高矮、长短等量方面的特点，并能用相应的词表示。

4～5 岁

能感知和区分物体的粗细、厚薄、轻重等方面的特点，并能用相应的词语描述；会用自然测量来表达物体的量。

5～6 岁

了解多种测量工具及其用途，并初步学习简单测量工具的使用。

（依据《3～6 岁儿童学习与发展指南》制定）

第一节 "测量"的理论解析

测量活动涉及三维空间中各种物体的形状、大小、位置、方向及其分布，幼儿能在测量活动中学会主动使用数学，并使其潜能得到挖掘。幼儿学习测量概念，需要探索测量的属性，例如，长度、重量等问题。幼儿通过比较长度，可以构建测量概念，并学会使用一般物体作为测量单位。最后，幼儿可以学会使用标准的测量单位，例如，厘米、千克、小时等。测量活动能加强幼儿的数量概念和估算能力，也能让幼儿用到几何学知识。测量有助于幼儿自己很好地把数学与其他学科领域和现实生活融合。因此，一个宽泛的幼儿数学课程，是需要有测量的。

一、测量的含义

（一）标准测量

所谓标准测量，是指把待测定的量同一个标准量进行比较的过程。用来作为计量标准的量，叫作计量单位。例如，米是一种长度计量单位，克是一种质量计量单位，这些都是标准单位。用一个计量单位来测量某一个事物，结果得到这个量含有计量单位的若干倍，这个数值就叫作这个量的量数。同一个量，用不同的计量单位来计量，用不同测量工具来测量，所得的量数不同（见图9-1）。

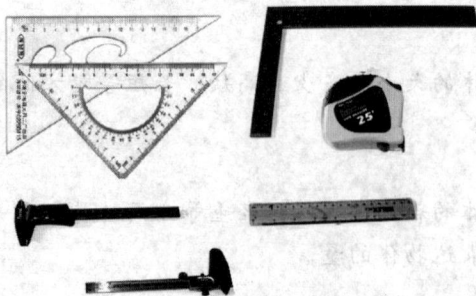

（提示：鼓励幼儿关注上面的数字和单位，并对相关的有趣事物进行实际操作。例如，测量身高。）

图 9-1　长度测量工具

(二)自然测量

所谓自然测量，是指利用自然物(例如，手的虎口、臂长、小棒、绳子、瓶子等)作为工具来测量物体的长短、高矮、粗细、容积等。幼儿初步学习直接测量，一般不使用常用的计量单位，而是使用自然测量。

幼儿自然测量过程包括两种逻辑活动：第一，幼儿要把量的整体划分为若干个小单元，知道整体是由若干个部分组成；第二，逻辑相加，这是一个易位和替换的过程，即把每次测量的一部分和另一部分连接起来，从而建立测量单位的体系。例如，测量绳子的长度，是通过移动小棒来进行的，测量的结果是一个表示被测的量与作为测量单位的量相比较，最后得到一个总数。

在测量中，要确定事物的特性，选择合适的单位，用单位匹配物体，数单位等。例如，对质量而言，幼儿应先学会用提起物体的方法，比较其质量，再用天平作为工具验证手提估量的结果是否正确。幼儿可以把一盒蜡笔放在天平一边的盘子里，在另一边盘子里放同样的硬币，直到两个盘子保持平衡。硬币的数量就可以对应于蜡笔的质量。

★小贴士：近似值★

幼儿所有的测量都是近似值。当运用测量工具并读出数值时，误差是不可避免的，对幼儿更是如此。因此，教师要提醒幼儿，在报告测量结果时，可以运用"大约""几乎"等词语。测量是在实践中发展的概念，鼓励幼儿在自然环境中进行测量，书本上的知识是不能代替实际测量来解决现实问题的。

二、 各类属性的测量活动

在幼儿数学课程中，测量学习的主要内容是：(1)理解长度、面积、容积、体积、质量、温度、角度以及时间的属性；(2)学会测量过程以及与测量单位有关的概念；(3)在测量中会使用估算的方法；(4)在日常不同情况中创设、运用测量(见图9-2)。幼儿的测量活动陈述如下。

(提示：关注太阳在不同高度时，影子会有何变化?)

图9-2 测量影子

（一）长度测量

长度是有关线形的概念，涉及回答"多长""多高"的问题。幼儿从侧面举起手，伸出一点手臂，然后不断伸展、尽量伸展，让幼儿估计，在不同情境中伸展手臂的指尖，到地面各有多长距离。多数幼儿会理解和长度相联系的词。为巩固和加深对长度概念的理解，教师可以演奏音乐，让幼儿伴随节奏走、停，或让身体尽量伸展、弯曲，直到蹲坐和俯卧，让幼儿用非标准的单位测量长度；也可以用尺子等基准（单位）来体会测量。

长度概念的一个扩展是周长，即围绕水平物体形状一周的长度。通常，幼儿进行探索并计算简单形状的物体的周长，不需要教给他们公式。为了进行这样的探索，幼儿可以准备一系列纱线，选择自己最喜欢的形状的物体，用纱线包围这些物体，然后，将测量那个形状的纱线粘在纸上，并在纸上描绘、比较图形的长度。

★数学游戏 9-1：比高矮★

1. 类别。

长度测量。

2. 目标。

（1）能与一个对象进行比较，掌握简单的比较方法，并能说清楚比较的结果。

（2）知道刻度及其意义；能进行简单的刻度记录；掌握正确的测量方法。

3. 材料。

可用来测量身高的直尺，有刻度（厘米）。

4. 玩法。

（1）比高矮。

①老师请出两名幼儿背靠背比高矮。

②请小朋友自己找两个好朋友，然后相互比较高矮。

③比较后相互交流：我和×××比高矮了，谁最高，谁最矮。

（2）量身高。

①幼儿对着长颈鹿进行比较，并让其他幼儿在其身高处标记。

②幼儿阅读标记处的刻度单位（厘米）。

③能尝试进行记录。

④用自己的身高刻度与同伴进行比较，说出谁高谁矮。

5. 提示。

(1)对幼儿来说，只要掌握比较两个物体并能说清比较结果就可以了。可以在自由游戏中进行。

(2)此游戏活动可以在幼儿一日活动中的任意一个时间段开展。开展活动前，应有相应的知识经验的积累，学习数字、单位。

(二)面积测量

面积测量涉及两个维度。为了理解面积概念，幼儿在测量时要不重复地覆盖一个物体的表面。最初探索时，幼儿会用硬币等来覆盖物体的表面，或者用蜡笔填色。

向幼儿介绍面积的概念，教师可以非正式地运用"面积""表面"这样的词汇。教师表扬一个 3 岁幼儿的绘画作品时，可以这样说："这一块面积是红色的，另一块面积是蓝色的。"当幼儿进行拼贴时，教师可以帮他们指出"空白"区域和"填充"区域。覆盖一块面积需要一些方块，这给幼儿提供了用语言表达的机会。例如，"这块面积需要 8 个方块，另一块面积只需要 4 个方块。"

★数学游戏 9-2：黄牛耕地★

1. 类别。

面积测量。

2. 目标。

(1)通过游戏操作，初步感知面积的大小。

(2)能运用不同的方法数数。

3. 材料。

幼儿操作材料纸(上面画有 20 个连续的、同样大小的正方形)人手 1 张，小黄牛的头饰人手 1 个，笔。

4. 玩法。

(1)游戏：黄牛耕地。

①教师介绍游戏玩法。

幼儿两人一组，玩"石头剪刀布"，赢的一方先在操作纸上用笔在一块正方形上涂上颜色，意味着耕种了一块地。在规定时间内，看哪一方的操作纸上涂的色块最多，该方为胜利者。即该小黄牛耕地耕得最多。

②展示各组游戏记录纸,比较出哪头"小黄牛"耕种的地最多,即为最终的胜利者。

(2)数一数。

①幼儿将各自涂好颜色的地用剪刀剪下,看看自己的和谁的形状是一样的。再数数自己的和谁的数量是一样的。

②教师引导幼儿比较发现:是不是相同数量的地,形状也是一样的呢?为什么?

5.提示。

教师可以在幼儿对活动熟练之后,引导幼儿用同样大小的物体去测量教室里的小桌子、小椅子、卧室里的小床、盥洗室里的小镜子等物体的面积大小。

(三)容积测量

容积也是一种测量属性,用来解决类似"一个容器可以容纳多少东西"的问题。容积概念适合那些能倾倒的物质,例如,水和其他液体、面粉、鸟食或沙砾。对于幼儿来说,容积单位包括标准单位——升、毫升,非标准单位——茶匙、汤匙、杯子等。

幼儿可以用大豆、米粒或水发展各种测量概念。幼儿游戏时,教师会听到幼儿使用有关容积的单词("多""空""满"等)。通过玩"水杯"游戏,幼儿对容积的理解也会进一步提高。

操作食品的经验可以提高幼儿对容积的理解。4岁幼儿对一些健康食品进行探索时,教师提供了一些小杯子,并建议幼儿用这些健康食品装满杯子,例如,用胡萝卜片、苹果片、葡萄干和汤。每天,教师除了给幼儿准备小杯子里的点心外,还给幼儿提供各种机会使用与容积有关的单词,例如,"满的""有些空了""空的"。当幼儿准备点心时,教师要强调单位。开始仅仅是一小杯玉米粒,等爆好之后,幼儿就要选择一个大碗来装它们。当玉米花在热空气爆米花机中出现后,幼儿会饶有兴趣地观察。他们会发现刚才那个碗现在已被填满。最后,幼儿帮着做一些水果胶,他们可以观察水果胶在搅拌机中容量的增加。

(四)体积测量

体积和容积是关于空间的三维概念。当幼儿看见多少立方块可以装满一个盒子或用小立方块搭建一个结构时,他们就要用到体积的概念进行操作。当幼儿发展了体积和容积的概念时，他们必须用立方单位进行操作处理。仅仅看图片或由别人搭建的结构，可能会形成错误的概念，比如，"体积是关于平面的物体"或"体积是结构外的概念"。

对于年龄较小的幼儿来说，大部分关于体积和容积的操作是比较、排序和用非标准的单位——大量的立方块或小方块或量杯来搭建或填充一个结构（见图9-3）。

（五）质量测量

质量大小的比较必须通过实际的操作，比如，拎物体。教师不能仅仅让幼儿通过观察来判断质量。3岁幼儿从开始拎教室里的物品时，例如，一把椅子甚至是一本书，就开始探索质量的概念了。幼儿会判断一本书比一把椅子要轻。幼儿拎起两个收集物品的袋子，一手一个，可以比较其质量。

幼儿要比较物体的质量，可使用牛奶瓶的盒子和橡胶带制作的小天平。幼儿收集一些物品并放在盒子中，观察并记录下天平两边都停止的地方。在随后的几次活动中，教师帮幼儿在天平上加更多的盒子。观察天平的左右两边并给物体按质量排序，可以引导幼儿说出一些质量单词，例如，"重""重些""最重"（口语）。幼儿把成对物体放在天平上测量，在图表上画下调查结果。

教师也可为幼儿引入非标准单位，让幼儿今天用立方块，明天用硬币或积木，记录测量时用过的砝码的数量。学习使用天平后，可介绍磅秤，教师指导幼儿观察秤的刻度（见图9-4）。

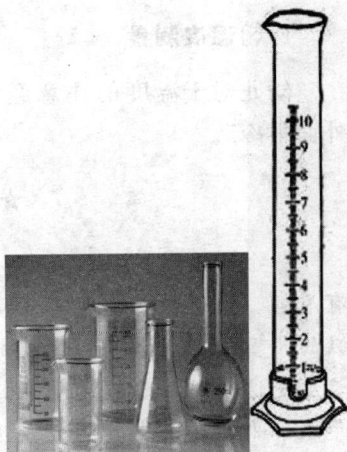

（提示：鼓励幼儿关注上面的数字和单位，并对相关的有趣事物进行实际操作。例如，测量一瓶矿泉水的体积。）

图9-3 液体测量工具

（提示：鼓励幼儿关注上面的数字和单位，并对相关的有趣事物进行实际操作。例如，测量体重。）

图9-4 质量测量工具

（六）温度测量

幼儿对于温度的注意经常与语言联系，例如，"汤是热的""我们需要大衣，外面很冷"。

★信息栏 9-1：量度概念★

一个可度量的属性是物体能够量化的特征。线段有长度，平面有面积，物体有质量。意识到物体有可度量的特性，是学习度量概念的第一步。学前期至二年级的儿童用"更长""更短"这样的语言比较，并为物体排序，开始学习度量知识。长度是这个年龄阶段的重点，但也应学习质量、时间、面积和体积。不管在什么年级水平，在用工具测量或用公式计算前，儿童应该有许多日常生活经验帮助他们理解事物可测量的属性（NCTM，1989）。

幼儿能比较温度，并且在许多具体的经验中使用比较的词。3 岁幼儿喜欢在加了一些冰的水盆里玩。4 岁幼儿能在养育中心附近散步时，感觉到放卡片的金属盒子的边是凉的；触摸阳光充足的窗台；从冰箱拿出冻结的食品包装。在这样散步以后，教师可以帮助他们写一组有关这种经验的故事。年长的幼儿可能扩大这样散步的范围，寻找被用于加热和变凉的东西或使用温度计（见图 9-5）。任何年龄的幼儿能通过"温度拼贴画"来认识温度。"温度拼贴画"能发展热、冷的概念，并在两者之间加强联系和分类技巧。

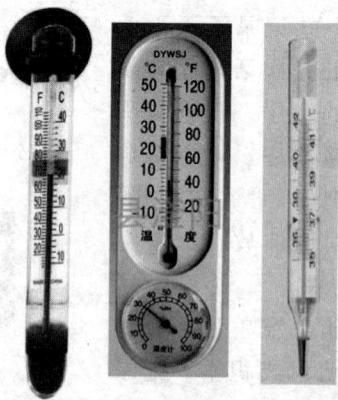

（提示：鼓励幼儿关注上面的数字和单位，并对相关的有趣事物进行实际操作。例如，测量自己的体温。）

图 9-5　温度计

★数学游戏 9-3：温度计★

1. 类别。

温度测量。

2. 目标。

(1)引导幼儿关心周围的温度，初步认识温度计，培养幼儿测量温度的兴趣。

(2)教幼儿学习观察、测量温度的简单技能。

(3)培养幼儿的探索精神。

3. 材料。

1 张温度计示意图；每组 1 支气温计，其他温度计(如体温计)或模型若干；温度记录表若干。

4. 玩法。

(1)教幼儿认识温度计。

利用温度计示意图引导儿童认识温度计，知道红柱子指到的数字就是当前所测得的温度，初步掌握温度计的使用方法。

(2)教幼儿学习怎样测量气温。

可通过测量室内和室外温度，让幼儿继续学习测量，观察气温计的变化。

(3)介绍其他的温度计。

出示体温计、水温计。体温计用于测量人的体温，看他有没有发烧；水温计用于测量水的温度，了解热水瓶是否保暖，或用在实验室测量水的温度。与幼儿表达、交流。

5. 提示。

结合天气变化，体会温度，学会观察温度计。

(七)角度测量

测量角的标准单位是"度"。正规角度是由两条有相交顶点的直线构成的。当用剪刀裁剪纸张时，刀锋由一个顶点固定后旋转，由此变换出不同的角度。测量角的工具通常是量角器。幼儿可以用不规范单位比较和测量角度。

幼儿可以用一种不太正式的方法了解角的概念。例如，随着音乐做舞蹈练习时，就可以张开双臂到不同的角度，伸直并转动着头，幼儿可以模仿教师的示范动作。在之后的每次课前，就让幼儿伸出手臂成一定的角度，幼儿也明白了教师常用的一句话："用身体做一个角度"的含义。

接下来可进一步探索"角"的概念。教师把幼儿聚集到教室门边，要他们想象一下门打开时会形成怎样的角度，要求幼儿进行预测，并把一个卷尺放在门外一边固定。打开门，只有一条缝，幼儿通过卷尺和门缝看到一个很窄的角的形状。教师让一个幼儿在地板上放一些纱线，勾勒出这个角，使其看得更清楚。然后把门越开越大，于是纱线也就越放越长，以此来勾勒角。给幼儿充足时间，允许他们摆弄这个门，让他们讨论门所形成的角。

★小贴士：直角★

教师可以用笔记本提高幼儿对角度大小的关注。幼儿用手指打开笔记本后形成角度，然后讨论角度的大小，教师介绍"直角"（方的角）这个专用术语，并鼓励他们记住这个词。也可以让幼儿用一张正方形卡片，测量教室中哪儿有直角，幼儿会发现教室里有许多直角。

三、 幼儿测量活动的教学指导

(一)测量活动的设计以科学理论为基础

现在，测量活动发展成为一门独立的学科，即测量学。测量学的内容包括测定，是指使用测量仪器和工具，通过测量和计算，得到一系列测量数据。

测量在幼儿园数学领域中也是极其重要的。我们常见的是：通过使用专门的测量工具测量指定的某一对象，以获得所需要的数据。这些活动可以清楚地告诉我们，在数学领域中，测量是帮助我们认识量的重要手段之一。在幼儿数学活动中，幼儿的测量最早是"目测"，即通过感知比较量的差异。大些的幼儿测量活动是自然测量。自然测量是指利用自然物（筷子、小棍、脚步、小碗等）作为量具（器）直接测量。就是说，幼儿数学测量活动是使用简单工具进行的测量，而不是使用标准工具（尺子等）进行的测量。

(二)测量活动与现实生活结合

幼儿用自己坐的椅子和收集到的纸盒、纸条、瓶罐等各种物品来测量活动室、桌子、图形并记录结果，人人趣味盎然，互相合作。当出现问题和矛盾时，

232

他们会求助于教师，也会自己商量解决办法。在测量活动室时，幼儿发现，活动室很大，要用很多椅子测量才行，那还有好办法吗？于是，他们商量出用交替测量的办法。为了使测量更精确，他们用做记号的方法来使测量顺利、准确地进行。

他们对测量的理解也是建立在经验与讨论的基础上的。概念的发展就如人类活动中的告知时间、温度的测量一样，都贯穿在幼儿园的整个学习过程中。而幼儿园的学习经验可由家庭和活动所补充。这里的活动是指由教师帮助幼儿设立和设计的一些材料，这些材料是针对一些特殊属性的测量。还可以联系文学、艺术、地理等学科，补充幼儿的测量经验。

★小贴士：用纸条测量★

在教室中通过剪纸条来进行测量：把纸平放，根据纸上提前画出来的线条剪纸条，数出纸条的总数，算出它的总长度。建议把纸条连起来进行更简单的操作。

(三)重视测量的过程

在教学实践中，幼儿测量过程积累的不仅仅是空间认知经验，更重要的是积累了各种解决问题的经验，培养了探索精神。在"认识自己"的主题活动中，教师以测量自己的身高为活动内容，引发幼儿对测量的兴趣。教师和幼儿共同收集各种材料(盒子、罐子、尺子等物品)。幼儿在反复测量的过程中不断发现问题并予以解决，就是在这样的过程中，幼儿的兴趣被激发，幼儿的测量活动才能继续进行下去，并且逐渐对测量有了初步的认识，掌握了测量的基本方法。

★信息栏 9-2：测量的误差★

幼儿在测量活动中，会经常出现各种各样的错误、矛盾和不理解的问题。当这些问题出现时，教师不要着急或惊慌，其实，幼儿在学习过程中出现这些问题是很正常的。教师如何巧妙地纠错，是测量活动成败的关键。幼儿在活动出现的问题，其实是幼儿向教师抛过来的"球"，他们希望教师能帮他们解决这些难题。这时，教师要学会站在幼儿的身后，用巧妙的提问引导幼儿自己解决问题。幼儿初步学习测量，标准或精确程度不重要，出现误差更正常，重要的是让幼儿体会测量过程和测量的意义。

(四)了解测量单位,尝试测量估计

要很好地理解测量,幼儿必须使用测量中的估计和问题解决的方法。通过经验和表象帮助他们理解测量的单位。例如,幼儿学习"厘米"时,可以画出1厘米长度的线段;也可以发现身体的部位,例如,手指的宽度大约是1厘米。教师要指导幼儿收集长度为1厘米的物体,以此来熟悉"厘米"这一单位。

在学习测量单位的基础上进行估计。比如,用一个学期让幼儿理解"质量"这一概念。在学期初,教师让幼儿举起自己的书包并彼此比较其质量。在探索标准单位"千克"时,教师让每个幼儿带一包质量为1千克的物品到班级中,用秤称这些物品,以证实其质量。还可以让幼儿在教室中寻找大约是1千克的物体。课后,教师让幼儿在生活中寻找标有质量的物品。通过手工操作,幼儿理解了测量过程,并领悟了测量质量的单位——千克。他们用这个单位去估计其他物体的质量。

★小贴士:串珠测量★

幼儿已经练习过以"十"为单位数数,可以分别将十粒豆子排成一条线,这样他们可以很快数出豆子的数量。他们发现,他们的豆子链可灵活使用:他们把豆子穿成的一条链子绕在手腕上或脚踝上,这样,幼儿便发明了可用于测量的、与卷尺相媲美的工具了。教师建议,幼儿可以在他们测量的物体上做记号。

(五)制作或使用测量工具

1. 自然测量工具的制作与使用。

幼儿在测量时必须使用物理材料,这些材料包括教室中现有的、家里带来的和幼儿认为可以成为测量工具的材料。任何实物都具有让幼儿进行比较和测量的属性,所以,测量工具是很重要的。比如,测量长度的工具可以用纸来做,幼儿可以裁成同样长度的纸条进行测量。对于面积,幼儿可以自己裁成大小相等的正方形纸。把物品平放,再把大小相等的正方形纸放在物体的表面,通过判断用了几张正方形的纸来判断物体近似的表面积。测量角度时,幼儿可以将圆形纸折叠成4等分或8等分,裁开一部分,使用圆弧作为单位。

绳子或线是比较容易找到的测量工具。4岁大的幼儿,可以将线切成一定的长度,比较物体的长短,他们可以发现是否和线一样长,或者比线更长些,或更

短些。大一点儿的幼儿可以在线或绳上做小的、等距单位的记号，然后制作多种单位的器材，与卷尺相似。

在幼儿学习"时间"概念时，教师可以指导他们做类似钟表和数字钟的模型。纸盘钟是最好的一种材料，它可以在幼儿上课使用完后带回家。数字钟只要准备简单的纸条，并在硬板纸上切开小的窗口，标上时间刻度即可。

幼儿还可以制作简单的天平。比如，用一根橡皮筋悬着的牛奶盒子可以作为测量质量的工具。幼儿把待测的物品放到盒子中，观察发生了什么，并对观察结果进行记录，记下不同物体的相对质量，谁比谁重，谁比谁轻。

制作测量工具能够更多地了解测量过程。使用同等质量的物体作为一个单位，当这些单位统一后，更容易使幼儿对不同质量的物体做出区分。幼儿往往为他们亲手制作的工具而感到高兴，并将工具带回家。

2. 标准测量工具的使用。

对于较小的幼儿，需要购买一些简单的测量工具，比如，米尺、卷尺，测量更长的距离。卷尺很容易缠着物体，可以选择轮子，幼儿通过推动轮子以及其他可以推动的物体，这种在滚动中测量的器材，每转 1 米发出提示声音，以此作为测量的单位。

测量容积需要一系列量杯和量筒，特别是有标记的、数字清晰的量具。测量规格包括 100 毫升、250 毫升、500 毫升、1000 毫升等容积单位的量杯。幼儿可以用立方厘米作为测量单位来进一步研究容积，通过使用立方厘米定义立方体来增强这一概念。

刻度对于质量的学习是必不可少的。幼儿可以将不同的物体放置在刻有平均刻度的塑料盘上或漏斗里。使用磅秤，可以让幼儿通过读计量器来判断质量。通过磅秤刻度，幼儿可以了解不同物体的质量。

许多钟表在商业上用于报时。大的、有齿轮的钟可以让幼儿用时针和分针确定正确的位置。幼儿可以通过画钟表了解指针和刻度。

测量温度，温度计是必不可少的。普通的温度计可以测定冰点以下 50℃ 的温度，室内和室外的温度计有很大的标准差别。简单的温度计都是可以利用的。

★信息栏 9-3：度量★

度量技能指的是用数数、估计、公式或工具得到度量的策略。度量工具是大多数人进行测量时的常用设施，例如，直尺、卷尺、杯子、秤、钟和生活中的表，房屋面积的测量也要用到度量工具（见图 9-6）。公式是通过赋值公式中的变量而得到度量值的一般关系式（NCTM，1989）。

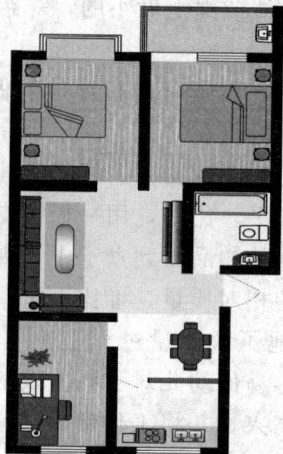

（提示：卧室、卫生间、客厅和厨房等，其面积是通过测量得到的。）

图 9-6　自家住的房型

第二节　"测量"的活动指导

一、　本模块学习与发展的具体目标

本模块学习与发展的具体目标见表 9-1。

表 9-1　"测量"模块学习与发展的具体目标

年龄	具体目标
3～4 岁	1. 感知事物的大小和长短属性，并进行区分。 2. 感知事物的厚薄属性。 3. 通过目测感知远近。
4～5 岁	1. 感知事物的粗细、轻重。 2. 感知面积的大小、物体的宽窄、液体的体积。 3. 采用简单的对齐法进行长度比较。 4. 理解冷热与温度高低的关系。

续表

年龄	具体目标
5～6 岁	1. 了解多种测量工具及其用途。 2. 正确使用测量工具进行长度测量，了解体温的测量。 3. 学习液体体积的测量。 4. 尝试用多种工具进行自然测量和标准测量。

二、 本模块的活动系列与点评

本模块的活动安排见表 9-2。

表 9-2　"测量"模块的活动安排

年龄	序号	活动名称
3～4 岁	活动 1	很大很大的蛋——简单测量
	活动 2	吃蛋糕——厚薄测量
	活动 3	搭积木——粗细比较
	活动 4	我们的幼儿园——距离测量
4～5 岁	活动 5	天平——轻重测量
	活动 6	买米——容积测量
	活动 7	热水和冷水——温度测量
5～6 岁	活动 8	大树——长度测量
	活动 9	玩积木——体积测量
	活动 10	奇怪的国王——面积测量

★活动 1：很大很大的蛋——简单测量(3～4 岁)★

活动目标

1. 学习一些简单的测量方法，帮助幼儿积累一些测量的经验。

2. 鼓励幼儿想出各种测量的方法，并用语言进行描述。

🐦 活动准备

电视机、实物投影仪；《很大很大的蛋》图书 1 册；人手 1 个蛋；小、中、大号不同的杯子若干。

🐦 活动过程

1. 听故事：思考问题。

教师利用投影仪，请幼儿边看图书边听故事，提问：

小松鼠在池塘边找到了什么？一个什么样的蛋？（一个很大很大的蛋。）

狐狸听说松鼠找到一个很大的蛋，也想去看个究竟。结果发现，蛋只有两个手掌那么大，不大也不小。

小熊也来到池塘边，发现原来是一个很小的蛋。

2. 讨论：一样大吗？

(1)教师请幼儿想一想，小动物们说对了吗？提问：

为什么小松鼠说是一个很大很大的蛋？而小熊说是一个很小很小的蛋？

(2)出示松鼠和小熊的图片，引导幼儿观察并比较两个动物的大小，从而让幼儿理解：小松鼠个子小，所以对他来说，蛋看上去是大的；而小熊个子大，蛋就显得小。

(3)鼓励幼儿说出：狐狸个子比松鼠大，比小熊小，所以它看到的蛋就是不大也不小。

3. 操作：简单测量。

(1)教师出示 3 个小、中、大不同的杯子，提问：

如果将手中的蛋放在不同的杯子里，会怎样？

(2)幼儿操作比较，教师巡回指导。幼儿拿着材料坐回座位。

教师提问：试下来结果怎么样？鸡蛋放在小杯子里时，显得鸡蛋怎样？放在大杯子里时，又是如何？

小结：原来同样大小的鸡蛋，放在大的杯子里，鸡蛋就显得小；放在小的杯子里，鸡蛋就显得大。

🐦 活动延伸

选择一个要测量的物体，看看幼儿能想出多少种测量方法对物体进行测量，并用语言描述。

（设计者：王天韵）

🐦 专家点评

通过有趣的故事，引入"一个蛋不同大小"的认识。由于动物本身的大小不同，因此，对同一个蛋的大小的判断也会不同。对大小判断是带有主观性和相对性的。通过不同大小的杯子来装相应的蛋这样一个测量，使幼儿对大小有了客观的认识。通过情境故事引入数学相关知识，是幼儿数学教学发展的方向。

★活动2：吃蛋糕——厚薄测量(3~4岁)★

🐦 活动目标

1. 发展幼儿进行厚薄比较的目测能力。
2. 练习和掌握"大、中、小""高、中、低""厚、中、薄"三个层次的比较。

🐦 活动准备

图片或者实物：厚薄不同的蛋糕、面包、书本、棉被等各3个。

🐦 活动过程

1. 提问。

教师问幼儿："你喜欢吃蛋糕吗?"出示3块蛋糕，请幼儿说说哪个最厚，哪个中等，哪个最薄。

2. 比较。

同样的方法请幼儿比较其他3种物品的厚薄。

3. 绘画。

鼓励幼儿画一画不同厚薄的物品。

🐦 活动延伸

根据幼儿的能力来做游戏，若幼儿分辨不出三个层次，可以进行两个物品的直接比较，然后再慢慢过渡到三个物品的比较。过程中还是要多鼓励和引导幼儿，保持幼儿的游戏兴趣。

(设计者：单光耘)

🐦 专家点评

比较厚薄是一种关于空间上下维度的简单测量。可以目测，也可以用尺子来测量；可以同类物品比较，也可以不同类物品比较。通过多样活动，引导幼儿从关注一般目测到关注测量的数量上。

★ 活动3: 搭积木——粗细比较(3~4 岁)★

🐦 活动目标

1. 能够通过比较分辨出物体的粗细,并能按照一定的规律排序。

2. 知道粗和细具有相对性,能够通过比较、动手操作等方式产生探究的兴趣。

🐦 活动准备

粗细不同的积木若干,小盒子若干(每个盒中都装有粗细不同的物品 4 件),棉签,蜡笔,记号笔,钓鱼线。

🐦 活动过程

1. 搭积木。

(1)教师给每个幼儿提供粗细不同的积木,请幼儿在规定时间内往上搭,比一比谁搭得高。

(2)交流分享。

提问:为什么有些宝宝搭了一半的积木会倒下?引导幼儿发现积木的粗细不同,并让幼儿了解:只有把最粗的积木放在最下面才是最稳的,才有可能搭得高。

2. 经验交流。

(1)提问:你觉得生活中什么东西是粗的,什么东西是细的?鼓励幼儿大胆回答。

(2)教师出示棉签、蜡笔、记号笔、钓鱼线。

提问:你们觉得这些东西中哪些是粗的,哪些是细的?

小结:比较粗细必须有另一个参照物,两样或两样以上东西才能比较出粗细。

(3)请幼儿把这 4 件东西按照由细到粗的顺序排列。

3. 谁粗谁细。

(1)给幼儿每人提供 1 个盒子,盒子里有粗细不同的物品 4 件,请幼儿把这 4 件物品排序。

(2)幼儿交流,请幼儿说说自己的排序依据(由粗到细——由细到粗)。

(3)请幼儿分别把手中最粗的物品举起来。

(4)提问：为什么有些粗的物品现在反而变成细的了？

小结：粗和细都是相对的，要看比较的对象才能确定到底是粗还是细。

☜ 活动延伸

请幼儿比较周围环境中各种物体的粗细。

（设计者：管桂萍）

☜ 专家点评

比较粗细是一种关于空间纵向维度的简单测量。鼓励幼儿从现实生活中找到有趣的物品的粗细对比参照。例如，胖人和瘦人，主要体现在腰部的不同。在测量方法上，引导幼儿从原始目测向工具测量过渡。

★活动4：我们的幼儿园——距离测量(3～4岁)★

☜ 活动目标

1. 能用不同方法测量距离。

2. 尝试在平面图上区分远和近。

☜ 活动准备

1. 教师自制的幼儿园平面图（幼儿园所在小区的简单地图）；幼儿事先在幼儿园附近散步，积累了一些经验。

2. 不同的测量工具：笔、尺、绳子、积木、小棒等。

☜ 活动过程

1. 谈话，说说自己散步的经历。

师：前两天，我们在幼儿园附近散步了。你还记得你印象最深的、最喜欢的是什么地方吗？为什么？

2. 学看平面图，找出不同的地点。

(1)师：看，老师把我们的幼儿园和我们的小区都画在了地图上，你们能看懂吗？能找到我们的幼儿园在什么地方吗？

(2)幼儿观察平面图，教师引导幼儿找到正确的地点。

(3)思考并讨论：我们去过了哪些地方？有多少条不同的路线可以到达？

3. 测量，离幼儿园有多远。

(1)教师请幼儿估算从幼儿园到教师标有五角星的地方大概是多长的距离？哪个地方离幼儿园近？哪个地方离幼儿园远？（教师把幼儿的估算结果记录下来。）

(2)讨论：可以用什么方法证明自己的估算到底对不对？

(3)幼儿自由选择不同的工具进行测量。

(4)幼儿交流各自测量的不同结果。

(5)对照估算时的结果，比较哪条路线估计得最正确。

✍ 活动延伸

教师还可以在其他活动中，请幼儿运用更多的测量方法对不同路线测量。

（设计者：孙志怡）

✍ 专家点评

幼儿园室内外环境的大小测量，对幼儿来说也是一件很有趣的事。可以用目测，也可以用标准测量工具。使用自然语言和数学语言，对结果进行交流与讨论，引导幼儿对自己学习与生活的环境进行科学的认识，可以提升数学测量教学的现实价值。

★活动 5：天平——轻重测量(4~5 岁)★

✍ 活动目标

1. 知道物体有轻重，并且能够运用不同方法来比较物体间的轻重。

2. 能够在比较轻重的过程中对物体产生探索的兴趣。

✍ 活动准备

玩具若干，自制天平。

✍ 活动过程

1. 谈话导入。

(1)教师出示"轻"和"重"的汉字卡片。

提问：这两个是什么字？在生活中，你觉得什么物品是轻的，什么物品是重的？引导幼儿自由讨论。

(2)讨论：怎么比较轻和重？

①出示两个装有同种玩具的袋子。

提问：你有什么方法知道他们的轻重吗？

小结：可以用手来掂一掂，感受它们的轻重，感觉越沉的则越重。对于同种东西来说，还能从它们的数量上进行比较，数量越多则越重，数量越少则越轻。

②出示两个装有不同玩具的袋子（两个玩具的质量不同）。

提问：除了用手来掂一掂，感受它们的轻重，还能用什么方法比较？

小结：要知道轻重，最好的方法就是用天平。

2. 天平称重。

(1)教师出示自制天平，并用天平比较两种玩具的质量。

(2)引导幼儿关注：当在天平上放上玩具后，天平的一边沉下去了，而另一边则翘了起来。

提问：哪种玩具比较重？为什么？

小结：天平就像一个跷跷板，把东西放上去后，放较重的东西的一边会往下沉，而放较轻的东西的一边会翘起来。

❧ 活动延伸

平时可以引导幼儿在玩跷跷板时比一比自己与好朋友的轻重，也可以让幼儿找找生活中的物品，比较轻与重。

（设计者：程国）

❧ 专家点评

轻重是一种重要的物理属性，与生活息息相关。在幼儿园里量体重，去菜市场买水果，都要称重。幼儿这方面的经验是很多的，因此，这方面的教学相对就容易。像斤、克、千克（公斤）等单位，可让幼儿与现实事物有所联系，大约知道，一瓶矿泉水多为 500 毫升，即 500 克，也就是 1 斤，使幼儿对质量单位有个基本认识。

★活动6：买米——容积测量(4~5岁)★

🐦 活动目标

1. 在买米过程中让幼儿体验容积的概念。

2. 通过思考不一样的容器装一样的米，让幼儿在游戏中明白容积守恒的道理。

🐦 活动准备

塑料漏斗，各种大小、形状不同的透明瓶子(塑料瓶)4~5个，小碗1个，米若干。

🐦 活动过程

1. 教师扮演顾客去买米，幼儿扮演售货员。

(1)教师先提议拿一个瓶子，让幼儿去买米，要求是买平的一碗米。要求幼儿在瓶子上放一个漏斗，用碗装一碗米(要与碗边齐平)，再慢慢地倒入漏斗，使其流入瓶中，尽量不外漏，看看装到瓶子的哪个位置。

(2)教师不断变换瓶子，去买一碗米，注意每次所用瓶子都与前面一个有较大区别。

2. 展示瓶子里的米有多少。

(1)买米结束后，将所有瓶子展示出来，让幼儿观察，哪个瓶子的米多？为什么？

(2)提示幼儿回忆，每次都买一平碗米，米是一样多的，为什么装在瓶中看起来就不一样了呢？鼓励幼儿自己找出答案。

🐦 活动延伸

鼓励幼儿在家里，用不同容器，例如，酒杯等，盛装大米，看看哪个容器最大，哪个容器最小，体会容积的大小与容器形状、高矮的关系。

(设计者：单光耘)

🐦 专家点评

鼓励幼儿在测量容积时进行记录。例如，可以让幼儿每次以一平碗米为单位将瓶子装满，一共要用几碗，并记录下来，注意碗中的米一定要平。换其他瓶子试一下，记录满瓶所需米的碗数。最后，比较不同瓶子的容积大小。

★活动7：热水和冷水——温度测量(4~5岁)★

🐦 活动目标

1. 感受冷和热，知道热水和冷水的不同。

2. 理解冷热与温度高低的关系。

🐦 活动准备

1. 分别用来装冷水和热水的瓶子若干(数量要大于幼儿人数)。

2. 收集制作各种热和冷的黑白标签。

3. 太阳、雪花的大标签各一张。

🐦 活动过程

1. 感受水的温度。

(1)小朋友，老师在许多瓶里放了水，等一会儿你们摸一摸，把你们的发现告诉大家。

(2)幼儿自由探索、操作。

说说你摸到的瓶子是怎样的(热热的、冷冷的)？

小结：这些小瓶摸上去有的冷冰冰，有的热乎乎。

2. 出示冷、热食品。

(1)老师这里有许多标签，我们来看看、说说。

教师出示标签：

这是什么？(一杯茶。)一杯怎样的茶？(热腾腾的茶。)你是怎么知道的？

那是什么？(冰激凌。)冰激凌吃到嘴里是什么感觉？(冷冷的。)

(2)幼儿操作，贴标签。

想一想应该怎么贴这两张标签，才能使大家不摸瓶子就能知道瓶子里装的是热水还是冷水？(幼儿操作，教师观察。)

你是怎么给瓶子贴标签？(我在热水瓶上贴上热茶的标签。)为什么？(因为它们都是热的。)

你们猜猜这瓶是热水还是冷水？(冷水。)你没有摸，怎么知道的？(我是看标签知道的。)

小结：我们给热水贴上热茶的标签，给冷水贴上冰激凌的标签。贴上标签后，我们不用摸就能知道水的冷热了。

3. 粘贴冷、热标签。

(1)出示太阳、雪花的标签，让幼儿辨别冷暖。

这是什么？(太阳和雪花。)太阳给人的感觉是怎样的？(暖洋洋的。)

什么时候下雪？(冬天。)雪花给人的感觉是怎样的？(冷冰冰的。)

(2)你们将刚才贴过标签的热水瓶和冷水瓶再送到太阳和雪花的家中。

让幼儿仔细看清标签，鼓励幼儿将它们送到合适的家。

我们把贴有热标签的热水送到太阳的家，把贴有冷标签的冷水送到雪花家。原来，所有热的东西我们都可以用太阳表示，冷的东西都可以用雪花表示。

🕊 活动延伸

鼓励幼儿在家里看看体温表，给自己测量一下体温是多少摄氏度。给爸爸、妈妈测量一下，两个人的体温是一样的吗？各是多少？如果感冒发烧，体温是多少呢？

(设计者：顾小菡)

🕊 专家点评

气温跟人们生活息息相关，每天的天气预报会告诉我们当地的气温情况。家里用的冰箱、空调等，都是制冷用的，可以测一下温度的变化。热水器是洗澡用的，也可以测测适宜的水温是多少。在生活中观察温度，通过身体感觉，也可以估测温度，并用温度计加以验证。

★活动8：大树——长度测量(5～6岁)★

🕊 活动目标

1. 尝试运用不同的材料、不同的方法测量大树，知道树干有高矮、粗细等不同的特征。

2. 初步学习测量及简单符号记录的方法。

🕊 活动准备

操场(或比较空旷的场地)，长短不一的绳子，各种尺(长尺、短尺、卷尺、三角尺)，记录纸，笔，竹竿等；地上画有刻度线。

活动过程

1. 教师引导。

引导幼儿用目测的方法观察树，用语言简单表述出树的不同。

师：小花园里的树真多，你知道它们的名字吗？这些树长得一样吗？哪里不一样？

2. 探索寻找测量树干粗细的方法。

刚才小朋友说树干有粗细，哪棵粗？哪棵细？你是怎么知道的？（目测。）

有没有办法知道××到底有多粗？××有多细呢？

3. 幼儿讨论。

幼儿自由选择各种材料测量树木后，进行交流，体会用手环抱、尺量、绳子量等不同测量方法。

(1)粗细交流。

教师提供不同的测量工具(材料)，幼儿自由选择。

你准备用什么材料测量？把你的测量结果在记录纸上记录下来。

讨论：如果你选择用绳子测量，怎样才能知道测出来的结果是多少呢？

为什么测量出的粗细不一样？（有的测底部，有的测中部。）

(2)高矮交流。

①小花园里哪棵树最高？

有多高？你怎么知道？（目测：用尺无法测量高度时可目测。）怎么记录？

②杨树长得高不高？怎么测？（直接测量。）

③龙柏长得不高不矮，有什么方法测量？

用卷尺直接测量，或用竹竿等代替物来测量，然后把竹竿放地上，用尺量竹竿。

4. 游戏：树林测量员。

幼儿扮演树林测量员，为不同的树木测量它们的高矮、粗细。

幼儿每人选择一棵树，进行高矮、粗细的测量，并把数字记录在记录纸上。

相互交流记录结果。

活动延伸

教师在班级里布置相应区域，并将幼儿测量后的结果装订成册，制作成树木成长统计图。

（设计者：孙志怡）

专家点评

测量大自然中树木的粗细和高矮，是幼儿感兴趣的活动。太高的树可以目测，说说哪棵最高。如果是小树，就可以用尺子等测量。尺子上一般标有数字，而且是以厘米为单位的。幼儿可以学会读数字，数字大的，就是粗的。可以画树和记录，以进行讨论、比较。这类活动不仅让幼儿获得了数学测量方面的知识，还增加了幼儿的科学兴趣。

★活动9：玩积木——体积测量(5~6岁)★

活动目标

1. 初步感知固体体积大小的概念，理解体积大小与数量之间的关系。
2. 锻炼幼儿的空间思维和想象能力，感知数量与空间的联系。

活动准备

大小相同的正方体积木块若干套。

活动过程

1. 充分想象。

给每个幼儿发5个正方体积木，让幼儿发挥想象力，搭建自己喜欢的形状。

小朋友，你都搭建出了什么呢？高楼吗？跟其他小朋友介绍一下。（鼓励小朋友交流和表达。）

2. 细心观察。

小朋友们，注意观察一下，搭建的物体体积有多大呢？谁的更大，谁的更小呢？你是怎么知道的呢？对啦，数数大家的积木块就可以了，因为大家的积木都是5块，所以，大家搭建的物体体积是同样大的。

3. 深入思考。

如果是不同数目的积木块，那该怎么办呢？

（鼓励幼儿思考，进行交流。）

小朋友可以给自己搭建的建筑物标上数字，1，2，3，…，积木的数量越多，积木的体积就越大。

4. 加大难度。

在理解的基础上，可以增加积木的数量，或者放入长方体积木块。

🕊 活动延伸

在活动区角增加可操作的积木，供幼儿操作。

（设计者：单光耘）

🕊 专家点评

当积木块大小一样时，测量两堆积木的体积大小，只要数一数就可以了。由于积木块大小一样，当两堆积木块有规则地摆放后，目测也可以知道哪堆大些。这类活动也可以很好地发展幼儿的空间想象能力。

★活动 10：奇怪的国王——面积测量(5~6 岁)★

🕊 活动目标

1. 通过观察或借助图形工具，尝试正确判断面积的大小。
2. 初步学习比较面积大小的方法。

🕊 活动准备

多媒体课件，幼儿操作材料。

🕊 活动过程

1. 故事导入。

(1)告诉幼儿：从前有一个国王，只喜欢面积大的东西。有一天，他要请他手下的士兵去给皇宫增添一些需要的东西，他开了一张清单。

(2)点击课件，画面上出现国王想要为皇宫增添的东西：1 块正方形的窗帘、1 张长方形的地毯、1 幅长方形的名画。

(3)提问：国王想要几样东西？它们分别是什么？是什么形状的？

告诉幼儿：国王只要面积最大的。并且告诉幼儿：国王给了士兵长方形和正方形的测量工具。

2. 比较面积的大小。

(1)任务一。

创设情境：士兵先来到了名画店，画面上同时出现几幅面积不同的画。(其中有两幅画的面积的大小很难用眼睛迅速判断。)

讨论：哪幅画面积最大？

验证幼儿的判断——出示长方形工具，并把它分别重叠在那两幅画上。

小结：一幅画上可叠放 2 个长方形，另一幅画上可叠放 3 个长方形，所以，可叠放 3 个长方形的那幅画面积比较大。

(2)任务二。

创设情境：士兵来到卖窗帘和卖地毯的店，画面上先出现几张长方形的地毯。

请幼儿用长方形的工具来判断哪张地毯的面积比较大。

(3)任务三。

画面上出现几张正方形的窗帘。

提问：怎么判断这些正方形窗帘的大小？用正方形作为工具合适还是用长方形作为工具合适？

3.幼儿操作。

(1)给幼儿每人一份操作材料，请幼儿运用长方形或正方形工具找出面积最大的东西。

(2)操作后交流，师幼共同验证操作结果。

活动延伸

在区角中，教师也可以创设类似情境，让幼儿在摆摆弄弄中初步学习比较物体面积大小的方法。

(设计者：戴慧丽)

专家点评

面积守恒是体现幼儿逻辑能力的重要方面。幼儿学习了测量以后，就可以用简单的方法比较面积的大小。重叠法很原始，也很有效。现实中很多物体固定在某处，或太大无法拿动，这时就需要用尺子等测量工具。当然，对于幼儿来说，还不懂得长方形面积是长与宽的积，但也会知道，两边比较长的，自然面积也就比较大。

第十章
模块 7：数学应用与
问题解决

宇宙之大，粒子之微，火箭之速，化工之巧，地球之变，生物之谜，日用之繁，无处不用数学。

——华罗庚

★本模块学习与发展的目标★

3~4 岁

初步感知数学解决问题的有趣和现实应用。

4~5 岁

在指导下，感知和体会现实生活中有些事物可以用数或图形来描述，对环境中各种数字的含义或几何特征有进一步探究的兴趣。

5~6 岁

能自编简单的应用题；就某些问题能用简单的记录表、统计图等表示简单的数量关系；能发现生活中许多问题都可以用数学的方法解决，体验解决问题的乐趣。

(依据《3~6 岁儿童学习与发展指南》制定)

第一节 "数学应用与问题解决"的理论解析

数学应用与问题解决，是数学教育发展的趋势。数学应用于现实，也就是利用数学可以解决实际中的问题，同时也能发展幼儿的数学应用意识。

一、幼儿的数学应用意识

(一)数学应用意识的含义及价值

数学应用意识是主体主动从数学的角度，用数学的语言、知识、思想方法来描述、理解和解决各种问题的心理倾向性。数学教学中儿童的应用意识主要体现在以下三个方面：(1)面对实际问题，能主动尝试从数学的角度运用所学知识和方法寻求解决问题的策略。主要表现在两个方面：一是在实际情境中发现问题和提出问题的意识；二是主动应用数学知识解决问题的意识。(2)面对新的数学知识时，能主动寻找其实际背景，并探索其应用价值。(3)认识到现实生活中蕴含着大量数学信息，数学在现实世界中有着广泛的应用。

幼儿数学教育要重视数学应用意识的培养。数学教学生活化是国际数学教育的发展趋势，"现实数学"的思想充分说明了：数学来源于现实，也必须扎根于现实，并且应用于现实；数学教育如果脱离了那些丰富多彩的现实，就将成为"无源之水，无本之木"。因此，对幼儿进行数学应用意识的培养，有利于激发幼儿学习数学的兴趣，有利于增强幼儿的应用意识，有利于开阔幼儿的视野。但更重要的是使幼儿认识到：数学与我有关，与生活相关，数学是有用的，我要用数学，我能用数学。这种数学意识将成为幼儿终身受益的财富。

(二)培养幼儿数学应用意识的教学指导

1. 强化教师自身的数学应用意识和应用能力。

教师要提高自身的数学应用意识和应用能力，提高自身数学专业水平和素养，在平时有意识地学习有关数学应用意识和应用能力知识。

2. 精心设计活动，注重数学知识的来龙去脉。

幼儿的许多数学知识，例如，数概念、计算、几何形体的特征等，无不渗透着数学在现代生产、生活中的应用。让幼儿寻找生活中的数学，使幼儿真切地感受到数学就在自己的身边，认清数学知识的现实性和实用性。

3. 开阔幼儿的视野，了解数学的应用价值。

教师应该充分利用幼儿已有的生活经验，引导幼儿把所学的数学知识应用到现实中，体会数学在现实生活中的应用价值。因此，在数学生活化的学习过程中，教师要注重引导幼儿领悟数学"源于生活又用于生活"的道理。

★小贴士：包装盒子★

教师可以引导幼儿到超市参观各种商品的包装，例如，餐巾纸盒子（餐巾纸的包装最接近教材内容）。把各种包装盒子带到课堂上来，作为课堂教学的教具。在教学中，让幼儿体会包装，并画画，体会立体与平面的不同及其关系，以提高幼儿解决问题的能力，感受数学的应用价值。

二、 数学的问题解决

在经历了 20 世纪 60 年代的"新数学运动"和 70 年代的"回到基础"以后，"问题解决"在 80 年代成为美国数学教育界的主要口号，即以"问题解决"作为学校数学教育的中心。

"问题解决"理念近年来在数学教育界越来越受到重视。解决问题的策略对于掌握数学基础的问题思考方法来说很重要。而且，这些策略会随幼儿感知和组织信息的能力、必要的推理能力、预测问题以及解决问题的方法不同而有所不同。这些策略是形成和发展推理能力的基础，同样，它也是解决问题的一个关键因素。

（一）问题解决的含义

问题解决在心理学上说就是一种思维活动或思维过程，就像是下国际象棋（见图 10-1）。数学的问题解决，指的是在数学学习中把数学知识与现实生活相联系，用数学的原理解决现实中的问题。同样，解决问题也是一种教学思潮，强调数学教学的"问题感"，把"问题感"看作"数学感"的一个重要内容。

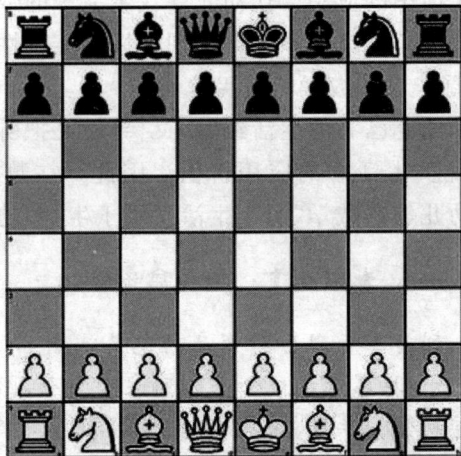

(提示：棋类活动涉及数学思维问题的解决。)

图 10-1　国际象棋

(二)幼儿问题解决的活动

1. 猜测和检验。

幼儿早在进入幼儿园之前就已使用猜测方法来解决问题。开始的时候，幼儿会随意地猜想，在一定经验积累的基础上，部分幼儿开始使用直觉推理进行猜测，这其中蕴含着极大似然估计法的思想。

★小贴士：猜颜色★

家长在兜里放一黑一白两个小球，家长和幼儿一人取出一个球握在手中，让幼儿在看到自己手中的球之后猜测家长手中的球的颜色。开始的时候，幼儿总想掰开家长的手来看球的颜色，慢慢地，他们就能明白，通过看自己手中的球的颜色，就能推测出家长手中的球的颜色。

★数学游戏 10-1：凑 10 法★

1. 类别。

数的组成。

2. 材料。

若干彩色条形格子卡(红色 1 格、黄色 2 格、蓝色 5 格、绿色 10 格)，记录纸。

3. 玩法。

(1)请幼儿观察条形格子卡，数数各种颜色卡片上分别有多少格子。找出最长的和最短的条形格子卡，数数分别是几个格子。

(2)玩"凑 10"游戏。幼儿结伴或者个人取各种条形格子卡若干，想办法将各种条形格子卡拼接起来，凑成 10，并用加法的方式记录下来。

(3)展示所有幼儿的记录，找一找共有多少种"凑 10"的方法。

4. 提示。

当幼儿熟练掌握 10 的加减运算之后，可以进行其他以"凑 10"为基础进退位加减法的练习，让幼儿理解 10 的各种分合方法，并会巧妙计算。

2. 寻找规律。

在亲自操作过程中，幼儿可以认识到在某些情境中存在着一些规律。教育者首先应安排一些很容易发现规律的活动，以帮助幼儿学习如何发现规律。当幼儿看上去理解一些规律时，可以向他们介绍另一些更微妙的规律。

★小贴士：发现规律★

在我们的生活中，有很多有规律的现象和事件或事物。找出它们的规律，可以让幼儿体验到思维技能的乐趣。例如，幼儿在串珠子时，有节奏地拍手或在 2 个、5 个、10 个一组的数数过程中会发现某些规律。中国的七巧板拼搭(见图 10-2、图 10-3、图 10-4)有规律吗？

(提示：观察一个正方形是如何切成 7 块的。)

图 10-2　中国的七巧板

(提示：这是美国谜题专家洛依德的作品，他是一位喜欢戏谑的人。)

图 10-3　七巧板作品(1)

（提示：小船、猿、猫、骆驼。）

图 10-4　七巧板作品（2）

3. 作图或用范例比画着表达。

幼儿在玩耍的时候参与这种类型的问题解决活动。当幼儿用积木搭建建筑物或构筑沙堆和地道时，他们就已在使用非正式的问题解决模式了。这些活动增强或延伸了其解决问题的技能。用手比画、作图，或构筑模型代替题目，让幼儿用实验来反馈信息。作图是一种充满着数学思想的作业方式，而不是仅与问题解决或与策略相联系（见图 10-5）。幼儿可以在解决问题的时候自我更正并调整他们的结论。

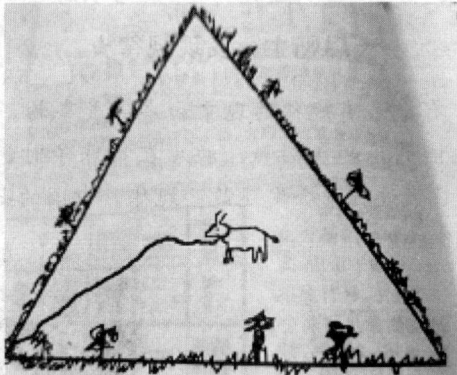

（提示：羊可以吃到草的面积有多大？）

图 10-5　拴在草坪里的羊

★小贴士：问题之间有关联★

幼儿经常不能认识到一个问题的解决对另一个问题解决的必要性。许多问题是相互关联的，知道一个问题的解决方法，通常就可以知道另一个问题的解决方法。因此，教师要引导幼儿学会具备从简单问题着手，解决复杂问题的思考方式。

4. 画图表或列原始数据表。

幼儿在思考一个问题时，经常会遇到一组组数据。如果将这些数据按照幼儿容易发现答案的方式排列的话，他们也许就能找到答案。在一个模式中做一些记号，可以将数据组织起来，有利于问题的解决，也有利于规律的发现。图表通常是由行和列组成的，里面包含着问题解决的关键因素。

5. 写开放的表达式。

这是一个在许多课本中都可以找到的解决问题的传统数学方法。一旦幼儿能够写开放的表达式，他们就有可能解决问题，困难的是如何写那些表达式。幼儿必须理解在信息后面那些给定的和寻找到的其他线索之间的关系，才能写出表达式。幼儿也许会在他们的方程式里用括号或三角形来表示未知的数字，这样的方程式叫作开放的表达式。这些表达式给幼儿提供了有效步骤的蓝图或地图。在幼儿建立自信心以前，计算器的运用可以帮助幼儿解决问题。

6. 系统思考。

这个方法包括：列一个有规律的目录，进行一个有系统的计算。对那些需要计算和需要考虑所有可能性的问题，这种方法是很有用的。有时候，如果尝试所有可能的解决方法，解决问题会容易一些。

7. 逆向思维。

有些题目最后一步的条件是未给出的，需要解决前面的步骤。问题解决者知道结果，但是需要知道开始的条件。如果是数学运算，那要做的就是逆向进行这些运算。有些题目列出了在某个条件下的一系列未知事件，那么，这时的任务就是将这些事件排序。多样的守恒任务，就包含了逆向思维（见图 10-6 和图 10-7）。

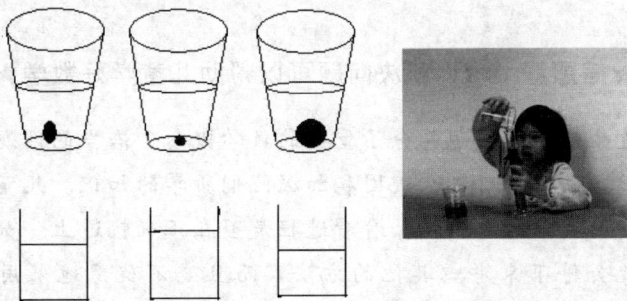

（提示：哪个杯里的水最多？操作练习可以更快习得守恒概念。）

图 10-6 液体体积守恒的实验

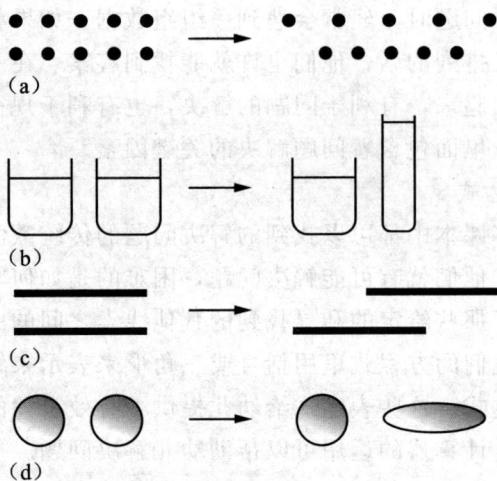

（提示：以上为数量、容积、长度、体积四类守恒图示，守恒概念的获得是儿童认知发展可逆性的重要标志。）

图 10-7　守恒的多样性

8. 类比推理。

有些问题由于有大量的数据或一些复杂的规律，显得很复杂，所以，答案也就不是那么清楚。对于这样的问题，使用类推的方法也许能更简单地帮助幼儿找到问题的答案。解决一个比较简单的问题，也许可以帮助幼儿找到解决原有问题的方法；或者从一组简单的问题开始，也许可以找到解决原始问题的规律或方法。

★信息栏 10-1：解决问题可以帮助儿童学好数学★

来源于儿童生活中的问题包含了重要的数学概念。恰当的问题，能提升儿童数学学习的兴趣，让儿童有机会巩固和加深他们所学的知识。儿童作为有效的问题解决者，不断计划，时时估计，看看进程是否在正确轨道上。如果问题解决没有进展，他们就会停下来考虑其他的方法，而且毫不犹豫地采用完全不同的方法。研究表明，儿童解题失败通常并不是因为缺少数学知识，而是因为没有很好地利用他们的知识（NCTM，1989）。

9. 学习迁移。

幼儿思考他们是怎么解决问题的，有助于他们将思考的过程转移到其他问题的解决上。思考过程有助于个体发展更清晰的策略意识，这使得他们能更成功地完成任务。教师可以引导幼儿学会意识到自己思考的方法。

不管用什么方法，目的只有一个：帮助幼儿思考问题，形成看法，使他们考虑每一个步骤。当问题的答案看上去不是那么明显时，使用一些策略给幼儿提供解决问题的方案。问题解决的方法有助于幼儿关注解决的过程和方法的运用。

（三）幼儿数学问题解决的教学指导

1. 创设问题解决和推理的情境。

既然我们已经讨论了问题解决的各个因素，现在该思考如何创设能够加强问题解决和推理能力的情境了。问题解决应该是数学课程关注的中心。"具有问题解决氛围的教室充满着能够激发思考的问题，充满着推测、研究和探索。在这样一种环境中，教师的初步目标是促进幼儿学习所有数学内容的问题解决方法"（NCTM，1989）。

如果幼儿没有表现出对问题解决的意愿和兴趣，那么教他们问题解决的步骤就比较困难了。解决问题的意愿，甚至乐意解决问题，这是问题解决过程中的最重要的因素之一（Van de Walle，1994）。数学活动应该是让幼儿喜爱的活动。

2. 制订计划。

几乎每个幼儿和成年人都会做出这样或那样的决定，这些决定和他们的技能、自信水平直接相关。幼儿做决定的基础是过去的经验，或者是他们做出这样或那样的决定时所体验到的成功。为了让幼儿取得成功，教育者可以安排基于不同水平的多种多样的问题，可以从幼儿能够解决问题的那个学期开始。这种成功是真正的成功而不是虚假的成功，不需要依靠教育者引导就能得出答案。问题应该通过幼儿自己的努力得到解决。

所有幼儿不可能按照同一个速度前进，也不可能在问题解决的能力上达到同一水平。那些发展缓慢的幼儿同样需要成功，即使不是更多的话，也要比那些较自信的幼儿需要的成功要多，因此，教师应该将这些幼儿安排在一个能力强的小组里。幼儿需要各种各样的问题，特别是那些可以用一种以上的方法解决的问题。

3. 鼓励冒险。

成人经常害怕尝试新的方法和观点，当然，幼儿也不愿意在同伴面前失败。幼儿有必要知道犯错误是很正常的，只要他们愿意再进行尝试。幼儿受到的鼓励越多，他们为了获得表扬所付出的努力也就越大。若幼儿愿意表达，教师应仔细倾听，相信他们的思想，鼓励他们对自己的思想进行表达。如果幼儿的想法被拒绝或被忽视，迟早有一天，他们会不愿意说出自己的想法。

4. 提供积极的反应。

当幼儿在交换观点时，思考一下你会做出的反应，使得幼儿不会感到他们的答案是不堪一击的，或是"一个坏主意"。称赞幼儿思考的过程，而不要攻击他们那些观点，就像"好主意"或"我可以看到你是在真正地思考问题"这样的话，是幼儿乐于接受的反应。鼓励幼儿进行交流，鼓励他们当一个人在谈论如何解决问题时，做出积极的反应。其他正确的反应还包括"我真的很喜欢你思考的方法，其他人还有想法吗？""这是解决这个问题的真正与众不同的方法，你准备怎么完善这个想法呢？"或者类似的话。

5. 小组式合作工作。

当其他幼儿一起参与的时候，幼儿问题解决的实践能力往往会提高。交流想法会帮助幼儿思考新的方法，并让他们在一个轻松愉悦的氛围中分析这些方法。合作性学习能提高幼儿问题的解决能力。这种教学方法减少了数学焦虑感，因为他们是在通过合作解决问题、得出答案，而不是一个人孤立无援。幼儿分享意见，所以会产生些新的想法。幼儿能基于别人的反应去思维。合作性学习通过让幼儿朝着一个共同的目标一起工作来培养他们的社会性。

鼓励教师参与幼儿问题解决的过程（NCTM，1991）。幼儿也应受到鼓励，去尝试不同的解题方法并解释他们的想法。教数学应像推理一样在教室中平常化，幼儿需要不断有机会参与到那些注重推理的数学讨论中去。

用每天的活动来教幼儿解决问题，帮助幼儿将问题和日常生活相结合，看到运用数学的诸多好处（见图 10-8）。通常，教师可基于幼儿的经验构建数学课的内容，选择任务的时候，要考虑挖掘幼儿数学推理和问题解决的潜力（见图 10-9）。

钓鱼翁

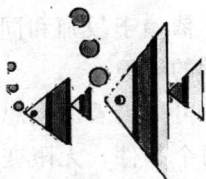

小金鱼

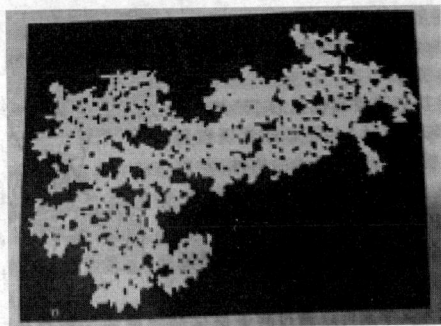

（提示：几何构图体现出简单的艺术美。）

图 10-8 三角形和圆的组合

（提示：计算机产生的分形图。）

图 10-9 森林烧毁和火势蔓延

三、专题：幼儿学习自编、解答应用题

（一）幼儿学习应用题的价值

应用题作为数学问题，具有一定的情境，情境中又有一个要达到的目标，通往目标的路线被阻塞，于是就产生了问题（Kilpartrick，1985）。幼儿自编应用题是一种创造性的发现活动，幼儿学习自编应用题可以激发其积极思维。幼儿用自己的语言，就自己所熟悉的生活事物、配合一定的学习经验，进而达到建构数学概念的目的。教师提供给幼儿真实物体（小黑板、粉笔或实物模型等）和思维物品（数字、符号或文字等）作为中介，让幼儿进行编题、解题活动。机械式的数学练习是枯燥的、乏味的，如果成人能完全信任幼儿，让幼儿按照自己的意愿和能力自编应用题，并负责解题，把答案找出来，就会使幼儿感到充满乐趣和具有成就感，能够开拓幼儿的思考空间，培养其创造能力。

幼儿自编和解答应用题有以下价值。

（1）自编应用题所涉及的实际问题比较简单，带有一定情境性，比较适合幼儿具体形象性、直观性的思维特点。自编应用题是幼儿以学会加减运算为基础，是对数量关系的实际运用，是在解决实际问题（解决问题是一种重要的思维形式）。自编应用题将极大地促进幼儿思维的发展。

（2）自编应用题需要幼儿对应用题的两个条件和一个问题以及数量关系有一个清楚的认识和理解，设想某种情境结构，成功编出应用题。可以说，幼儿能否熟练地、灵活地掌握自编应用题，是幼儿数学能力发展的重要指标。

（3）自编应用题有助于发展幼儿的独创性，因为它具有以下几个特点。

一是独立性。幼儿能独立地操纵应用题的条件和问题及其关系，找出问题解决的途径和策略。另外，幼儿可根据自己的水平，不依赖于教师和同伴，编写出自己认为重要的和有趣的应用题，提高了其应用数学的兴趣。

二是发散性。应用题不是一解，而是多解。幼儿可以沿着不同思路思考，其结果不是唯一的，而是发散式的。模拟一个问题和两个条件，无限变换情境结构及伴随的数量关系，极大推进幼儿思维的发散性。

三是新颖性。幼儿可不拘泥于传统的常用方法，而是通过对现有信息的加工，以产生一个体现出旧信息思想的智力数学问题。

可以说，自编应用题是幼儿创造性思维品质的一种表现。自编应用题的数量、深度和广度，在一定意义上体现了幼儿在运算过程中发现、探索和创造问题的程度。

（二）幼儿自编和解答应用题的特点

1. 简单加减运算应用题包含三种结构。

（1）数量关系结构，指加减法。它可以有以下四种形式。

$m=B+A$　（5=3+2）

$m=A+B$　（5=2+3）

$A=m-B$　（2=5-3）

$B=m-A$　（3=5-2）

（2）框架结构，指条件和问题，包括三个变量，即两个条件和一个问题。

（3）情境结构，对数量关系做情境性表达，即各种不同的题材。

幼儿编应用题中所涉及的对问题情境的表达，或者说对问题的理解，对于解题起着关键作用。

2. 语义图式的种类及幼儿的理解。

（1）语义图式的种类。幼儿对语义图式的加工活动直接影响其方法的选择，同时反映幼儿对有关数学概念的掌握程度。幼儿的加减法应用题涉及三种语义图式（见表10-1）。

表 10-1　应用题涉及的三种语义图式

类型	举例
变化图式	小明有 3 个苹果，小丽又给了他 2 个，现在小明有几个苹果？（结果集未知。） 小明有 5 个橘子，给了小丽 2 个，小明现在有几个橘子？（结果集未知。）
合并图式	小明有 3 块糖，小丽有 2 块糖，他们一共有几块糖？（超集未知。） 小明、小丽合起来有 5 块糖，有 3 块是小明的，小丽有几块？（子集未知。）
比较图式	小明有 5 个橘子，小丽有 3 个橘子，小明比小丽多几个橘子？（差集未知。） 小明有 3 个苹果，小丽比小明多 3 个苹果，小丽有几个苹果？（比较集未知。）

每个问题至少有 3 个句子分别表达条件和问题信息，这 3 个句子有特定语义相依关系和应用题必须满足的逻辑关系。

（2）幼儿对不同语义图式的理解。幼儿对于不同类型题目的语义图式的理解如下。

对变化题，相依关系的词多为动词，例如，"有……""给……"，若幼儿缺乏这种逻辑的认识，就会犯错误。他们往往以自然的情境去猜测每个句子的意思。

对合并题，幼儿未能掌握总体与部分的关系。他不能根据句子中的语义信息推断两个集之间的关系，而是把超集和子集表述为两组互不相关的客体。另外，幼儿还曲解"一共"这个词，而对"合起来"的表达方式更容易接受。

对比较题，幼儿的错误表述是把一个关系命题解释为一个陈述命题而造成的。例如，把"小丽比小明多 3 个"理解为"小丽有了 3 个"，对"比……多"不理解。幼儿还缺乏一个完整的概括的比较图式。

总之，幼儿在合并题和比较题上的错误，归因于他们缺乏理解题中数量关系所必需的语义图式。变化题的错误则是幼儿并不具备基本的数量关系所需的语义图式。变化题的错误并非幼儿不具备最基本的数量关系知识，而是其缺乏应用题的逻辑结构知识，即应用题表征图式。比起语义图式，应用题图式包括了有关应用的更一般的知识，即问题解决者对应用题的结构特征、作用及意义的理解。当然，语义结构简单的算术应用题有极强的语词成分。阅读能力在解决问题中起着不可忽视的作用。

教学中可以让幼儿对三种类型的算术应用题进行反复练习，正确把握题的逻辑结构、数量关系和语义图式，迅速地解决问题。

(三)教学指导

1. 了解幼儿在编题时经常犯的错误。

(1)幼儿容易对应用题的情节产生泛化。幼儿在自编应用题时,往往被应用题中的情节内容所吸引而产生一系列联想,转移了编题的思路。例如,给幼儿小猴的图片,让幼儿根据树上小猴与地上小猴的数量编加法题,幼儿会说树上有 2 只小猴,它们真好玩,跑得可快了……结果忘了编题的任务。再如,一个幼儿编了"舅舅打老虎"的情节,而且老虎越打越多,以表示本领大。幼儿的这种泛化性的特点,年龄越小越明显。

(2)幼儿不能完整地理解应用题的结构。应用题由情节、数量关系两部分构成,数量关系中又包括已知条件和未知条件。幼儿在自编应用题时,根据应用题的结构,掌握"一件事,两个数,一个问题"的模式进行编题。但在刚学编题时,他们对这种结构模式还不能完整地运用,这主要表现在以下方面。

一是缺少已知条件中的一个数。例如:"河里原来有 2 条小鱼,现在一共有几条小鱼?"

二是不会提出问题。幼儿在自编应用题时,有时没有问题。例如:"树上原来有 2 只小鸟,后来又飞来 1 只小鸟。"编题就这么结束了。有时讲了已知条件后接着出现的是运算结果。例如:"我有 2 只红气球,又有 1 只蓝气球,我现在一共有 3 只气球。"这种情况在减法的编题中更为突出。

(3)所编应用题的内容脱离生活实际。幼儿由于受知识和生活经验的限制,编出的题目常常违反了生活逻辑和自然规律。例如:"爸爸买来 1 部汽车,妈妈又买来 2 部,我家里现在有几部汽车?"再如:"我家的钟先敲了 3 下,一会儿又敲了 2 下,一共敲了几下?"类似于这种情况,脱离生活实际,缺乏科学性。

2. 在教幼儿自编应用题时,给幼儿恰当的示范。

教师在教学指导中应注意:(1)幼儿具有一定的加减运算基础,即对数量关系的掌握较熟练,否则,编题就成了无本之木。(2)幼儿应明确两个已知数和一个未知数,即两个条件和一个问题,这三者缺一不可。(3)编题使用的语言要简练、清楚、明确,不同于讲故事、谜语,同时,设计的问题情境要符合生活实际,不能违反生活逻辑。(4)编题的形式可多种多样。例如,可根据日常活动内容编题、看图编题、给出算术题以及无条件编题;或者让幼儿完全凭借自己的兴趣和能力,脱离教具,凭自己的想象去编题,充分发挥其创造性。

3. 鼓励幼儿多样性的编题、解题活动。

幼儿可根据自己的能力、偏好，采用自己能掌握的方式和策略来编题和解题。例如，鼓励幼儿把解题的过程记录下来，让同伴分享解题记录的智慧。

4. 鼓励幼儿合作解题。

幼儿在互动中，学会从各种角度看问题、解决问题，同时也提高自我反省的能力。要出题给同伴做，就必须具备检验解题过程及结果合理的能力，即察觉别人不同的思考路线，以此拓展自己的学习经验，获得新的知识。

幼儿需要运用解决问题的方法去探究和理解数学方面的内容（Krogh，1995）。幼儿从日常数学情境中归纳问题，虽然幼儿可能不会如成人那样有意识地思考，但是他们仍然可以通过不断地尝试，从失败、错误中积累经验，为他们以后解决问题或者运用逻辑思维奠定基础。人们最初用来学习数学的那种方法，决定他们是否愿意使用这种方法理解周围的世界和解决身边的问题（Willougby，1990）。

第二节　"数学应用与问题解决"的活动指导

一、本模块学习与发展的具体目标

本模块学习与发展的具体目标见表 10-2。

表 10-2　"数学应用与问题解决"模块学习与发展的具体目标

年龄	具体目标
3～4 岁	1. 将物品对应、分类应用于生活实际，寻找事物的内在关联性。 2. 将长短比较应用于生活实际。
4～5 岁	1. 学习路线图，感知地图中的东、南、西、北方位。 2. 通过解决生活中量的多少问题，训练逻辑思维能力。 3. 通过实际的问题解决，开发幼儿智力。
5～6 岁	1. 利用已学的数、空间、逻辑知识综合解决实际问题。 2. 认识不同面值的货币，懂得不同面值货币的换算。 3. 熟练掌握"凑 10 法"，并应用于自编应用题。

二、 本模块的活动系列与点评

本模块的活动安排见表10-3。

表 10-3 "数学应用与问题解决"模块的活动安排

年龄	序号	活动名称
3～4 岁	活动 1	搭配衣服——对应
	活动 2	小猫钓鱼——比较
4～5 岁	活动 3	帮小鸭子回家——辨认路线图
	活动 4	火柴棒变魔术——拼图
5～6 岁	活动 5	小小营业员——认识钱币
	活动 6	票据——钱币运用
	活动 7	外星人来做客——认识地图

★活动1：搭配衣服——对应(3～4 岁)★

🐦 活动目标

1. 将物品对应、分类应用于生活实际，寻找事物的内在关联性。

2. 让幼儿在游戏情境中体会到成功的快乐。

🐦 活动准备

一些上衣和下衣(幼儿的衣服和大人的衣服)卡片若干。

🐦 活动过程

1. 出示衣服。

出示不同的幼儿衣服卡片和大人衣服卡片若干。例如：幼儿的上衣 3 件，下衣 3 件；大人的上衣 3 件，下衣 3 件。(衣服的数量可自己定，但上衣和下衣的数量要匹配。)

2. 搭配衣服。

教师和幼儿一起来配这些衣服，看看可以搭配出多少种不同的款式，有几种搭配的方法。但是，注意幼儿的上衣要和幼儿的下衣搭配，大人的上衣要和大人的下衣搭配。

活动延伸

观察班上小朋友们的衣服，上衣和下衣是否由同一套服装组成的。说说一套衣服的上衣和下衣有什么共同特点。

（设计者：陆晓燕）

专家点评

——对应是数学概念的逻辑基础。通过搭配衣服，可训练幼儿的分类与一一对应能力。对能力强一些的幼儿，教师也可以增加上衣和下衣的款式和数量，增加任务难度。

★活动2：小猫钓鱼——比较(3～4岁)★

活动目标

1. 引导幼儿学会用目测的方法进行长短比较。
2. 引导幼儿利用工具间接进行长短比较。

活动准备

小猫钓鱼卡片，鱼竿卡片，小鱼模型若干。

活动过程

1. 创设故事情境。

小猫钓鱼，教师扮演猫妈妈，幼儿扮演小猫和小鱼。猫妈妈家有3只小猫，3只小猫都很懒，每天只知道吃小鱼，不知道帮妈妈去捕鱼。一天，猫妈妈发现一条河里有很多条小鱼，它跑过去开心地吃呀吃，吃完之后想着，应该多钓一些存着以后吃。于是它叫来了它的3个孩子，大家一起钓了很多鱼，有的是大鱼，有的是小鱼。

它们把这些小鱼晒在绳子上变成鱼干，小猫们对妈妈说："好多小鱼呀，我想吃一条。"猫妈妈说："这些鱼干不准移动，你们看看哪条最长，谁能说出来，就让谁吃最长的鱼。"

2. 解决问题。

这可急坏了3只小猫，它们看看这个长的，看看那个短的，把长短差别很大的都排除掉了，还有一些差别很小的就看不出来了。你能帮助它们辨别一下吗？

大猫看着自己手里的鱼竿，想到了一个好办法，它跑到比较长的那几个鱼干旁。聪明的大猫用手中的鱼竿比画了一下，并且在鱼竿上标上了记号，每一个都标上记号，这样就知道哪个鱼干最长了。于是，大猫吃到了最长的那条鱼。

🐦 活动延伸

幼儿这个时候可能还想不到这样的方法，要鼓励幼儿开动脑筋。如果有其他方法，可以鼓励幼儿尝试。

🐦 专家点评

比较是数学概念的逻辑基础。通过比较鱼竿的长短，再与鱼的长短匹配，可训练幼儿的逻辑推理能力；也可以通过绘画的方式完成此项任务。

★活动 3：帮小鸭子回家——辨认路线图(4～5 岁)★

🐦 活动目标

1. 通过训练幼儿走不同通道的路线，培养其空间知觉能力。
2. 学习路线图，感知地图中的东、南、西、北方位。

🐦 活动准备

1. 装满沙子的正方形沙盘，边长为 1 米。
2. 小鸭子玩具 4 个，塑料花草若干。

🐦 活动过程

1. 布置沙盘。

在沙盘中将小鸭子的家设在沙盘的最中央，分别向四周画一些螺旋的线，并将沙子分开，做成小河的模样，小朋友们在沙盘的四周，同时在沙盘里面布置一些花花草草。

2. 小鸭回家。

小鸭子家住着 4 只小鸭子，它们分别在四个不同的方位玩耍，天黑了，它们要回家了，请小朋友按照画好的路线图帮助小鸭子回家，看哪只小鸭子最先回到家。

在帮助小鸭子回家的时候，要求幼儿说出小鸭子回家的路线。例如：先向上游，再往右游，最后向下游。

🐦 活动延伸

可以在户外操场设计相应场景，摆成几条路线，进行此类游戏。

（设计者：孙敏）

专家点评

小朋友在最初可能不按指定的路线，而是直接从原地点到家，应让幼儿知道规则，须按照规定路线，并找最近的路走。日常生活中，引导幼儿多留意地图，寻找熟悉的建筑物等标志。

★活动4：火柴棒变魔术——拼图(4～5岁)★

活动目标

1. 愿意参与用火柴棒拼图的活动，感受增加或减少火柴棒后造型的变化。

2. 通过提示，能用火柴棒搭出不同的数字或图形。

活动准备

火柴棒若干，实物投影仪。

活动过程

1. 出示火柴棒。

教师告诉幼儿：我今天带来了一样很神奇的东西，它会变魔术。引导幼儿自由猜测。

教师出示火柴棒。

提问：这样东西你们认识吗？它叫什么名字？你什么时候会用到它？

2. 火柴棒变魔术。

(1)变数字。

①教师出示1根火柴棒。

提问：这是数字几？用了几根火柴棒？

教师出示3根火柴棒。

提问：你觉得这次会变出数字几？引导幼儿自由猜测。

②教师用2根火柴棒搭出"4"的前两个笔画，然后请幼儿上前搭出完整的"4"。

③教师请幼儿上前，请他先搭出一个数字，然后让大家猜他所搭的数字。

教师提示台下的幼儿可以上台来搭数字，并对幼儿提问。比如：你用了几根火柴棒？你的第一个笔画是横还是竖？

(2)变图形。

①教师请个别幼儿上前用火柴棒搭出一个正方形。

提问：变出一个正方形需要几根火柴棒？

②教师请个别幼儿上前用火柴棒搭出一个长方形。

提问：搭长方形所用的火柴棒的数量和搭正方形所用的火柴棒的数量一样吗？

③请幼儿上前用火柴棒搭出任意图形，然后请台下的幼儿猜测。

3. 讨论。

教师引导幼儿思考：火柴棒还能搭出什么？

🐦 **活动延伸**

教师可以引导幼儿在区角用火柴棒搭出任意造型或数字，同时引导他们关注搭出这些造型所用的火柴棒的数量。

（设计者：戴慧丽）

🐦 **专家点评**

火柴棒，长短一样，一头一尾，可以变出各种几何图和物品，既能训练幼儿的空间表征能力，又能发展其思维的创造性。这是幼儿喜欢的一个数学游戏。当幼儿完成作品后，可以交流与讨论，谈谈自己的作品。

★ 活动 5：小小营业员——认识钱币(5~6 岁) ★

🐦 **活动目标**

1. 通过游戏认识不同面值的货币，懂得不同面值货币的换算。

2. 联系日常生活，培养幼儿初步使用钱币的能力。

🐦 **活动准备**

1. 不同面值的纸币：1 角、5 角、1 元、5 元、10 元、50 元、100 元。

2. 不同面值的硬币：1 角、5 角、1 元。

3. 收集各种日常用品，并贴上数字价签。

4. 布置"超市"的货架，将商品按类别分成几个购物区，陈列整齐。

🐦 **活动过程**

1. 货币兑换。

让幼儿认识 1 角、5 角、1 元、5 元、10 元、50 元、100 元不同面值的纸币和 1 角、5 角、1 元不同面值的硬币，让幼儿初步了解钱币的兑换。

(1)5 张 1 元可换 1 张 5 元。

(2)2 张 5 元可换 1 张 10 元。

(3)10 张 1 元可换 1 张 10 元。

(4)2 张 50 元可换 1 张 100 元。

(5)5 个 1 角硬币可换 1 个 5 角硬币。

(6)10 个 1 角硬币可换 1 个 1 元硬币。

2. 逛超市。

(1)幼儿每人有钱币 10 元(1 张 5 元，1 张 2 元，3 张 1 元)。

(2)分角色展开活动：若干名幼儿当"营业员"，其余幼儿当"顾客"。"顾客"买东西时，要学会算账，将 10 元钱正好用完。要求尽可能说出想买的东西的名称和数目，"营业员"尽量做到找钱不出差错，算清账目，幼儿轮流学做"小小营业员"。

(3)可让幼儿说说自己的 10 元钱买了什么东西，如何算的。

(4)幼儿相互交流买的东西的名称和数目。

❧ **活动延伸**

鼓励幼儿在实际购物中接触钱币，关注价格，在父母指导下运用钱币。

(设计者：管桂萍)

❧ **专家点评**

运用钱币是幼儿感兴趣的事。拿到钱币，注意纸币或硬币的形状、大小，观察上面的数字和单位，逐步熟悉每种钱币的价值，慢慢知道钱币之间的数量换算关系。如果能在实际中用钱币买幼儿喜欢的物品，更能促进幼儿对钱币的认识。幼儿从小学会管理钱币，也是很好的生活技能和品质(见图 10-10)。

(提示：3～4 岁，尝试认识常用的硬币和纸币，有初步的概念；4～5 岁，在认识钱币的基础上，尝试数数自己小钱包中的钱；5～6 岁，在实际情境中，尝试使用钱币，会简单地换算。)

图 10-10　钱币

★**活动6**：票据——钱币运用(5～6岁)★

🐦 **活动目标**

认识生活中的各种票据，了解票据代表的含义。

🐦 **活动准备**

火车票，汽车票，发票，邮票，自制火车票，自制各种钱币，自制发票。

🐦 **活动过程**

1. 认识各种票据。

(1)教师：小朋友们来看一看，你们认识这些东西吗？（有钱币、火车票和汽车票，这些可能是他们认识的，但可能不认识发票和邮票。）

你们知道这些是做什么用的吗？有的是乘车回家的，有的是用来买东西的，有的是消费完之后的票据，有的是用来发信件的。

出示PPT，上面显示：人们拿车票乘车，用钱币买东西，出超市的时候给顾客的票据，邮递员在贴邮票。

(2)让小朋友讨论一下自己用过这些票据没有，都是什么时候做什么用的。

2. 使用票据。

(1)现在给小朋友每人一张火车票，上面标着从上海到北京，上午6点发车，12点到。现在我们一起来拿着车票去北京旅游啦。教师和幼儿手持车票，上站台，进入车厢，坐好，出发。然后教师指导幼儿坐好，讲述还有几个小时就到北京了。经过了6个小时，到站，下车。

(2)使用钱币。带领幼儿来到动物超市，每人手里有一些钱币（写明款额的纸片）。现在小朋友手里都有钱，我们要去买东西啦。引导幼儿认识不同的物品的价格是不同的，不同大小的钱币能买价格不同的东西。出超市的时候，给小朋友提供自制的发票。

🐦 **活动延伸**

在区角里提供多种票据，也可以让小朋友自己去收集，一起讨论多种票据的作用和含义。

（设计者：单光耘）

专家点评

鼓励幼儿在家里收集各种票据，关心上面的数字和文字，慢慢懂得每种票据都有其特定的意义。当然，票据都与一定数量的金钱有联系，每个票据的价值大小是不同的。

★活动7：外星人来做客——认识地图(5～6岁)★

活动目标

1. 感知全国地图整体和部分之间的关系，能在地图上找到自己家所在方位。
2. 能熟练运用东、南、西、北、上、下、左、右来描述地图的四周。

活动准备

全国地图和上海地图各1张。

活动过程

1. 外星人来到地球。

外星人小七想来我们美丽的上海做客，但是他找不到来我们这里的路，让我们来帮他找一找吧。(出示小七从太空到地球的PPT。)

2. 中国的上海。

(1)小七来到了中国的上方，中国那么大，他要怎么找到我们呢？小朋友们来告诉他我们要怎样看地图，上面代表北方，下面代表南方，左面代表西方，右面代表东方。小七的太空飞船要降落了，让我们来给他指指上海的方位，上海在中国地图的哪个方位呢？看到了吗？上海在哪里？在地图上上海有多大？让我们来比画比画。(出示全国地图，并锁定一个小点——上海。)

(2)小七的飞船来到了上海的上空，对于全国来说，上海是小地方，但是到了上海的上空，才发现原来上海那么大呀。(出示上海地图和全国地图。)

3. 我们的幼儿园。

小七在人民广场落地，要来我们宝山小主人幼儿园。现在我们帮小七找找路线吧。在上海地图上，比画一下，要经过哪些标志性的建筑。

☞ **活动延伸**

说一说从自己家到幼儿园的路，路上有哪些标志性建筑或其他标志。

（设计者：杨玉芬）

☞ **专家点评**

　　人们生活在一个大的空间世界里，生活在地球上，一个人的活动范围也是很有限的（见图 10-11 和图 10-12）。通过地图，可以了解自己所处的位置和自己的活动空间。从小培养幼儿这方面的意识，关注空间，感知地图，能很好地促进幼儿的空间表征能力。

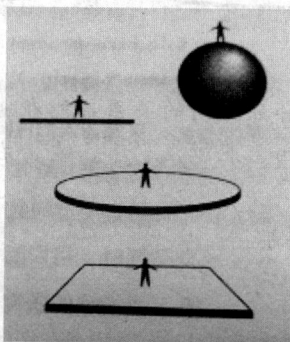

（提示：地球是方的，还是圆的，或是双地球？）

图 10-11　对地球的认识(1)

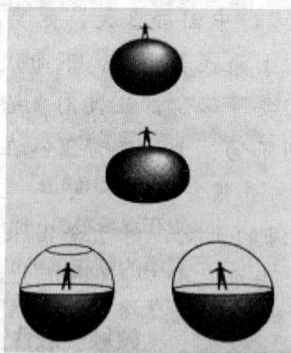

（提示：地球是空的，还是实的；是圆的，还是扁的？）

图 10-12　对地球的认识(2)

★本章附录★

树上有2只小鸟，又飞来1只，现在树上变成几只小鸟？
树上有2只小鸟，飞走了1只，树上还剩几只小鸟？

$$\boxed{}\bigcirc\boxed{}=\boxed{}$$
$$\boxed{}\bigcirc\boxed{}=\boxed{}$$

岸上有3只小鸭子，水里有4只，一共有几只小鸭子？
水里有4只小鸭子，岸上有3只，现在合起来有几只小鸭子？

$$\boxed{}\bigcirc\boxed{}=\boxed{}$$
$$\boxed{}\bigcirc\boxed{}=\boxed{}$$

小猪有6块西瓜，小猴有5块，小猪比小猴多几块？
小猴和小猪各有10块西瓜，现在分别还剩下3块，比一比，它们谁吃掉得多？

$$\boxed{}\bigcirc\boxed{}=\boxed{}$$
$$\boxed{}\bigcirc\boxed{}=\boxed{}$$

3～4岁：了解应用题的情境，关注其中的数字。

4～5岁：结合情境，尝试运算，回答问题。

5～6岁：体会数学关系在语汇表达上的不同变化；尝试自编应用题。

数学挂图 10-1　语言图式——编应用题　【模块 7：数学应用与问题解决】

（设计者：李灿灿）

第十一章
模块8：数学语言与交流

宇宙对我们是一直开放着的，但是我们如果不首先学懂它的语言，并学会解释用来写成它的那些符号，就不能了解它。宇宙是用数学语言写成的，它的符号是……几何图形。离开这些图形，人类不可能了解这种语言的一个单词；没有这些图形，人们就只能在黑暗的迷宫里游荡。

——伽利略

★本模块学习与发展的目标★

🐦 **3~4岁**

能在指导下描述物体的形状特征，比如，大小、高矮；在简单的数学学习中了解数学符号。

🐦 **4~5岁**

用数学语言描述形状，说出时间词汇；能使用一些图形与空间方面的数学词汇。

🐦 **5~6岁**

能按数学语言指示正确取放物品；能联系数学语言表达自己的想法；愿意与他人交流数学问题。

（依据《3~6岁儿童学习与发展指南》制定）

第一节 "数学语言与交流"的理论解析

数学语言与交流，涉及自然语言和数学语言。数学语言就是数学符号，数学语言是数学课本的知识系统……那么，究竟什么是数学语言？按幼儿数学的抽象性与幼儿思维的具体性，幼儿可以理解什么样的数学语言呢？

一、数学语言

（一）数学语言与数学符号

数学语言，可以视为一种特殊的语言，它不同于自然语言、日常语言、文学语言。数学语言是世界语言，是世界通用的，不属于任何一个国家或民族独有。众所周知，语言的基础是单个的字、词，而数学语言的基础是数学符号，即数学语言有自己的一套词语、符号。例如，1，2，3，a，b，c，＋，－，×，÷等。通俗地说，数学语言是第二语言。这门语言有别于母语，即第一语言。如果我们不能自如地运用和使用它，就不能说我们已经掌握了这门语言。这门第二语言又有别于外语，外语并没有脱离话语的外在表现形式。数学语言，与其说是一种语言，不如说是一种思维方法。

"符号"涉及它自身以外的另一东西，即对象。对象可以是现实事物，也可以是另一个再现符号，或另一符号解释。数学符号是数学科学中用来表示所研究对象的概念、性质、运算、关系等的符号组成的集合。这里每个数学符号的意义，指的是针对符号形式规定的符号内容，以及与有关符号结合方式的规定。

数学符号可分为四类：（1）标识符。例如，&（代表"和"），0~9的符号，还有＝，＋，×，%，某些字母已具有象征意义，并脱离了文字起源。（2）象形符。指几何形象，作为对象本身容易辨别的意象，也可称为诱导性符号（见图11-1）。例如，□代表正方形，△代表三角形。（3）标点符号。（4）字母。这四类符号，幼儿在学习中或接触符号中，会不断对符号做出辨别，体会符号所传达的信息，并能逐步理解。

数学符号的引进与应用对推动数学发展功不可没（见图11-2）。物理学家波恩

（Max Born）关于符号的论述，给了我们很大启示。"人们往往表达这样的意见，即符号是一个方便的问题，是一种处理和掌握大量材料所需要的速记法。然而，我仔细地考虑了这个问题，并且确信，符号是深入到现象背后、自然实在里一个必不可少的方法。"这充分说明，数学符号不仅具有表述的作用，而且还有创造的作用。

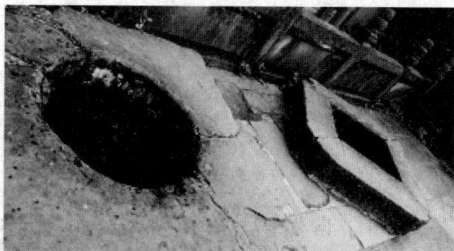

（提示：方和圆，中国文化的阴阳象征。）

图 11-1　青城山寺庙里的鸳鸯井

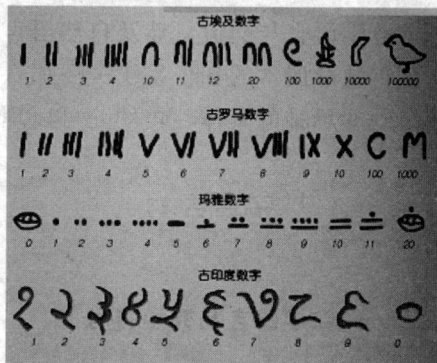

（提示：古代不同国度的数字符号之间有相似之处吗？）

图 11-2　古代的数字符号

★小贴士：社会互动★

社会互动和交流技巧有助于数学学习。幼儿在上课时需要以友好的、放松的方式来讨论和交流。与同伴及教师的互动，能帮助幼儿建立数学概念和加强社交能力。鼓励幼儿通过交流思想和互动，以形成清晰的数学思维（Althouse，1994）。

每个符号都是原始的材料，依照一定法则构成各种表达式，进而才能构建成数学语言。这类似于自然语言中的词、句，但是数学语言并不是完全按照自然语言的语法来建构的。它有自己的满足条件：（1）语义处理：把有意义的代表符号分出来，作为表达式，并有其特定的概念。（2）句法处理：把按一定规则构造出来的符号序列分出来，作为表达式。

数学语言作为一种表达科学思想的通用语言和数学思维的最佳载体，具有准确性、规范性和通用性的特点。数学语言是数学思维和数学交流的工具，贯穿于整个数学活动始终。掌握数学语言是有效地进行数学教学活动的重要基础之一。很多幼儿学习数学的困难在于：不会准确地用数学语言表达自己的思想。比如，对于应用题，知道用什么知识解答及结果是多少，但不会用精炼的数学语言写出解题过程；对于证明题，知道用什么来证明，但不会依逻辑写出推理证明过程；对于作图题，会作图，但不会有条理地写出作图过程。究其原因，主要是幼儿对数学语言的掌握熟练程度不够：一方面，不会用文字来表达数学思想；另一方面，不懂符号的意思或不会用符号来进行数学证明。因而，在教学中，从幼儿入园起就应该重视幼儿数学语言能力的培养。

★信息栏 11-1：教师使用数学语言★

研究发现，教师数学语言使用的数量与幼儿在幼儿园所掌握的传统数学知识的增长有显著相关。在一日活动中，教师正式或非正式地使用数学语言，使得幼儿在潜移默化中习得许多与生活相关的数学词汇。

比如，在餐点时间，教师给每个幼儿分发饼干时，不断说出分给幼儿饼干的数量"1 块、2 块、3 块"；分发苹果时，重复说苹果的数量"1 个、2 个、3 个"；分发糖果时，重复说糖果的数量"1 颗、2 颗、3 颗"。久而久之，幼儿就知道了"1，2，3"的含义。在这个过程中，幼儿对于量词也渐渐地熟悉起来，知道不同的物体需要使用不同的量词。

(二)数学语言的特点

数学符号、数学语言，是人类的一种创造。符号虽然是一种简单的形式，但它有其特定的内涵。数学符号由于其形式化，有利于人类的数学思维。当然，幼儿在学习符号的时候，往往只知道其形式，不知道其内容，在感觉和体验上非常肤浅。

与自然语言相比，数学语言具有以下特点。

1. 简捷性。

不需要太多高深的数学知识，只要稍有尝试，我们就可以发现：有许多命题，如果仅仅用自然语言，要讲清楚往往很困难；如果用数学中特有语言符号来解释，只要听者或读者具备了该语言符号的知识，就可以清楚地理解，而所用的数学语言仅仅是几个符号或几个数字而已。

2. 精确性。

使用自然语言，花费大量词汇也只是说个大概内容，而使用数学语言可以说得很清楚而且精确。比如，"白马非马"这句话，有人说对，有人说错，因为许多马不是白色的马，于是有了歧义。如果用数学语言表示：A 表示白马的集合，B 表示马的集合，那么，"A∈B，A≠B"就不会有歧义了。

3. 通用性。

每个国家、每个民族都有自己不同的语言系统，但是，数学语言在每个国家、每个民族所代表的意义都是一样的，并不会因为在不同的语言国家而对"1"产生不同的理解。

4. 专业性。

既然数学语言有它专门的词汇、概念，教师在数学课堂中要有意识地运用这些专门的数学语言，指导幼儿正确运用，这有利于幼儿养成语言规范的习惯。比如，各种运算中处于不同位置的数字和符号，有专用的名称——"和""差"等。这些符号，生活中可能不常用，但在数学课堂中要尽量用；生活中计量单位叫法混乱，数学课堂中要统一，像除法算式中的"除"与"除以"等，在日常语言中含义是不同的。教师在认识上要重视这方面的问题。

这里的"专业"是相对的，因为我国现行数学教科书在内容编排上采用的是螺旋上升的原则，所以，在不同的学习阶段，不同的教学内容中，"专业性"的含义有所不同。在幼儿阶段，很多"专业"的东西，一般来说会以更通俗的方式来表达。

5. 启发性。

华罗庚说过："数学是思维的体操"。北京特级教师孙维刚也曾经讲过学习数学的目的，是"让不聪明的孩子变聪明，聪明的孩子更聪明"。这揭示出数学的一个重要特点，就是发展幼儿的思维能力。思维能力发展当然不是靠教师不遗余力地灌输，主要的方法是"启发"，数学语言的启发性能引起幼儿的思考。

★小贴士：数学语言的精确性★

幼儿开始是用日常熟悉的语言表达对数学的理解，这为建立规范的数学语言打下了基础。教师要帮助幼儿意识到日常语言中用到的词语，例如，"相似""一共"，在数学中有更精确的含义。这种细致观察是理解数学定义、概念的基础。让幼儿感受到数学语言的精确性是十分重要的。

（三）幼儿对数学语言的理解

数学中所涉及的书写方式，其基础是自然语言和一种不同于自然语言的符号体系。数学中所使用的自然语言在句法和词义上有特殊性。数学中的语言多使用于被动语态和抽象名词，简洁而精确。例如，"a 和 b 两条线是垂直的"，是以简洁的风格表达了数学对象之间的某个关系。数学语言的特殊性在于，它是自然语言的浓缩和复合，使用书面表达系统，这与幼儿通常的语言习惯有很大的差别。

在数学应用题中，所使用的语义图式会影响幼儿对问题的理解，也会影响幼儿的解题策略。这里的主要影响因素是：(1)已知量与未知量之间是怎样描述的，明确的程度如何。(2)各项信息的次序如何。(3)表达式或词语吸引注意力的程度如何。像"多""少"等关键词的使用，既可能成为分散注意力的因素，也可能成为解题的线索。(4)句法与词汇的复杂组合。解题者对题目形式的语义图式(像变化题、合并题和比较题)的建构过程是很重要的(De Corte，1985)。缺乏经验的幼儿，不具备很好的语义图式，很难找到解题的方法。幼儿对文字信息的次序、关键词的误解等因素，会影响幼儿对题意的理解(Mestre，1988)。

二、　数学语言与交流的有关活动

数学教学在很大程度上是一项社会活动，它绝不是孤立的数学符号操作。教师通常把数学交流看作"听、说、写和读"，其实，数学交流可拓展到别的形式。例如，用绘画表达数学，图画常常能表达字词所不能表达的数学思想。成人记下幼儿说的话，或者幼儿把小组讨论的情形记画下来，幼儿初始的书写能力便得以扩展(见图 11-3)。总之，使用操作物、模型、图表、表格和图解等来表达数学(见图 11-4)，可以促进数学中的交流。

（提示：使用链条测量身高，数一数链子数，对应于每个小朋友。）

图 11-3　身高测量的记录

（提示：土星、木星、火星、金星和水星的运行路线，数学符号的表达。）

图 11-4　行星不寻常的轨迹

（一）图片分类

图片分类存在很多交流的机会。例如，衣服分类活动。让 3 岁幼儿以小组进行活动，每人从目录中剪出或撕下几种衣服图片，描述各人的图片中衣服的特征，并以多种标准或方式进行分类；他们会从衣服式样开始分类，例如，衬衫、长裤、帽子。接下来，他们可能以腰部以上的、腰部以下的来分；再然后按颜色分类。进行多种标准的分类之后，让幼儿以某种分类主题将这些图片贴到一张大纸上。对于稍大些的幼儿，可按各物品价格来分类，或先按贵的再按便宜的分类，在教师的帮助下最后做出分类的统计图表。幼儿在讨论和展示图片时，自己决定可以问同伴哪些问题。

（二）制作自己的数学书

让幼儿成对活动，背靠背坐着。其中一个画一张简单的画，或在板上摆上纸条。他告诉同伴一步一步是在做什么，同伴则尽力重复做同样的事情。做完后，他们对结果进行对比，讨论他们的布局不同在哪，为什么会不同，并寻找有用的线索。然后互换角色，再进行作业。

也可以让幼儿用积木、泥团或面团，制作立体物体。教师可观察幼儿活动，记下对幼儿的指示语，观察幼儿遵循指示语的能力，分析他们交流的有效性。

为增加交流的技能，幼儿可以制作自己的数学书，这涉及所有的数学主题。例如，有关的"数字、几何图形或尺寸"，每个幼儿自己边叙述边画图，完成一页画面（Merenda，1995）。幼儿做完很多页面后，再做封面和目录页，并写上自己的名字，最后装订成册，一本小数学书就形成了。教师可在班上给大家发一本数学书，然后放在班级图书区域。幼儿还可以登记借出这些书，在家里与父母分享。

★数学游戏 11-1："1""2"★

1. 类别。

数字表达。

2. 材料。

自制储蓄罐（每人 1 个）及硬币若干。

3. 过程。

（1）引导、示范。

请幼儿说说我们身上有哪些是 1 个的，哪些是 2 个的，并指出来；然后教师指着眼睛，请幼儿用手指表示眼睛的数量。两个幼儿轮换玩，一个指，一个说或用手势表示。

（2）自由活动：储蓄。

先出示真实的钱币让幼儿认识，老师准备给小朋友玩的钱币。此时将自制钱币呈现给幼儿，指导他们认识 1 元的钱币。给幼儿呈现一堆钱币，和贴有 1 元、2 元的若干存钱罐。最后请幼儿开始储蓄，将相应面值的钱币投入相应面值的储蓄罐里。看看哪个小组把钱都存对了。

4. 提示。

理解"1""2"的意义，能用手指、书面语言等形式熟练地表达数字（见图 11-5）。

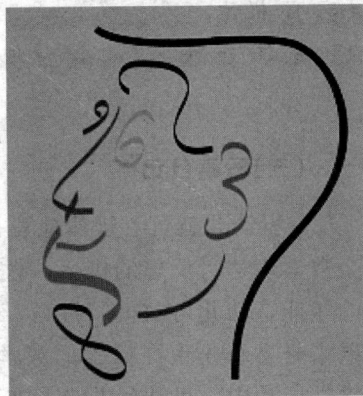

（提示：1，2，3，…，为正整数，也是自然数，是人类最常用来表示数目的数字。）

图 11-5　数字符号

★数学游戏 11-2：数一数★

1. 类别。

数学词汇。

2. 材料。

（1）黑板，粉笔。

（2）将彩色纸剪成圆形，作为果子放在篮子里，每个篮子放一种颜色的果子。

（3）数字形象图（与数字歌相对应的形象）。

3. 过程。

（1）一起来唱说："1 像铅笔细又长，2 像小鸭浮水上，3 像耳朵听声音，4 像小旗随风扬，5 像秤钩来称重。"

（2）教师拿出演示用的果树，随便抽取一张数字卡，按数字卡的数目，给果树添加果子，请 1~2 名幼儿上前尝试。

（3）发给每个幼儿一棵果树和一个装有各种果子的篮子，请幼儿根据教师出示的数字卡给树加上果子。

（4）挑选两个幼儿的作品展示，问一问幼儿："两棵树上的果子一样多吗？"请所有幼儿一起数一数两棵树各有几个果子。再问一次："两棵树上的果子一样多吗？"底下幼儿可以自由讨论。

4. 提示。

关注"一样多""几个"等词汇的数学含义。

(三)写画日记

5岁幼儿就可有规律地写日记或写画学习日记。写画过程可以给幼儿提供一个数学表达、反思的机会,教师也可洞察幼儿的数学思想。写画日记是幼儿成长的印证,幼儿可"自创"拼写,附以图画和表格进行补充。家人通过幼儿的写画简讯来分享幼儿正在探索的数学和他们所想出的数学问题(Buschman,1995)。在教学活动中,可让幼儿从买东西、玩耍、了解家庭情况等各种生活活动中"找"数学,培养幼儿从数学角度观察生活的意识。可从以下几方面组织幼儿写画数学日记:(1)在家庭生活中领悟到的数学;(2)在玩耍中体验到的数学;(3)在学习中感受到的数学。

★信息栏 11-2:我们周围的世界★

卢老师在给大班的幼儿准备故事的时候,将数学和语言艺术整合在一起。她的故事围绕的主题是"我们周围的世界"。她把今天的故事做成大幅图表,贴在墙上,并在图表前的桌子上放置了纸、铅笔和可操作的材料。

给全班幼儿讲完故事以后,让幼儿从故事里找出名词,然后列了一张名词的表格,鼓励一组幼儿把出现的名词的数量写到记录纸上,并准备了一张统计结果的图表。有的幼儿用组合立方体代表名词的数量,有的则在1平方厘米的纸上涂色。这使幼儿体验到了现实中的数学概念。

(四)使用计算机或计算器

计算器可以增进幼儿之间的数学交流。幼儿可能按计算器上的数字键来表现一种式样,例如,12121212,并用其他方式来描述这种式样:用积木(红的、蓝的、红的、蓝的),用身体部位(拍手、点头、拍手、点头),或用字母(ABABAB)。

一个简单的算式就可代表几乎无穷的数学情形,幼儿就这些情形进行交流将是受益匪浅的一项活动。幼儿和同伴一起想出适合"4+1=?"算式的故事情节,每个幼儿都可以画一个故事情节来匹配这一算式,并在布告栏上展示自己的作品。例如,画国旗上的红五星,1个大的和4个小的,合起来是5个红五星。

(五)使用图解和地图

5 岁以上幼儿能把货架的玩具以图解方式表现出来，并用方位词描述它的位置。让幼儿看一下货架上的玩具，转身后再描绘玩具的位置，这样可加强幼儿的视觉记忆技能。制作一张教室地图也不失为一个有效途径。幼儿可以从制作地图中解决不少问题：教室地图展示哪些细节？如何确定教室的比例？需要什么材料？怎样判断地图的精确度？

为实现幼儿的情境数学理念，教师必须超越这样一种观念：幼儿只是狭隘的现成知识的消极接受者。相反，教师应把幼儿视为数学的主动参与者，幼儿能独立提出问题，使用各种方式交流思想。

(六)使用文学作品

文学作品能为数学教育做出贡献。最常用的文学作品类型是计算书和诗歌、儿歌。有很多优秀的计算书，"书中描写的数学不是符号的海洋，也不是对幼儿毫无意义的、令人烦躁的学习任务，而是幼儿做决定和解决问题的工具"(Whitin，1994)。

教师介绍加减法的书，让幼儿阅读。幼儿看完这些书后，可以表演书中的故事情节，接着列出故事中的数学算式，或者由教师示范列出。这些年，国内也陆续出现将数学融入文学故事中的书籍，例如，《数学毛毛虫》，这些书有助于幼儿数学学习与交流。

中文古诗和儿歌，有很多都与数字有关。例如："一望二三里，烟村四五家。亭台六七座，八九十枝花。"

★数学游戏 11-3：可爱的熊宝宝★

1. 类别。

数学词汇。

2. 材料。

图片或者卡通玩具(沙发上有小熊 3 只，地上有 1 只；床上有猴子 3 只，树下有 2 只)。

3. 过程。

(1)(出示图片)请幼儿观察，沙发上有几只小熊？地上有几只呢？然后让幼儿数数、说说一共有几只小熊，家长可以小结："3+1=4。"

(2)请幼儿观察，床上和地上的猴子各有几只，然后让幼儿说出一共有几只，让幼儿体会"3只再加上2只就是5只"的含义。

4.提示。

关注"一共""加"等在数学语言中的含义。

三、 教学指导

(一)教师数学语言交流的情境策略

幼儿之间的语言交流也是数学教育的一个热点。教师在数学教学中应该促进幼儿之间的交流与讨论，促进幼儿多做开放式的回答，发展幼儿思维的发散性。幼儿之间的口头交流和视觉符号交流对解决问题有帮助(Bishop，1985)。幼儿作业的情境、幼儿之间的合作状态、认知距离、运用语言的熟练程度，对解题过程有双向的影响。

强调数学语言表达的情境是很重要的。真正的交流是一个有 A、B 两人参与的情境(Brousseau，1986)。情境中的语言功能是"信息定向"，讲话人有了定向目标，希望表达出特殊信息以改变听话人的知识状态(Brown，1982)。幼儿在交流情境中学习数学语言或数学代码。例如，算术表达式、代码图、几何词汇、建筑物(见图 11-6)等。

(提示：哥特式建筑，充满几何、对称等数学元素。)

图 11-6　北京西什库教堂

（二）使用数学语言的教学关注点

在培养幼儿的抽象逻辑思维方面，数学教育可谓功不可没。如培根所说，数学使人思维精细。教师在数学教育中如何区分数学语言与自然语言是很重要的。这需要调整幼儿的认知水平与数学语言之间的差距，并了解幼儿之间在数学语言方面的个别差异，这可通过视敏度检测来了解（见图 11-7）。

（提示：粗平行线、双点、细平行多线、棋盘。）

图 11-7　视敏度检测

★信息栏 11-3：教学语言交流的情境策略★

使用策略时，教师必须结合操作、演示、看图等物质化活动，充分挖掘，多方诱思，寻找出其中的可用因素，启发幼儿做出不同表述。

例如，在教学"3 和 5"时，教师引导幼儿看图并表述："图上画的是老师和小朋友在一起浇花，一共有 3 个人，5 盆小花。两旁有 5 棵小树，中间花坛里开了 3 朵花，还有 3 只蝴蝶。"教师可启发幼儿认真观察，积极思考，多角度做较深层次的表述：5 个人中 1 个是老师，4 个是小朋友；5 个人中有 2 个人戴了红领巾，有 3 个没有戴；5 个人中，有 3 个男的，2 个女的……这样，充分挖掘课本插图的潜在功能。一图多"说"，不但让幼儿们初步感知了抽象的"3 和 5"，了解了"5"的组成，而且拓展了思维的空间，丰富了数学语言，有利于其数学语言表达能力的提高。

再如，教"同样多"时，通过摆一摆、比一比，教师指导幼儿边摆边说："1 只白兔抱着 1 块砖头，有 5 只白兔，5 块砖头，砖头和白兔同样多。"教"多些，少些"时，引导幼儿看图，指导幼儿说："1 头小猪扛 1 根木棒，还有 1 根木棒没有扛，木棒比小猪多。"

幼儿在看一看、摆一摆、说一说中，初步学会一些数学语言，掌握最简单、最基本的思维模式。

1. 数学语言的选择要联系数学学习的对象和内容。

幼儿的具体形象思维限制了数学语言的学习范围。根据皮亚杰的理论，2～7岁幼儿处于前运算阶段，思维无法脱离表象。例如，说到"狗"这个名词，他们只能理解为具体的一只狗，或大狗或小狗，或黑狗或花狗，而非这类动物的抽象总称。同样，在数学学习中，"1"这个符号被理解为1个苹果、1支铅笔，并非所有物体单个量的集合。幼儿所能理解并接受的数学符号也非常有限，一般局限在数字及运算符号等比较简单的符号范围之内。幼儿学习数学运算通常与具体事物相联系。例如，"3＋3"解释为"吃了3个苹果，又吃了3个苹果，一共吃了几个?"直到幼儿大一些，才开始做纯粹的加减运算题。

在幼儿数学学习中，自然语言是学习数学的工具与手段，数学语言是数学学习的内容与目标；同时，在接触数学语言的过程中，要扩充幼儿自然语言的结构和词汇，使之更加丰富。总之，找到自然语言和数学语言的区别与联系，才是把握幼儿数学教育中语言问题的关键所在。

★信息栏 11-4：常用数学语言★

幼儿园是幼儿的家园，幼儿的吃、穿、住、行大部分在幼儿园，因此，幼儿教师在日常生活中要注重引导幼儿学、用、说数学，在不知不觉中自然地提高数学语言能力。

例如，在就餐时，可引导幼儿观察说出同桌有几个小朋友，需要几个碗；也可引导幼儿观察桌子上碗的大小，说出有几个大小一样，哪个碗最大等；穿衣服时，教师可引导幼儿说出自己的衣服上有几个纽扣；两个小朋友站在一起时，可引导幼儿说出谁比谁高(矮)；在站队时，可让幼儿说出自己站在第几位等。

2. 交流讨论中注意从一种语言形式转换到另一种语言形式。

自然语言与数学书面语言之间的关系一直是人们所关注的焦点。一些研究者发现，幼儿并不能自发地从一种语言形式转换到另一种语言形式。例如，用"大于""多于"讲加法，和用"小于""少于"讲减法，对于幼儿来说是困难的，而用书面符号则更容易一些。不同数学对象与表达式之间建立一致性，是幼儿数学学习经常遇到的问题。研究表明，幼儿的表达方式与情境对象联系起来困难较大，教学中应注意利用情境来思考形式表达式的潜在力量(Putnan，1987)。

表达式的意义是通过幼儿思维表象和语言构造出来的，自然语言在这个过程中起着很大作用。个人构想和书面表达过程，要联系上下文和内在的数学内容。

其实，数学教育面临左右为难的情形：教师需要运用语言向幼儿介绍新的概念，而语言又可能变成幼儿理解的障碍。

3. 解释数学语言要注意使用幼儿所能理解的自然语言，教师的数学语言应符合幼儿的年龄特点。

数学语言既是幼儿表达的工具，也是幼儿学习的对象。因此，幼儿数学语言学习最关键的就是，通过建立数学语言与自然语言之间的联系，向幼儿传递数学知识。例如，"单数"这个词，是一个单词，只是自然语言，幼儿只要念念儿歌，就可以熟能生巧，能说会讲了。但是作为一个数学术语，就需要解释才能理解。幼儿在"单数"这个概念和"单数"这个单词之间建立联系以后，教师才可以直接使用"单数"这个词来解释新的、更深入的问题。

★信息栏 11-5：分类活动★

教师在设计分类活动时，应根据不同年龄阶段幼儿的特征，考虑到不同层次、不同难度，具有针对性。

针对 3～4 岁幼儿，教师主要是引导幼儿在认识颜色、大小、形状的基础上，学习按颜色、大小、形状分类。

针对 4～5 岁幼儿，教师可引导幼儿进行分类记录，学习按物体的多种特征进行分类，启发幼儿从不同角度思考分类的标准。

针对 5～6 岁幼儿，教师就可以结合一些主题活动开展分类活动，引导幼儿按自己的标准为物体分类。

总之，数学语言一直是数学理论家探讨的问题。线条、圆形也是数学语言，可以表达一个整体对象（见图 11-8）。数学语言既要体现数学知识的逻辑性与理性特征，还要体现教学的语言魅力，极富启发性、鼓动性、生动性。作为一线教师，我们当从自身做起，为培养幼儿良好的数学能力打下基础，重视数学语言与交流的作用。

（提示：图形知觉的部分与整体。）

图 11-8　骑马者

第二节 "数学语言与交流"的活动指导

一、 本模块学习与发展的具体目标

本模块学习与发展的具体目标见表11-1。

表11-1 "数学语言与交流"模块学习与发展的具体目标

年龄	具体目标
3～4岁	1. 在数比较中，让幼儿说"……与……一样多""……比……多1"等。 2. 用数学语言表达"在……前面""在……后面""在……上面"。 3. 感知事件发生的先后顺序，并会表达，例如，"春夏秋冬"。 4. 在"量"的教学中，能说"……比……长""……比……重"。
4～5岁	1. 数的组成，会说"……与……合起来是……""……可分成……和……"等。 2. 会说一些方位词，例如，"在……旁边""在……与……之间"等。 3. 初步了解时间，能说出几点钟，知道自己生日是几月几号等。
5～6岁	1. 在编题中，尝试用"一共""合起来""……比……少""……比……多"等。 2. 在按物体的一个属性、两个属性对物体分类中，会说出分类的理由。 3. 在现实里会表达"左""右"概念。 4. 简单描述从幼儿园回家的路线，经过些什么地方。

二、 本模块的活动系列与点评

本模块的活动安排见表11-2。

表11-2 "数学语言与交流"模块的活动安排

年龄	序号	活动名称
3～4岁	活动1	动物运动会——数学词汇
	活动2	摸一摸，啥图形——认识形体
	活动3	青蛙与魔方——顺序认知

续表

年龄	序号	活动名称
4～5 岁	活动 4	小闹钟——认识时间点
	活动 5	搭建城堡——空间表征
	活动 6	冲饮料——函数关系理解
5～6 岁	活动 7	有趣的大嘴巴——"＞""＜"符号
	活动 8	我们的健康卡——测量
	活动 9	《宝贝档案》——数据表达
	活动 10	开花店——自编应用题
	活动 11	我要上学啦——分类

★活动 1　动物运动会——数学词汇（3～4 岁）

🕊 活动目标

帮助幼儿理解和接受正确的数学语言，例如，"最大和最小""几和第几""多一些""少一些""同样多"等。

🕊 活动准备

多媒体设备，情境图片。

🕊 活动过程

1. 创设情境。

教学时导入情境："小朋友们，你们知道 2008 年的奥运会在哪里举行吗?"（北京。）

2. 尝试构建。

森林里的小动物为了发扬奥运精神，也举行了体育运动比赛（出示情境图）。你能说一说分别有哪些小动物？各有多少吗？小朋友们根据教师的问题，很有兴趣地观察情境图，能根据图上的信息，回答："小狗、小熊、小猴……"并能回答"什么动物最多，什么动物最少，多多少?"

3. 集中解惑。

虽然小朋友们能说明白图上的信息，但试着要求他们用较完整的语言表述出来。例如："我从图上看到了小狗、小熊、小猴……"

4. 语言建构。

较多小朋友能说出"……比……多""……比……少"的数学语言。

5. 总结评价。

教师要及时根据幼儿对数量表达的正确性给予肯定和表扬。

🕊 活动延伸

在班级区域墙面上张贴情境图画，供幼儿自由活动时进行观察与讨论。

（设计者：单光耘）

🕊 专家点评

动物的数量控制在 5 以内。3～4 岁幼儿对于数概念的理解比较模糊，对相关数学词汇还不能很好地与数目对应起来。教学中通过实际情境，让幼儿多接触、多体会数学词汇，并不断加深理解。

★活动 2　摸一摸，啥图形——认识形体(3～4 岁)

🕊 活动目标

1. 在活动中体验、感知、认识与应用，能用语言表达什么样的是长方体、正方体或球体。

2. 在触摸中让幼儿尽情说出自己最真实的感受。

🕊 活动准备

教具：长方体、正方体、球体，不透明布袋。

🕊 活动过程

1. 情境创设。

教师引导语：小朋友们，这个布袋里装了神秘的东西，你们想不想知道是什么呢？（想！）

2. 活动开始。

教师安排幼儿三人一组，以小组合作的方式摸一摸，和同组小朋友说说自己摸到了什么，摸到的图形有什么特点。

3. 师生互动。

师：小朋友们愿意和你摸到的东西交朋友吗？请小朋友们把这些好朋友仔细地看一下，摸一摸，再玩一玩，然后在组内说一说它们长得什么样子？摸起来有什么感觉？玩起来又有什么发现？快行动吧！（幼儿小组内活动，教师巡视指导。）

（摘录不同组内小朋友的不同的感受。）

幼儿 1：长方体，有 6 个面，摸起来平平的。

幼儿 2：正方体，有 6 个面，6 个面一样大，摸起来平平的，也有扎手的地方。

幼儿 3：球，圆溜溜，圆乎乎的，没有平面，也会滚动。（请幼儿表演一下球滚动。）

☞ 活动延伸

请小朋友们想一想，我们生活中都有什么是长方体、正方体和球体。

（设计者：姚继燕）

☞ 专家点评

幼儿最早接触的是立体，进一步强化幼儿对立体的感知是很重要的。看过的容易忘记，听过的不一定就明白，做过的、理解很深的则记得很牢。幼儿的语言表达正是通过仔细地看一看、摸一摸、玩一玩长方体、正方体和球体而习得的。在幼儿玩的过程中，教师不要做过多的解释和说明，只是让幼儿尽情地说出自己的最真实的感受。语言就在无意间得到了升华，每个幼儿的智慧也在他们的手指尖上迸发出火花。

★ 活动 3　青蛙与魔方——顺序认知（3～4 岁）

☞ 活动目标

1. 通过生长顺序复习和巩固对时间顺序性的理解。
2. 通过几何图形构物体会"1"和"许多"的概念。

☞ 活动准备

PPT 课件，蝌蚪变青蛙的图片，大树、魔方的 PPT。

☞ 活动过程

1. 小蝌蚪变青蛙。

(1)采用 PPT 演示一组从蝌蚪变成小青蛙的图片，小蝌蚪在水中的草丛里游来游去。提问幼儿，它们在做什么？它们具有什么特征？

(2)接下来请小朋友认真观察第二幅图，里面小蝌蚪都有哪些地方发生了变化？第三幅与第一幅和第二幅都有什么不同？在第几幅图片中，小蝌蚪的尾巴不见了？

(3)呈现完四张图片之后，请小朋友想一想，青蛙还能再变成小蝌蚪吗？引导幼儿理解事物变化发展的时间顺序性，以及不可逆转性。让幼儿讨论，说明其理由。

2."1"到"许多"。

(1)通过 PPT 演示大树、魔方的形成过程。例如，大树在呈现的时候，先呈现一个树干，然后长出一片叶子，又长出一片叶子，长出许多片叶子之后，变成了参天大树。引导幼儿理解许多片叶子变成了一棵参天大树，体会"1"和"许多"的关系。

(2)魔方也采用类似的形式呈现出来。让幼儿掌握大树从小变大、魔方从一个正方形到多个正方形这样不断拓展延伸的过程。可让幼儿描述整个变化的过程，或者通过画画方式，表达对发展变化的理解。

✌ 活动延伸

游戏：站圈。小朋友们依次手拉手站成圈，最小的圈里面是两个小朋友，外面每多一个圈依次多一个小朋友，这样不断往外站。圈子不断变大，整个组合起来是一个花朵图。这个花朵图是由许多小朋友组成的。

（设计者：孙敏）

✌ 专家点评

事物的发展变化，从一到多，或从多到一，需要一个时间过程。每一步骤的变化之间是有差异的，也是有先后次序的。让幼儿观察、操作、交流、讨论，既可以理解事物变化的逻辑，也可以与数概念相联系，获得多方面的数学知识。

★ 活动 4　小闹钟——认识时间点(4～5岁)

✌ 活动目标
尝试说出时间点，并与相应的日常活动相联系。

✌ 活动准备
闹钟。

✌ 活动过程
1. 情境创设。

在课的开始就用猜谜语的情境直接导入，让幼儿猜出谜底，并说说闹钟在我们的生活中有什么用途。

2. 进入情境。

此时，幼儿的表达欲望非常强烈，因为闹钟是他们熟悉的生活用品，每个小朋友家里都有各不相同的时钟。在回答这个问题时，小朋友们都能联系自己的生活实际，很有条理地说出闹钟在自己生活中的一些用途。

3. 引导发言。

为了保持幼儿表达的高涨情绪，教师要为他们设计一些实践操作的机会："拨一个自己喜欢的时间，和同桌交流一下"，要求语言表述完整。"我晚上 8 点开始睡觉""我早上 7 点背着书包去幼儿园""晚上 6 点我在家看动画片"等。幼儿们拨出各自喜欢的时间，并能用完整的语言表述出喜欢该时间的原因。在这样的语言交流情境中，幼儿的语言表达能力再一次得到了提高。

☜ 活动延伸

鼓励幼儿把某个时间点与日常的某件事情相联系，引导他们对较简单的问题进行表述。在幼儿认识时间点的过程中鼓励幼儿大声说，培养对时间的感觉，不要求幼儿一定是正确的。

（设计者：单燕）

☜ 专家点评

每天 24 小时，但钟表上的数字只有 1～12。以中午为界，12 点之前是上午，之后是下午，生活中一般以午饭为界。幼儿每天的经历，只要有意关注钟表时间点与日常事件的联系，就会比较容易理解。教学中要联系实际，多让幼儿观察，多表达，甚至用画画的方式记录生活事件，效果更佳。幼儿小班时对时间的理解比较模糊，建议在中、大班进一步开展这项活动。

★ 活动 5　搭建城堡——空间表征（4～5 岁）

☜ 活动目标

1. 正方体的二等分。
2. 观察几何空间并计数。
3. 用几何图形进行拼搭活动。

☜ 活动准备

1. 空间推理图纸若干。
2. 由各种简单图形搭成的城堡 1 份。

☜ 活动过程

1. 二等分。

教师个别提问，让幼儿自主演示如何把一个正方体进行二等分，再连续二等分。发现正方体二等分，可能是两个长方体。如果再等分两次，则又变成了小正方体。再任意画出一个不规则的几何体，问幼儿是否可以进行二等分，让幼儿讨论。

2. 空间表征。

教师在黑板上画出如下图案，让幼儿数数看。

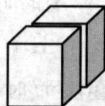

3. 观察图片。

教师展示图纸，上面有一座由各种简单几何图形构成的房子。教师请幼儿仔细观察房子有什么特点，有几层楼，上面有些什么图形，然后再数数看，并进行记录。数完图形，教师画出如下图形，要求幼儿数一数，有几个长方形，怎样数又快又简单，鼓励幼儿说出自己的方法。

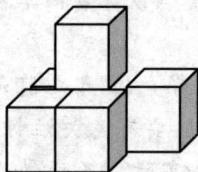

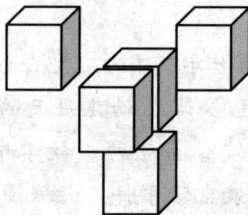

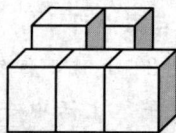

4. 搭建城堡。

用区角里的不同形状的卡片或积木，让幼儿自由拼图或搭建城堡，并对自己的作品进行语言交流。

🐦 **活动延伸**

观察幼儿园的建筑，看看都有些什么图形，进行交流。

（设计者：管桂萍）

🐦 **专家点评**

通过几何体的等分，让幼儿观察正方体的分解过程，了解图形分割的规律。通过观察几何体的分解部分，数数是多少，强化幼儿的空间表征能力。联系楼房的建构，体会几何体组合的妙处，其实，几何体是无处不在的。

★活动6 冲饮料——函数关系理解(4~5岁)

🐦 **活动目标**

通过简单的调配、比较等活动，发现简单的函数关系，进行数学内容的交流。

🐦 活动准备

有刻度的透明杯子或其他容器，"果珍粉"，勺子，小水壶，抹布。

🐦 活动过程

1. 观察与计划。

观察桌面上准备的材料，讲讲怎么样才可以冲调出自己想喝的饮料，让幼儿描述冲泡的过程。

与幼儿一起讨论，并制作一张冲饮料的说明书。和幼儿一起确定怎样做，要提供哪些重要信息，及按什么顺序进行操作。例如，先在杯子里放一定数量的"果珍粉"（几勺），然后倒入一定量的水（100毫升，150毫升，200毫升，250毫升）搅拌等。

2. 品尝与讨论。

每位幼儿自己冲一杯饮料。引导幼儿相互观察和品尝饮料，讨论：为什么有的饮料颜色浅？有的饮料颜色深？（都用100毫升，如果放3勺"果珍粉"，颜色就显得深；如果放1勺，颜色就显得浅。）一样多的水，为什么味道不一样？怎样可以改变味道（例如，同样是100毫升的水，"果珍粉"放多了，味道就甜；放少了，味就淡了。）

🐦 活动延伸

与幼儿讨论，是不是饮料的味道越淡越好？自己冲调饮料的时候，放多少合适？

（设计者：戴慧丽）

🐦 专家点评

在配制饮料时，"果珍粉"的多少和加水多少是一种函数关系，即水一定，"果珍粉"越多，味道就越浓；"果珍粉"一定，加水越多，味道就越淡。让幼儿关注"果珍粉"是几勺，也关注杯子里水的量是多少，以此为准，品尝味道的浓淡，锻炼幼儿的科学观察能力和数学意识。

★活动7 有趣的大嘴巴——">""<"符号（5～6岁）

🐦 活动目标

能正确判断10以内数量的多少，并用">""＝""<"表示其关系。

🐦 活动准备

数字卡1～9，符号卡（">""＝""<"），操作材料若干。

🐦 活动过程

1. 玩拍手游戏。

拍手计数游戏(1~20跳数)。玩法：一个一个接龙数(1，2，3，…，20)，2个2个数(2，4，6，…，20)。

序数游戏(1~20接数)。玩法：教师任意出示一张数字卡，要求接着往下数。

根据点卡上点子的数目做相应的动作。玩法：点子数为"2"，幼儿可拍2次手，或跳2下脚等。

2. 介绍大嘴巴游戏。

(1)出示">""=""<"，知道其符号名称，并知道大嘴巴一直朝着多的一边。

(2)介绍新游戏玩法。

根据点子数，说出应该用数字几表示。再比较点子数的大小，知道用">""<"还是"="，并把符号放在两个数字之间。

(3)请个别幼儿再次尝试。

3. 幼儿自行游戏。

(1)教师介绍游戏操作玩法。

今天，我们有两组新游戏，第一组中的">""=""<"是直接摆放的，第二组中的">""=""<"是需要用水彩笔写的。

(2)鼓励幼儿尝试玩新游戏。建议让玩得快的幼儿尝试高难度的第二组新游戏。

交流分享各自玩过的游戏，说说和日常不同的玩法。

4. 循环游戏。

教师重点观察幼儿参与新游戏的活动情况，有针对性地指导幼儿，对个别有困难的幼儿通过启发性的提问，帮助他们完成游戏，掌握方法。

小结：帮助幼儿巩固对"大嘴巴"的整体运用。知道嘴巴张大的一边的数大，另一边的数小。

🐦 活动延伸

让幼儿在区角活动中练习和巩固所学知识。

（设计者：孙志怡）

🐦 专家点评

数学符号比较抽象，但平时学多了，符号熟悉了，自然也就容易掌握了。">"或"<"，口子朝哪边，哪边的数就大，另一边的数就小。用符号表达数学关系，方便而简单。但对于初学幼儿，不必急于要求他们掌握。

★ 活动 8　我们的健康卡——测量 (5~6 岁)

活动目标

在测量、记录自己身体状况的过程中，学习测量的正确方法，懂得身高是随着时间的推移而变化的。

活动准备

1. 硬尺、软尺若干，两人一组，拥有 1 张记录表。

2. 大投影仪。

3. 健康卡 1 张，卡片内容如下。

学号	身高	头围	胸围

活动过程

1. 做好准备，接受任务。

(1)向幼儿介绍健康卡上的内容。

(2)想想这些内容应该使用哪种测量工具。

(3)讨论身高、头围的测量方法。

小结：懂得测量身高时人要站直，测量头围时要找准起点和终点，要紧紧围绕头部，皮尺不能交叉，这样测量的数据才准确。

2. 动手测量，记录数据。

(1)幼儿分成男、女两队，两人一组，根据表上的内容相互测量，并将记录结果写在相应的格子中。

(2)教师注意观察幼儿的测量方法和测量数据是否正确。

3. 数据对比，得出结论。

(1)将幼儿测量的记录表汇总到教师的大记录表中，投影展示。挑选个别幼儿的测量结果，论证结果是否正确。

(2)了解并讨论幼儿身高的变化，看看参考值。

(3)出示参考值，看看有多少幼儿达到了标准，男孩有几人，女孩有几人。

(4)讨论：测量数据高于标准或低于标准的小朋友应该怎么办？引导幼儿注意饮食、休息、锻炼。

小结：人的身高是随着年龄增长不断变化的，同时，健康的身体也离不开营养和锻炼。

🕊 活动延伸

继续让幼儿进行身高的记录，同时增加对体重的测量记录。

（设计者：徐炜）

🕊 专家点评

由于幼儿认知能力的提高，测量时可以进行精确测量的指导，同时还应提供多种测量工具让幼儿体验测量的操作乐趣。鼓励幼儿了解自己和他人，关心同伴，不以身高论英雄，也不取笑肥胖的幼儿。

★ 活动 9 《宝贝档案》——数据表达（5～6岁）

🕊 活动目标

在自己调查的基础上收集数据，进行统计，让幼儿在生活实践中获得感知。

🕊 活动准备

《宝贝档案》记录纸，笔（与幼儿人数相等），自制挂图。

🕊 活动过程

1. 呈现《宝贝档案》。

把《宝贝档案》小调查放在区角里。在区域活动时间，进入该区域的幼儿可以拿着调查表，在园内进行调查。

2. 讨论、比较。

在区域讲评时，让幼儿对调查结果进行分享、讨论、互动。"我的班级"部分让参与调查的幼儿比较一下，哪些调查结果是一样的。

3. 得出结果。

"我的小秘密""我的家"部分，可以让幼儿进行统计。例如，有多少人的生日是同月的；有多少人是住在同一个小区的。

🕊 活动延伸

鼓励幼儿在家里与父母一起讨论《宝贝档案》里的内容。

（设计者：张瑾）

🕊 专家点评

在调查中，对于幼儿一时难以确定的调查结果，可以允许他们用一段时间想办法获得正确的数字。关注自己及家的情况，并与数学知识相联系，相得益彰。

★活动 10 开花店——自编应用题(5~6岁)

活动目标
学习进位加法和借位减法，并能根据情境自编应用题。

活动准备
数字卡 1~10，数学运算符号（"＋""－""＝"）。

活动过程
1. 创设故事情境。

今天花店开业啦，有各式各样的花，好漂亮啊，大家开心吗？大家想要花儿开放吗？如果小朋友答对了问题，花儿就开了。

幼儿：花儿，花儿你开吗？

教师：我要开，我要开，你答对了我就开。

引导幼儿根据图中的情境列式，并得出结果(用卡片表示)。

2. 列式编题。

根据已列出的算式，让幼儿自编应用题。

采用实物让幼儿在数学运算情境中进行练习。

教师：今天，小朋友们表现得很好，我要送你们几朵花作为礼物。你能编出几道应用题吗？我先给你 5 朵鲜花，再给你 4 朵，你现在有几朵呢？（采取不同的方法引导幼儿编写应用题。）

活动延伸
可以让幼儿根据生活情境从多角度使用不同的背景和语言词汇来编数学应用题。

(设计者：管桂萍)

专家点评
幼儿自编应用题，首先，要知道数学上的加法或减法所包含的逻辑；其次，幼儿要懂得相关生活情境，并能与数学联系起来；最后，能用合适的词汇和句子表达含有数学符号的问题。一般包含两个条件和一个问题。幼儿初期编题会出现各种各样的不合适或错误，但没有关系，教师也不必急于纠正。练习多了，幼儿就会有多方面的收获。

★活动 11　我要上学啦——分类(5～6岁)

🐦 活动目标

1. 了解上学用品的种类，在活动中感知集合的概念。

2. 学会将自己的物品分类，为上学做好准备。

3. 让幼儿了解上学的意义，引导幼儿喜欢并尽快适应小学生活。

🐦 活动准备

图片，画有文具类、玩具类、生活用品类的卡片，书包，文具盒，铅笔，橡皮，尺子，大小不同的小学课本，课程表，游戏机，水壶，玩具，毛巾。

🐦 活动过程

1. 物品分类。

(1)小朋友，看看今天的图片上都有些什么？(出示图片和一套对应的卡片。)说说都是用来做什么的？

(2)出示一张卡片，先讲讲卡片上是什么，用来做什么的，边给幼儿讲解边在黑板上记录。引导幼儿了解各种上学用品，并对各种物品按照文具类、玩具类和生活用品类进行分类，统计各种物品的件数。

(3)师生共同讨论、分析，判断哪些是小朋友上学所需要的物品，例如，铅笔、橡皮、尺子是小朋友的上学用品；哪些不是上学所需要的物品，像布娃娃、玩具卡车、奥特曼等。

2. 奇妙的书包。

(1)小朋友，你知道小学生的书包里藏有什么秘密吗？我们一起来探个究竟，好吗？

书包里到底放了些什么？都是用来做什么的？小学生的书包哪些东西可以放？哪些东西不能放呢？

(2)引导幼儿了解哪些物品上学可以带，哪些物品不可以带，并说明不可以带的原因，例如，会分散上课的注意力等。

(3)看到课程表，给幼儿介绍有什么用处，引导幼儿使用课程表的意识。

3. 我的书包我整理。

(1)夸夸我的书包。先给幼儿说说书包的结构和用途，鼓励幼儿仔细观察书包的外形和结构并进行表达。引导幼儿拉开拉链，看一看小书包都有些什么，书包有多少个口袋。是不是有很多层？每一层都是一样的吗？都有些什么用途？书包里都应该放些什么呢？

（2）通过亲自动手整理书包，萌发幼儿做小学生的愿望。介绍整理书包的方法。整理书包可是个好习惯，能给我们的学习带来不少方便。引导幼儿将大小不同的书本和学习用品放进书包。将书本按照大小分类，大的书放在书包的最下面，稍小的一些本子可以放在大书的上面，要放整齐哦！

铅笔要放进文具盒里，盖好盒盖，放在最外一层，拿起文具来也很方便呢！

检查是否有不该放进书包的东西，要记得拿出来哦！比如，你的玩具、游戏机等。

学习整理其他的用品，例如，水壶、毛巾等，让幼儿说说这些物品都是用来做什么的。（如果幼儿说对了，要记得多加鼓励和赞赏。）

小小书包真能干，我们要好好保护我们的小书包啊！

（3）体验上学的自豪感。播放《小儿郎》的音乐，让幼儿背着整理的小书包，跟着音乐唱歌跳舞，体验背着书包上学的自豪感。

小朋友们马上要上小学，成为一名光荣的小学生啦，高兴吗？

唱儿歌《要上学啦真开心》：

公鸡鸣天亮，太阳起来早；喜羊羊，灰太狼，我呀将要上学啦！

穿好新衣裳，早饭吃得香，铅笔、橡皮和书本，收拾文具上学忙。

三步并两步，书包背肩上，一二三，四五六，育才小学铃声响。

🕊 活动延伸

鼓励幼儿回家与父母讨论，上小学和上幼儿园有什么不一样。

（设计者：孙敏）

🕊 专家点评

上小学对孩子来说是件大事。如果有小哥哥或小姐姐是小学生的，可以与他们进行一些交流，看看哥哥或姐姐的书包里有些什么。多接触实物，幼儿会慢慢体会分门别类的意义。如果能从数学的空间和数量来看这些物品，幼儿学习的意义就更大。

★本章附录★

仔细观察左图，从右侧方框中选择相应的数量词，用线连接。

	一（条）鱼
	一（个）苹果
	一（群）羊
	一（头）猪
	一（匹）马
	一（只）象
	一（对）抱枕
	一（只）熊
	一（面）国旗
	一（把）梳子
	一（堆）苹果
	一（对）鸳鸯
	一（盘）苹果

	一（头）鲸鱼
	一（只）耳朵
	一（把）勺子
	一（轮）明月
	一（只）鸟
	一（朵）花
	一（个）太阳
	一（盆）花
	一（盆）苹果
	一（对）嘴唇
	一（堆）木块
	四（块）点心

3～4岁：说说图片的名称，培养幼儿正确使用量词的意识。

4～5岁：让幼儿明白"一双""一对"指两个，"一群""一堆"代表很多。

5～6岁：量词可活用，例如，一"只"或一"条"狗、一"弯"明月和一"轮"圆月的区别，学习正确使用量词。

数学挂图 11-1　量词的世界——认识量词　【模块 8：数学语言与交流】

（设计者：史月英）

(1)贪吃的小蛇扭来扭去，快乐地散步。

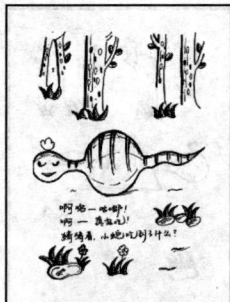

(2)啊呜——咕嘟！啊——真好吃！猜猜看，小蛇吃到了什么？

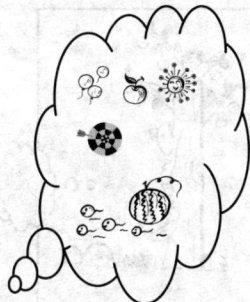

(3)它们看上去都是圆形的，还有什么东西是圆形的呢？

(4)它们看上去都是半圆形的，还有什么东西是半圆形的呢？

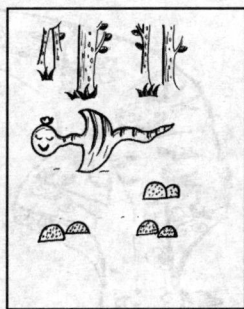

(5)啊呜——咕嘟！啊呵——真好吃！猜猜看，小蛇吃到了什么？

(6)贪吃的小蛇吃饱了躺下来晒太阳……

3～4岁：感受各种图形的样子。

4～5岁：在生活中辨认出各种图形，体会图形之间的差异。

5～6岁：知道各种图形的边角等特性，能用手模仿、用笔画出这些图形的大致形状。

数学挂图 11-2 贪吃的小蛇(1)——辨认图形 【模块 8：数学语言与交流】

（设计者：冯艳宏等）

(7)贪吃的小蛇爬到了树上，啊——张开了大嘴。

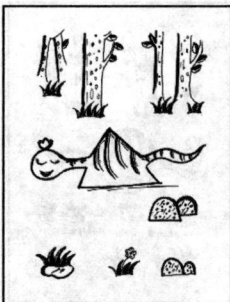

(8)啊呜——咕嘟！小蛇吃掉了三角形。真好吃。

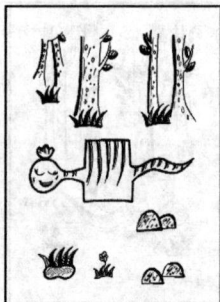

(9)啊呜——咕嘟！啊——真好吃！小蛇吃掉了长方形。

(10)啊呜——咕嘟！真好吃！小蛇吃掉了好奇怪的形状啊！

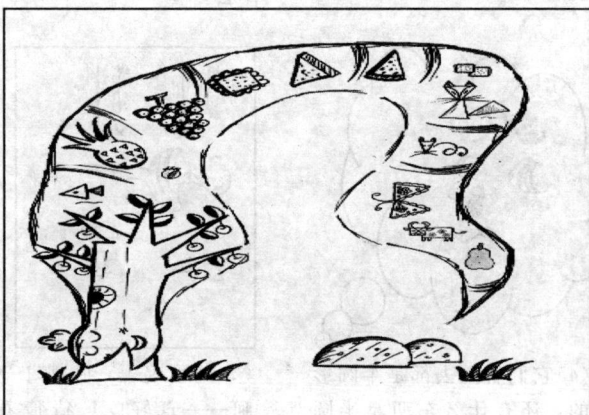

(11)看一看，小蛇都吃了些什么图形？

3～4岁：认识图形，知道名称。

4～5岁：引导幼儿动起来，用手势做出不同的形状，并在生活中辨认出相应图形。

5～6岁：体会图形的系列变化，例如，从半圆、圆到椭圆的变化。

数学挂图11-3　贪吃的小蛇(2)——辨认图形　【模块8：数学语言与交流】

（设计者：冯艳宏等）

蜗牛背上，层叠如小山，
弹簧一按，直冲上青天，
波浪弯弯，奔腾入大海。

二个三角变领结，
三个三角叠松树，
四个三角开红花，
五个三角乘飞机。

小刺猬刺满身，
小乌龟驮硬壳，
半个西瓜像小船。

两个椭圆变蘑菇，
像把小伞遮风雨。
八个椭圆变小兔，
像个精灵草里藏。

3～4 岁：学习直线、曲线、圆、三角形等，能够描摹，将实物和相应的数量对应。

4～5 岁：学习半圆、椭圆、梯形等，并能分辨生活中的平面和立体图形；通过有趣的儿歌来理解形状。

5～6 岁：熟练掌握各种平面和立体图形的性质，能自己将平面图形进行组合拼接，并能说出图形的属性。

数学挂图 11-4　诗画数学——数形结合　【模块 8：数学语言与交流】

（设计者：冯艳宏）

附 录

第三部分

数学作为不依赖于人类经验的思维产物，怎么能如此令人赞叹地适合于真实客体！

——爱因斯坦

附录一
建构主义幼儿数学 123 知识点

一、数与运算
(一)集合数
1. 多样：1 和许多
2. 相对：1 和许多
3. 基数：10
4. 数量守恒(10 以内)
5. 能按数取物或按物取数
6. 集体量(对、双、群、堆、队、班等)
7. 目测数群
(二)计数
8. 触觉、动觉、听觉计数
9. 正数：顺数 1~20，1~100
10. 倒数：从任意数开始倒数(100 以内)
11. 单数、双数
12. 认读：1~9
13. 认识"0"
14. 序数："第几"
15. 相邻数：多1少1

(三)分解和组成
16. 实物的、图片的和数字的分合操作
17. 分解与组成的可逆性或双重性
18. 连续分，并分到底
19. 分解中的函数思想(递增递减)
20. 判断数式之间的大小(例如，"2＋1"和"4－2"哪个大)
(四)运算
21. 10 以内的加法、减法
22. 20 以内的加法、减法
23. 算式运算
24. 位值
25. 20 以内的进位加法、减法
26. 连加连减
27. 心算和估算
二、几何与空间
(五)几何形体
28. 平面图形(三角形、长方形、正方形、圆形、半圆形、椭圆形、梯形、菱形和平行四边形、多边形)
29. 牙签摆平面图形
30. 认识球体、立方体、长方体、圆柱、圆锥
31. 现实中的标准平面图形
32. 现实中的标准几何体
33. 画平面和立体图形
34. 平面图形、几何体组合拼搭
35. 点、线、平面的关系
36. 平面和立体的关系
(六)空间表征
37. 三维、二维转换(立方体、长方体和圆柱展开)
38. 空间旋转(图形、汉字、字母"R")
39. 包含 1000 个小块的立方体

40. 图形二、三、四等分
41. 拓扑几何：封闭与开放关系
42. 拓扑几何：位置相邻、相离、相交关系
43. 长度守恒、面积守恒、体积守恒、液体守恒
44. 射影几何：视点、视角、距离与投影
45. 画自家房型图
16. 画从幼儿园到家的路线、标志
(七)空间方位
47. 看地图：家、幼儿园在地图上的位置
48. 自家地址(省、市、县、街、镇、村、门号)
49. 上下、里外、前后、左右
50. 运动方向：向上、向下、向前、向后、向里、向外、向左、向右
51. 坐标系：东、西、南、北、中
52. 大空间
53. 地形和地貌感知(地球、高山、大海、平原等)
54. 星空(宇宙)
三、逻辑推理
(八)分类
55. 按层级特征分类，构成枝形图
56. 按两个特征分类，构成矩形图
57. 功用特征分类
58. 按量的关系特征分类
(九)排序
59. 顺向、逆向排序
60. 递增、递减排序
61. 空间位移排序
62. 数形结合排序
(十)式样
63. 延伸式样(重复式、滋长式、变异式)
64. 填补式样
65. 创造式样

(十一)对应比较
66. 重叠式、并放式对应比较
67. 物物连线对应比较
68. 几何形体与实物对应比较
69. 数与式的对应比较
(十二)集合
70. 第四例外(即四个中有一个排除在外)
71. 包含关系
72. 交集、并集、差集
(十三)推理
73. 特征或数式直接(可逆)推理
74. 等值转换推理
75. 简单归纳推理
76. 简单类比推理
77. 简单演绎推理
四、时间
(十四)日常时间
78. 昨天、今天和明天
79. 白天、晚上,早晨、中午和下午
80. 一周有 7 天:星期一、二、三、四、五、六、日
81. 一年有 12 个月
82. 日历
83. 节日
84. 春、夏、秋、冬
85. 各类计时工具
86. 整点和半点:时、分
(十五)时间判断
87. 时间次序性判断
88. 时距判断
89. 时间词汇(现在、过去、将来、立即、马上、刚才、经常、很快、先后)
90. 出生年、月、日

续表

91. 家庭成员年龄排队
五、概率与统计
(十六)概率、统计
92. 可能性事件
93. 概率：投硬币
94. 概率：掷骰子
95. 小统计：分类与计数
96. 画简单统计图表：一周或一月的天气
六、测量
(十七)测量要素
97. 测量单位
98. 测量属性(大小、长短、粗细、厚薄、高矮、轻重、远近、宽窄、深浅、容积、颜色)
99. 测量工具
(十八)测量活动
100. 自然测量(以小棍、书本、杯子等为工具)
101. 测量体重和身高，并排队
102. 测量温度
103. 面积、体积、容积测量
104. 目测颜色(红、橙、黄、绿、青、蓝、紫、黑、白)
105. 标准测量
七、数学应用与问题解决
(十九)钱币的使用
106. 钱币换算
107. 钱币购物
(二十)数与形的结合美
108. 七巧板
109. 隐藏图形
110. 搭建积木
111. 多种形状涂格子(特定数目)
112. 极限概念：线段与点表示
113. 极限概念：图形分割

续表

114. 画想象几何世界	
(二十一)解答和自编加减应用题	
115. 变化题、合并题和比较题	
116. 按图或算式自编应用题	
117. 数学词汇(飞来、走来、买来、添上、一共、合起来、增加、送走、拿走、去掉、减少、剩下、原有、还有、比……少……、比……多……)	
八、数学语言与交流	
(二十二)数学语言	
118. 数学符号：$<$, $>$, $+$, $-$, $=$	
119. 数字、符号书写	
120. 数学的语言、绘画表达	
121. 数学的动作(手指)表达	
(二十三)数学交流	
122. 收集各种票据：数字及意义	
123. 认识数学家	

(2002 年 2 月 15 日编制于上海)

附录二
幼儿数学个别化学习活动
设计举例

<table>
<tr><td colspan="5" style="text-align:center">3～4 岁</td></tr>
<tr><th>名称</th><th>材料图片</th><th>材料提供</th><th>玩法</th><th>观察重点</th></tr>
<tr>
<td>1. 找找好朋友</td>
<td></td>
<td>①好朋友图片若干，数字若干</td>
<td>①找到自己的好朋友，数一数有几个
②把好朋友在一起的数量表示出来</td>
<td>①观察幼儿是否能用数字表示几个好朋友</td>
</tr>
<tr>
<td>2. 找朋友</td>
<td></td>
<td>①相关联的若干物品，例如，玩具车、牙刷、杯子、桌子、调羹等</td>
<td>①能根据关联性找到好朋友
②找到后说出它们是好朋友的理由</td>
<td>①观察幼儿是否能找到有关联性的好朋友，并说出理由</td>
</tr>
<tr>
<td>3. 白天和黑夜</td>
<td></td>
<td>①白天和黑夜的小图片
②随意剪裁的拼图</td>
<td>①根据图片内容拼图
②说说图片表达的意思</td>
<td>①观察幼儿是否能根据图片拼图，并说说图片表达的意思</td>
</tr>
</table>

续表

3～4岁				
名称	材料图片	材料提供	玩法	观察重点
4. 玩具排排队		①玩具车，大小不同的4张小熊娃娃图片	①初步认识大和小 ②根据从大到小或从小到大的顺序对玩具车和熊娃娃排队	①观察幼儿是否能根据从大到小或从小到大的顺序排列
5. 喂小兔		①各种形状的饼干，各种不同嘴型的兔子	①找到相应图片的饼干 ②用调羹把饼干喂给小兔	①观察幼儿能否根据小兔的嘴型，喂相应的饼干
6. 漂亮的门帘		①串联积木	①根据门帘的颜色排序，接着串联门帘	①观察幼儿能否有规律地串门帘
7. 好朋友，排排队		①操作底板 ②女生、男生的大、中、小图片各一套	①幼儿将好朋友按照从小到大（或大到小）的规律排队 ②为好朋友设计排队的不同方法	①观察幼儿能否将好朋友按照从小到大（或从大到小）的规律排队 ②观察幼儿能否用不同的方法为好朋友排队
8. 小熊的窗帘		①窗帘挂钩4个 ②各种颜色和形状的挂钩	①纸箱制作的底板箱 ②不同颜色的建构条 ③小熊玩偶	①观察幼儿是否有兴趣给小熊串窗帘 ②观察幼儿能否按照积木的形状和颜色有规律地给小熊家排窗帘

		3~4岁		
名称	材料图片	材料提供	玩法	观察重点
9. 小花园(1)		①黄色、红色、绿色等颜色的花朵②花盆若干	①幼儿根据杯子上的数字,将小花插进杯子中	①观察幼儿能否根据杯子上的数字,将小花插进杯子中②观察幼儿能否将杯中插好的小花送进小花园里
10. 小花园(2)		①黄色、红色、绿色等颜色的花朵②花盆若干	①幼儿根据花朵的颜色有规律地排序	①观察幼儿能否根据花朵的颜色有规律地排序

		4~5岁		
名称	材料图片	材料提供	玩法	观察重点
11. 猴子天平		①猴子天平,记录纸	①比一比,看一看,两边数字相同才能使猴子天平保持平衡,并完成记录	①观察幼儿能否完成记录纸上的内容
12. 谁的尾巴		①带有尾巴和数量的转盘②动物小图片若干③记录表,贴纸	①幼儿转转盘,看指针指向的尾巴和数量②找出相应的动物,数量正确的幼儿在表格中贴上五角星	①观察幼儿能否目测数群
13. 数字朋友		①1~10的数字卡片②雪花片③操作板1份	①将数字卡片放在粉红色的纸上②在数字卡牌的前后分别放上比数字卡片少1和多1的雪花片	①观察幼儿是否理解相邻数

		4～5 岁		
名称	材料图片	材料提供	玩法	观察重点
14. 特殊的电话号码		①背景板 1 份 ②特殊的电话号码若干	①看一看、说一说背景图上的场景 ②发生这样的情形需要打什么电话 ③将相应的电话号码贴在图片下面	①观察幼儿能否将特殊的电话号码用圆点表示出来
15. 小猴天平		①小猴天平 1 个 ②标有数字的香蕉若干 ③记录本，笔	①在小猴的左右手上分别放上数量一样的香蕉 ②将操作情况记录在表格中	①观察幼儿对 10 以内的组成是否熟练
16. 小小送货员		①背景板 2 份 ②送货单，卡片若干	①观察送货单 ②按照门牌号码将物品送到好朋友的家中	①观察幼儿分别数数能否数对
17. 送信		①标有 1～10 数字的小房子 ②信若干	①数数信封上的圆点一共有几个 ②将信封放进相应的房间里	①观察幼儿接着数是否正确
18. 自制名片		①名片背景若干 ②小朋友照片若干	①将自己的照片贴在名片上 ②在照片下面写上自己家里的电话号码	①观察幼儿是否正确书写自己家里的电话号码
19. 门帘		①提示卡 1 本 ②记录本 ③环形扣若干	①选择提示卡中的排列规律（也可以自编） ②有规律地制作门帘 ③记录在记录本上	①观察幼儿能否有规律地串门帘并记录下来

续表

5~6 岁				
名称	材料图片	材料提供	玩法	观察重点
20. 守恒：动物比轻重		①轻重不同的动物图片 ②不同斜度的天平 ③数字，符号卡片	①根据动物的不同轻重，将其摆放在天平上	①能否用数字和">""=""<"表示出轻重关系
21. 数的分合：造房子		①数字卡片 ②各色积木 ③数字屋顶	①根据屋顶数字寻找墙砖进行组合，建构房子	①观察幼儿能否由低到高排列 ②比较感知，数越大，房子越高，组合的方法越多
22. 计算：四季拼图		①四季风景图片 ②有不同计算题提示的拼版底板	①拼一拼，对背面试题及答案进行验证 ②做一做算式题，背面拼图进行验证	①能否做出拼板背面的数学题 ②能否根据算式题答案进行拼图验证
23. 路线：乘地铁，游上海		①上海地图 ②放大镜 ③操作记录卡	①根据提供的起点和终点，在地图上找到相对应的地铁线路并做记录	①观察幼儿能否根据地铁线路数出需要的站数
24. 找规律：破解电话号码		①景点照片和名称若干 ②电话号码题卡 ③答案卡	①把景点的照片和名称配对 ②根据题卡上的提示破译数字	①观察幼儿能否根据题卡上的提示破译数字
25. 数的分合：朋友的生日		①任务卡 ②生日对照表 ③月份牌	①根据任务卡上的任务提示，找到朋友生日的月份	①观察幼儿能否根据朋友生日对照表，找到具体的日期

续表

		5~6 岁		
名称	材料图片	材料提供	玩法	观察重点
26. 天平：天平称重		①天平 ②小木块 ③记录表 ④笔	①天平两边放置不同的木块，使得天平能够平衡 ②记录平衡的条件	①能够正确使用天平，并做记录
27. 试一试：造纸桥		①造纸桥提示板 ②各类纸 ③长方形积木 ④记录表 ⑤笔、胶水、硬币等	①使用不同的纸作为桥面，用不同的方式做纸桥 ②在桥面放置硬币等重物，看桥面可以承受多大重量，并记录	①探索如何使桥面更坚固
28. 叠叠乐：叠纸牌		①提示板 ②纸牌	①用不同的方法叠加纸牌，使纸牌尽可能垒高	①寻找更有效的方法，使纸牌可以叠得更高
29. 分分乐：小熊分饼		①提示板 ②不同形状的"饼干"	①依据不同的形状，试试怎样才能使饼干分为相等的几份 ②也可以自己动手撕撕剪剪画画	①观察幼儿是否能够初步认识平均分配
30. 分分乐：小鸟分窝		①底板 ②小鸟卡片 ③数字卡片	①将小鸟放置到不同的鸟窝里 ②试一试有几种分法	①观察幼儿是否知道数字的不同分配
31. 排序：有趣的停车场		①可抽取式停车场模板 ②数字卡片(1, 2, 3, 4)等	①尝试运用不同的排序方法，将 1, 2, 3, 4 排列出不同的车牌号码	①观察幼儿是否了解不同的数字有多种排序方法

（周葱葱等 2014 年 6 月设计于上海市浦东新区浦南幼儿园）

附录三
建构主义幼儿数学学具

建构主义幼儿数学学具，能为教师制作教具或学具提供示范和启发。下面介绍这套学具的构成及使用说明。

一、 学具板

(一)面的基本图示

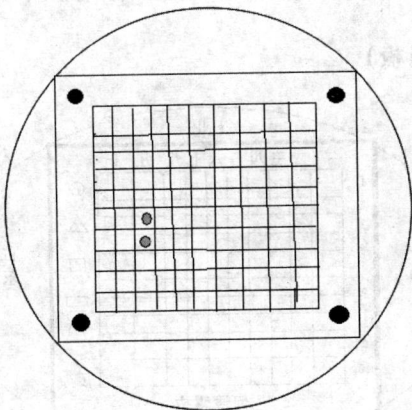

整套工具是圆形的，里面嵌套一个大正方形，中间为正方形。中间的正方形里面有 10×10 个格子，每个格子一样大小，格中间分别是形状为八边形的小空洞，共有 10×10 个。

大正形：290×290（mm²）

中间的正方形：250×250（mm²）

小正方形：25×25（mm²）

小正方形中的正八边形小空洞：对角线长 19 mm。

本板厚度为 3 mm；面上有 4 个小支撑柱，圆面的直径为 14 mm；高度为 23 mm；向两面各突出 10 mm。

板为白色；线为红色；4 个支撑柱为蓝色。

（二）正面（数与运算）

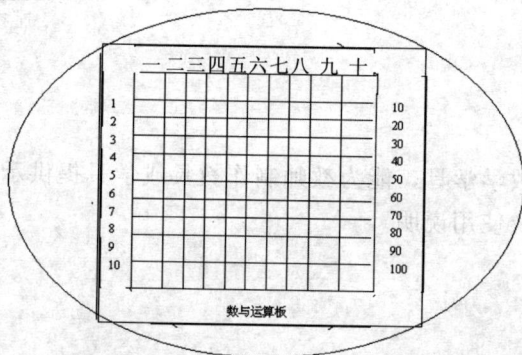

数与运算板

在大正方形和中间正方形之间，加上：左面一列标示数字 1～10，右侧数字为 10～100 的整十数字，上面是中文数字一至十，下面写上"数与运算板"。

（三）反面（几何逻辑板）

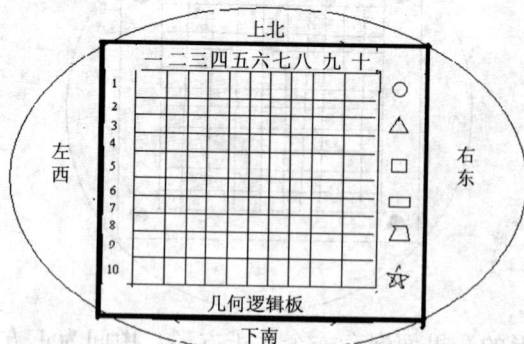

几何逻辑板

反面上标示"上北"，下面标示"下南"，左面标示"左西"，右面标示"右东"。

二、 学具串：每个小串为积塑

(一)上、下皆为八边形

直径：上为 15.5 mm，下为 17.5 mm。

高度：上为 15 mm，下为 15 mm 之间的凸出部分。厚为 1 mm；四周超出部分为 2 mm。

(二)每一串由 10 个小串塑组成

儿童游戏串的形状设定成圆形，相互嵌套，一串有 10 个，每串 1 个颜色，共 15 个颜色。每种颜色的学具串分别用数字标示出来，例如，串 1(红色)，在一侧需标上数字 1，如上图所示；依次类推，串 15，上面的印上数字为 15。游戏用具顶上有数字、图形或文字贴纸，下面将具体介绍。

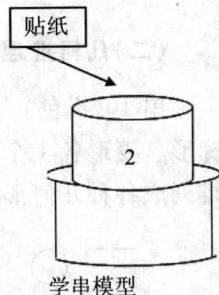

贴纸

学串模型

三、 15 串塑

(一)数与运算部分

该部分使用学具板 A 和学具串 1～9。学具串分为四个部分：数字串、符号串、中文数词串和计算动物串。

1. 数字串。

串 1(红色)，数字 1～10。

串 2(黄色)，数字 1～10。

串 3(蓝色)，数字 1～10。

以上三串主要用于识数、点数、计数、正(倒)数、跳数及基数与序数等教学使用。

串 4(绿色)，整十数字，即 10，20，30，…，100。

主要用于整十数数、整十加减运算及数的表示等教学使用。

2. 符号串。

串 5(黑色)，串 5 顶上为"＋""－""＝""0"各 2 个，"＞""＜"各 1 个。总和为 10 个，此为一串，主要用于数学符号名称和含义的教学活动。

3. 中文数词串。

串6(紫色)，为中文数词一至十，主要用于中文数词的教学活动。

4. 计算动物串。

串7(白色)，白兔。

串8(粉红色)，鱼。

串9(淡紫色)，小鸟。

主要用于加减运算和自编应用题的教学活动中。

(二)几何推理部分

串10(褐色)，顶上为点、线、圆、三角形、正方形、长方形、椭圆、半圆、梯形、菱形各1个，此为一串。用于学习基本图形，教师也可以在学具板上将其排列成各种几何形状。

串11(土黄色)，顶上为三角形变式、梯形变式，各5个，此为一串。可用于学习三角形和梯形的各种变式，掌握它们的性质的不变性。

串12(天蓝色)，顶上为月亮形状，从整圆至月牙的过程一串。感受圆变成半圆到月牙的过程，用于感受形状变化和时间的连续性。

串13(浅绿色)，顶上为渐小的正方形(逐渐等分)和圆形各一组，每组5个。此为一串，用于学习极限的概念。

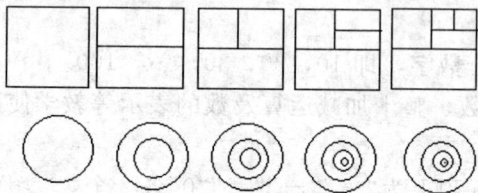

(最后一个的中间为一个点。)

(三)概率与时间部分

1. 概率串。

串14(灰色),顶上为骰子点数1~6,另加点子数7~10,可用于概率统计和学习数字。

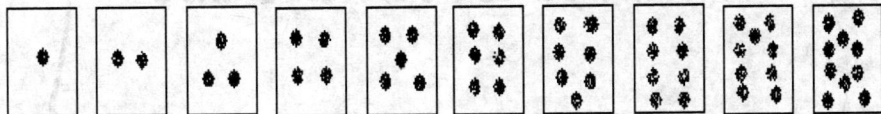

2. 时间串。

串15(橙色),顶上为"年、春、夏、秋、冬、月、日、时、分、秒"文字各1个,此为一串。用于学习时间概念。

(四)其他用处

数与运算部分的小动物游戏用具还可以用于分类、统计、式样学习。骰子点子数和数字1~10以及中文数词等之间可进行对应练习。数字部分还可以用于数量推理,图形部分用于图形的式样推理或其他推理。所有的游戏用具还可以用于排列平面和立体几何图形以及图形之间的嵌套等。其他用处可由教师自由设计。

四、 盛放的盒子

盒子里面分成15个小格子,每个格子底面的颜色有15种,与每串游戏用具的颜色相对应。

长、宽、高以刚好放下板为准。

(参照蒙氏数学学具板,结合建构主义数学要求,设计于2011年3月。)

附录四
幼儿情境建构数学小测验

测验说明：本测试题仅提供一个大概的内容范畴，有的题目并未提供材料，教师可根据问题情境，结合日常教学，在幼儿可理解的范畴内自行编题；在测量中，可灵活提问或练习，目的是了解幼儿掌握的情况，为教学提供参考。

项目	指导语	评分标准
1. 认数	请你用手指着这些数字，念一念，能念多少就念多少？	小班：1～20 中班：1～30 大班：1～50
2. 计数	数一数，有多少？	小班：可以移动的实物，数量10以内 中班：实物，但不能移动，数量15以内 大班：数卡片上的物体，数量20以内
3. 序数	找找乌龟住在第几层的第几间房子里。	
4. 区分左右	小女孩的右手拿什么？请指出小男孩的左手（面对面的两个小朋友）。	

项目	指导语	评分标准
5. 数字意义	看看教室里有哪些数字，这些数字有什么用途？	
6. 数量守恒	这两群小鱼哪群多？这里有多少小鱼？这里呢？它们一样多吗？	小班：数量 5 以内 中班：数量 7 以内 大班：数量 10 以内
7. 等分	你能把这张纸分一下吗（画线或折纸）？	小班：把纸分成两半 中班：把纸分成一样大的 3 份 大班：把这张纸分成一样大的 4 份
8. 认识图形及形体	你认识这些图形（形体）吗？	
9. 画图形	请你按照这张图画画（出示平面图形）。	
10. 面积守恒	这两块草地哪块大？为什么？	
11. 式样	请你按照老师排小鱼的样子接下去。	小班：AB，AB，AB… 中班：AB1，AB2，AB3… 大班：AB，ABB，ABBB…
12. 排序	请你让这些蜡笔从长到短（或数字从大到小）排队。	小班：5 中班：7 大班：数字排队(2，5，6；1，3，8)
13. 图形特征分类	请你分一分，还有其他的分法吗？	
14. 计算	算一算，把答案写出来。（5+3=___；6-2=___；7-5=___；2+4=___。）	
15. 数字书写	请你写出数字 1～10。	
16. 逻辑	图形中哪一个与其他三个不一样？（第四例外测验。）	
17. 时间	请你按照时间顺序把图片排一排。	

项目	指导语	评分标准
18. 空间感知	每幅图里有多少个正方体？（隐藏图形。）	
19. 编应用题（大班）	能根据画编应用题吗？还可以怎么编？	
20. 图形世界	看看教室里都有哪些图形。	

（2002 年 6 月 1 日初版编制于上海安庆幼儿园，2012 年 2 月 10 日修订。）

参考文献

1. Charlesworth R，Radeloff D. Experiences in Math for Young Children[M]. Dilmar Publishers Inc，1991.

2. Temple C，Natyan R，Burres N，Temple F. The Beginning of Writing[M]. Newton，MA：Allyn and Bacon，1988.

3. Del Grande J. Spatial Sense[J]. Arithmetic Teacher，1990，37(6).

4. Gelman S A，Markman E M. Categories and Induction in Young Children[J]. Cognition，1986(23).

5. [英]Michael Siegal，[中]张新立. 儿童认知发展研究[M]. 成都：四川教育出版社，1999.

6. Ernst von Glaserfeld，Gergen K J，Spiro R J. 人是如何学习的[M]. 程可拉，等译. 上海：华东师范大学出版社，2002.

7. [英]David Whitebread. 小学教学心理学[M]. 赵萍，王薇，译. 北京：中国轻工业出版社，2002.

8. [美]柯普兰 R W. 儿童怎样学习数学——皮亚杰研究的教育含义[M]. 李其维，康清镳，译. 上海：上海教育出版社，1985.

9. [苏]列乌申娜 A M. 学前儿童初步数概念的形成[M]. 曹筱宁，等译. 北京：人民教育出版社，1982.

10. [美]兰本达. 小学科学教育的探究——研讨教学法[M]. 北京：人民教育出版社，1983.

11. [瑞士]皮亚杰. 发生认识论原理[M]. 王宪钿，等译. 北京：商务印书馆，1985.

12. [瑞士]皮亚杰. 教育科学与儿童心理学[M]. 傅统先，译. 北京：文化教育出版社，1981.

13. 郑毓信，等. 认知科学、建构主义与数学教育[M]. 上海：上海教育出版社，1998.

14. 周淑惠. 幼儿数学新编——教材教法[M]. 台北：心理出版社，1996.

15. 林泳海，崔同花，沈毅敏. 3.5～6.5 岁儿童写字书写的发展研究[C]//崔同花. 幼儿全语言教学理论与实践[M]. 北京：科学出版社，2002.

16. 林泳海，等. 幼儿汉字写画方式的差异性研究[C]//识字教育科学化论文集粹，北京：中国轻工业出版社，2006.

17. 安子介. 解开汉字之谜[M]. 香港：香港瑞福有限公司，1991.

18. 董奇，陶沙. 动作与心理发展[M]. 北京：北京师范大学出版社，2002.

19. 杜玫. 幼儿美术与创造性思维发展[M]. 北京：北京科学技术出版社，2006.

20. 方富熹，方格. 学前儿童分类初步实验研究[J]. 心理学报，1986(2).

21. 高爱民，林泳海. 美术教学促进幼儿创造力发展[J]. 上海托幼，2002(11).

22. 何平，林泳海，朱海青. 早期儿童钱币认知的发展研究[J]. 渝州大学学报，2002(3).

23. 何平，林泳海，王妙怡. 儿童绘画中空间认知能力的研究评[J]. 西南民族大学学报，2004(10).

24. 林泳海，等. 5.5～7.5 岁儿童概率认知发展的实验研究[J]. 鲁东大学学报，2011(5).

25. 林泳海，金莉. MD 儿童与正常儿童早期数学认知差异研究[J]. 心理学探新，2006(3).

26. 林泳海，王一伊. 5～11 岁儿童三角形变式认知的实验研究[J]. 鲁东大学学报，2010(1).

27. 林泳海，翟惠敏. 3～8 岁儿童极限认知发展的实验研究[J]. 心理科学，2006(1).

28. 林泳海，周葱葱. 3.5～6.5 岁儿童式样认知发展的实验研究[J]. 心理学探新，2003(1).

29. 林泳海. 幼儿绘画中圆的心理分析[J]. 幼儿教育，1987(3).

30. 林泳海. 4.5～7.5 岁儿童时间持续认知发展的实验研究[J]. 心理发展与教育，1996(3).

31. 林泳海，马丽莉. 3～6 岁儿童年龄认知的发展研究[J]. 心理学探新，2001(4).

32. 刘秀环，钱文，林泳海. 3～6 岁儿童心理旋转能力的发展研究[J]. 幼儿教育(教育科学版)，2007(2).